Colette Laberge

Toute ma 2e année

Enfin tout pour se préparer et réussir !

CAR ACT ERE

Auteure de la section Anglais : Audrey Faille
Auteur de la section Mathématique : Stéphane Vallée
Illustrations : Agathe Bray-Bourret et Julien Del Busso
Conception graphique : Folio infographie
Mise en pages : Camille Senteni
Couverture : Cyclone Design
Illustration de la couverture : EyeWire Images
Correction d'épreuves : Audrey Faille

Imprimé au Canada

ISBN 978-2-89642-309-5
Dépôt légal – Bibliothèque et Archives nationales du Québec, 2010

Nous reconnaissons l'aide financière du gouvernement du Canada par l'entremise du Fonds du livre du Canada pour nos activités d'édition.

Canada

Visitez le site des Éditions Caractère
editionscaractere.com

Table des matières

Mot aux parents

Toute ma deuxième année est un ouvrage qui s'adresse aux parents qui veulent aider leur enfant à progresser dans son cheminement scolaire. Son but n'est pas de faire de vous un professeur à la maison, mais de permettre à votre enfant de revoir les notions apprises en classe et de le préparer à la troisième année.

Les exercices variés et stimulants couvrent l'essentiel du Programme de formation de l'école québécoise du Ministère de l'Éducation, du Loisir et du Sport, et favorisent une démarche active de la part de votre enfant dans son processus d'apprentissage.

La deuxième année du premier cycle représente tout un défi ! Votre enfant consolidera les apprentissages de la première année tels la lecture, l'écriture, la mathématique, l'anglais et la science. Encouragez-le à lire régulièrement, il n'en deviendra que meilleur. Utilisez les situations de la vie quotidienne pour consolider ses apprentissages : faites-lui lire les panneaux sur l'autoroute, demandez-lui de réciter ses tables d'addition, de vous raconter une histoire, etc. Soyez présent et attentif, c'est un cadeau inestimable que vous lui ferez.

Votre enfant n'est pas obligé de faire les exercices dans l'ordre : il peut faire un peu d'anglais, quelques pages de mathématique, s'amuser à réaliser les expériences dans la section Science ou encore ne compléter que la section Français en premier. Libre à lui de choisir. Vous pourrez toujours l'inciter à faire certaines sections plus tard. L'important est qu'il prenne plaisir à apprendre.

Nous avons intégré dans le corrigé les différentes graphies dictées par la nouvelle orthographe. Ces mots sont entre parenthèses et suivis d'un astérisque. Exemple : (ou chaine*).

Nous espérons que ce cahier d'exercices vous permettra de vous familiariser avec les notions que votre enfant apprend en classe et qu'il lui permettra de mieux réussir.

Français

Je me présente

Sers-toi de cette page pour te présenter.

Nom : _____

Fille ou garçon : _____

Âge : _____

Couleur des yeux : _____

Couleur des cheveux : _____

Grandeur : _____

Poids : _____

Surnom : _____

Mon plat préféré : _____

Ma couleur préférée : _____

Adresse : _____

Numéro de téléphone : _____

Mon adresse courriel : _____

Ma famille

Le prénom de ma mère : _____

Le prénom de mon père : _____

Le prénom de mes frères et sœurs : _____

Les animaux qui vivent chez nous : _____

L'alphabet

Regarde bien comment on écrit les lettres de l'alphabet. Si tu ne te souviens plus comment faire, tu peux venir consulter cette page.

La calligraphie

1. Suis les pointillés sans lever ton crayon.

La calligraphie

J'écris la lettre *a*.   autobus

Exerce-toi à écrire les lettres de l'alphabet. Attention, tu dois commencer à former la lettre à partir du point et suivre le sens du crayon.

a   *a*   *a*   *a*   *a*   *a*   *a*   *a*   *a*

a   *a*   *a*   *a*   *a*   *a*   *a*   *a*   *a*

La calligraphie

J'écris la lettre *b*. **bateau**

Exerce-toi à écrire les lettres de l'alphabet. Attention, tu dois commencer à former la lettre à partir du point et suivre le sens du crayon.

La calligraphie

J'écris la lettre c. canard

Exerce-toi à écrire les lettres de l'alphabet. Attention, tu dois commencer à former la lettre à partir du point et suivre le sens du crayon.

La calligraphie

J'écris la lettre _d_.   dinosaure

Exerce-toi à écrire les lettres de l'alphabet. Attention, tu dois commencer à former la lettre à partir du point et suivre le sens du crayon.

d d d d d d d d d

d d d d d d d d d

La calligraphie

J'écris la lettre e. **éléphant**

Exerce-toi à écrire les lettres de l'alphabet. Attention, tu dois commencer à former la lettre à partir du point et suivre le sens du crayon.

La calligraphie

J'écris la lettre f.   **fleur**

Exerce-toi à écrire les lettres de l'alphabet. Attention, tu dois commencer à former la lettre à partir du point et suivre le sens du crayon.

La calligraphie

J'écris la lettre _g_. grenouille

Exerce-toi à écrire les lettres de l'alphabet. Attention, tu dois commencer à former la lettre à partir du point et suivre le sens du crayon.

_g_ _g_ _g_ _g_ _g_ _g_ _g_ _g_ _g_

_g_ _g_ _g_ _g_ _g_ _g_ _g_ _g_ _g_

La calligraphie

J'écris la lettre *h*. **hibou**

Exerce-toi à écrire les lettres de l'alphabet. Attention, tu dois commencer à former la lettre à partir du point et suivre le sens du crayon.

La calligraphie

J'écris la lettre *i*.  île

Exerce-toi à écrire les lettres de l'alphabet. Attention, tu dois commencer à former la lettre à partir du point et suivre le sens du crayon.

La calligraphie

J'écris la lettre *j*. journal

Exerce-toi à écrire les lettres de l'alphabet. Attention, tu dois commencer à former la lettre à partir du point et suivre le sens du crayon.

La calligraphie

J'écris la lettre *k*.   **kangourou**

Exerce-toi à écrire les lettres de l'alphabet. Attention, tu dois commencer à former la lettre à partir du point et suivre le sens du crayon.

k k k k k k k k k

k k k k k k k k k

La calligraphie

J'écris la lettre *l*.　lune

Exerce-toi à écrire les lettres de l'alphabet. Attention, tu dois commencer à former la lettre à partir du point et suivre le sens du crayon.

La calligraphie

J'écris la lettre *m*.   moufette

Exerce-toi à écrire les lettres de l'alphabet. Attention, tu dois commencer à former la lettre à partir du point et suivre le sens du crayon.

La calligraphie

J'écris la lettre *n*. nid

Exerce-toi à écrire les lettres de l'alphabet. Attention, tu dois commencer à former la lettre à partir du point et suivre le sens du crayon.

La calligraphie

J'écris la lettre o. orange

Exerce-toi à écrire les lettres de l'alphabet. Attention, tu dois commencer à former la lettre à partir du point et suivre le sens du crayon.

La calligraphie

J'écris la lettre _p_. **piano**

Exerce-toi à écrire les lettres de l'alphabet. Attention, tu dois commencer à former la lettre à partir du point et suivre le sens du crayon.

La calligraphie

J'écris la lettre q. quille

Exerce-toi à écrire les lettres de l'alphabet. Attention, tu dois commencer à former la lettre à partir du point et suivre le sens du crayon.

La calligraphie

J'écris la lettre r.   renard

Exerce-toi à écrire les lettres de l'alphabet. Attention, tu dois commencer à former la lettre à partir du point et suivre le sens du crayon.

La calligraphie

J'écris la lettre s. souris

Exerce-toi à écrire les lettres de l'alphabet. Attention, tu dois commencer à former la lettre à partir du point et suivre le sens du crayon.

La calligraphie

J'écris la lettre t. **toupie**

Exerce-toi à écrire les lettres de l'alphabet. Attention, tu dois commencer à former la lettre à partir du point et suivre le sens du crayon.

La calligraphie

J'écris la lettre *u*. **1** un

Exerce-toi à écrire les lettres de l'alphabet. Attention, tu dois commencer à former la lettre à partir du point et suivre le sens du crayon.

La calligraphie

J'écris la lettre v. vache

Exerce-toi à écrire les lettres de l'alphabet. Attention, tu dois commencer à former la lettre à partir du point et suivre le sens du crayon.

La calligraphie

J'écris la lettre w.   **wagon**

Exerce-toi à écrire les lettres de l'alphabet. Attention, tu dois commencer à former la lettre à partir du point et suivre le sens du crayon.

La calligraphie

J'écris la lettre x. xylophone

Exerce-toi à écrire les lettres de l'alphabet. Attention, tu dois commencer à former la lettre à partir du point et suivre le sens du crayon.

La calligraphie

J'écris la lettre y.    yo-yo

Exerce-toi à écrire les lettres de l'alphabet. Attention, tu dois commencer à former la lettre à partir du point et suivre le sens du crayon.

La calligraphie

J'écris la lettre z. **zèbre**

Exerce-toi à écrire les lettres de l'alphabet. Attention, tu dois commencer à former la lettre à partir du point et suivre le sens du crayon.

La calligraphie

J'écris les chiffres de 1 à 9.

Exerce-toi à écrire les chiffres de 1 à 9. Attention, tu dois commencer à former le chiffre à partir du point et suivre le sens du crayon.

1   1

2   2

3   3

4   4

5   5

6   6

7   7

8   8

9   9

40

La calligraphie

Recopie la comptine suivante en lettres cursives.

Une souris verte

qui courait dans l'herbe

je l'attrape par la queue

je la montre à ces messieurs

ces messieurs me disent

trempez-la dans l'huile

trempez-la dans l'eau

ça fera un escargot tout chaud.

Je la mets dans mon chapeau

elle me dit qu'il fait trop chaud.

Je la mets dans mon tiroir

elle me dit qu'il fait trop noir.

Je la mets dans ma culotte

elle me fait trois petites crottes.

Je la mets dans ma chemise

elle me fait trois petites bises.

41

La calligraphie

Recopie en lettres cursives le nom des animaux suivants.

alligator	_____	opossum	_____
cachalot	_____	python	_____
dauphin	_____	quiscale	_____
éléphant	_____	rorqual	_____
faisan	_____	souris	_____
gorille	_____	tortue	_____
hirondelle	_____	urubu	_____
iguane	_____	vison	_____
jaguar	_____	wallaby	_____
kangourou	_____	xénique	_____
lapin	_____	yack	_____
moufette	_____	zibeline	_____
nandou	_____		

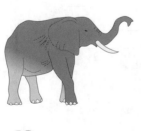

Les voyelles

1. **Colorie les voyelles en bleu et les consonnes en rouge.**

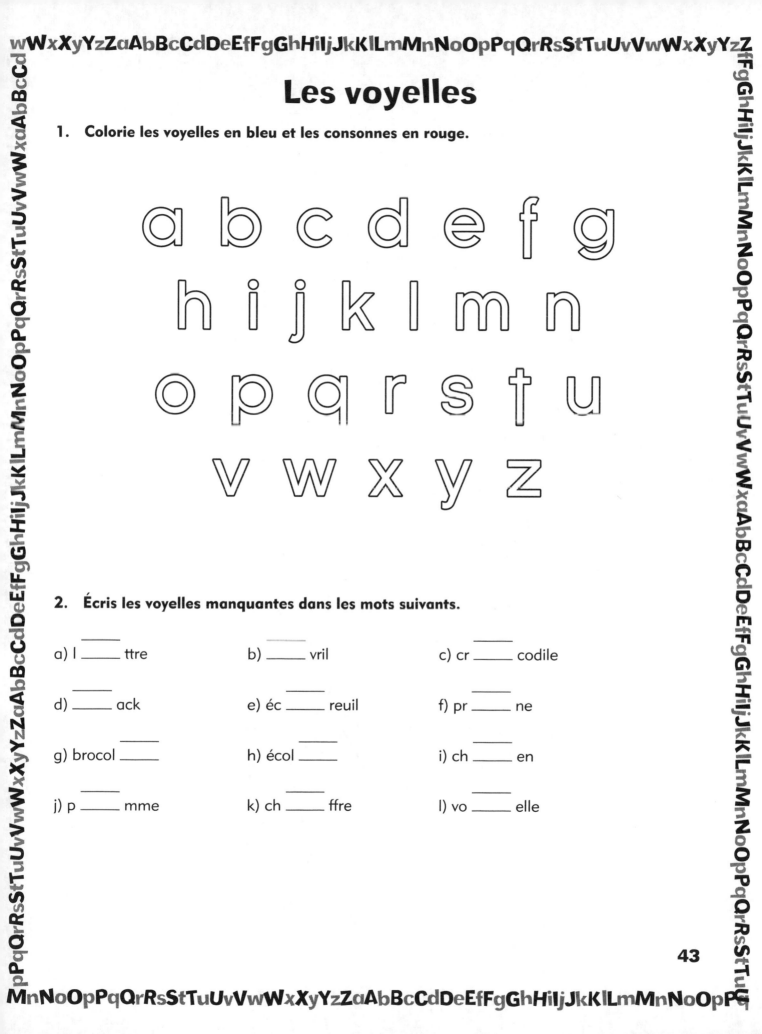

2. **Écris les voyelles manquantes dans les mots suivants.**

a) l _____ ttre

b) _____ vril

c) cr _____ codile

d) _____ ack

e) éc _____ reuil

f) pr _____ ne

g) brocol _____

h) écol _____

i) ch _____ en

j) p _____ mme

k) ch _____ ffre

l) vo _____ elle

Les voyelles

3. Suis le chemin des voyelles pour te rendre à l'arrivée.

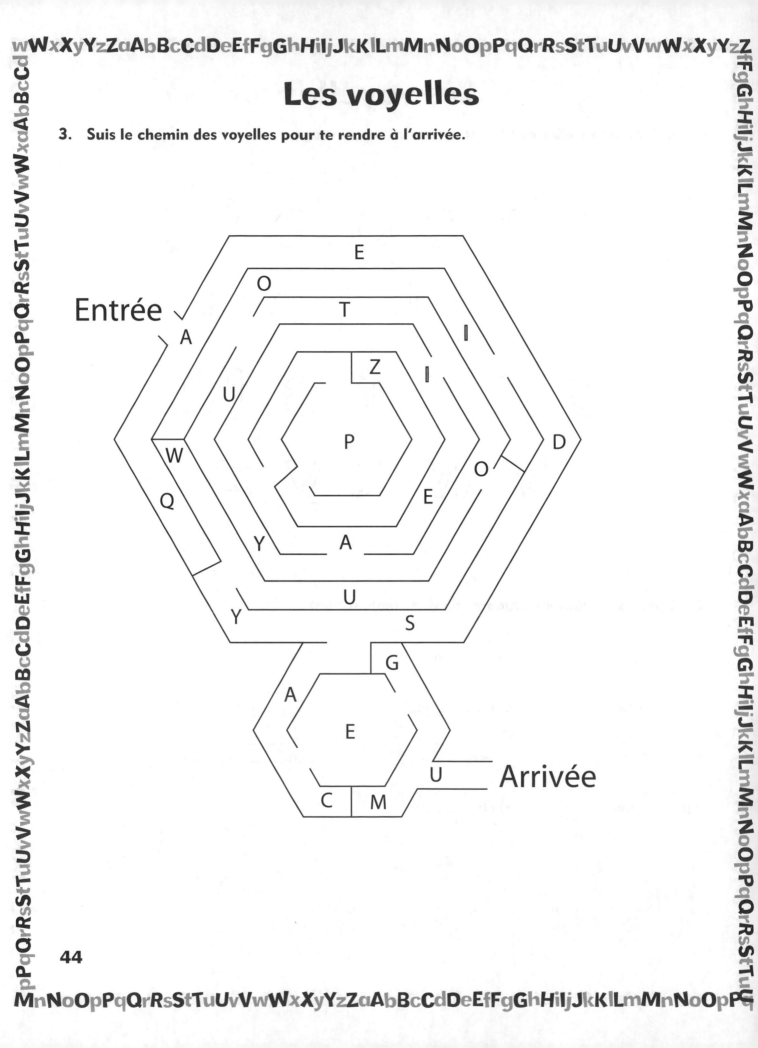

Entrée

Arrivée

L'ordre alphabétique

1. Relie les points dans l'ordre alphabétique pour trouver l'image mystère.

L'ordre alphabétique

2. **Remplace chaque lettre par celle qui vient immédiatement avant dans l'alphabet.**

a) b r y o _____   b) p q n e _____

c) n v r p _____   d) g h r i _____

e) z q g t _____   f) m c o l _____

3. **Classe les mots suivants dans l'ordre alphabétique.**

moineau   geai   vautour   pigeon

1. _____   2. _____

3. _____   4. _____

4. **Écris l'alphabet de *a* à *z*.**

_____

_____

_____

_____

_____

_____

_____

_____

L'ordre alphabétique

5. **Classe les mots suivants dans l'ordre alphabétique.**

demain	visage	ordinateur	téléphone	écran	maman
stylo	trottinette	calendrier	zèbre	peinture	autobus

1. _____   2. _____

3. _____   4. _____

5. _____   6. _____

7. _____   8. _____

9. _____   10. _____

11. _____   12. _____

6. **Réponds par vrai ou faux.**

a) *b* est la deuxième lettre de l'alphabet   vrai   faux

b) *u* est la vingt-deuxième lettre de l'alphabet   vrai   faux

c) *f* est la cinquième lettre de l'alphabet   vrai   faux

d) *k* est la onzième lettre de l'alphabet   vrai   faux

7. **Replace les lettres dans l'ordre alphabétique pour découvrir quel mot est écrit.**

a) imlf _____   b) otrf _____

c) ruc _____   d) ilf _____

47

L'ordre alphabétique

8. Sers-toi du code secret pour découvrir les mots ci-dessous.

a	b	c	d	e	f	g	h	i	j	k	l	m	n
1	2	3	4	5	6	7	8	9	10	11	12	13	14

o	p	q	r	s	t	u	v	w	x	y	z	é	è	ê
15	16	17	18	19	20	21	22	23	24	25	26	27	28	29

a)

1	14	1	14	1	19

b)

13	1	14	4	1	18	9	14	5

c)

3	5	18	9	19	5

d)

6	18	1	13	2	15	9	19	5

e)

3	1	14	14	5	2	5	18	7	5

f)

7	18	15	19	5	9	12	12	5

g)

7	15	25	1	22	5

48

Les graphies du son *s*

Le son *s* peut s'écrire comme dans *souris*, *leçon* ou comme dans *Luce*.

1. **Classe les mots selon l'orthographe du son *s*.**

S	Ç	C

absent	audace	balance	balançoire	castor
cerveau	ces	citrouille	décembre	façon
destin	français	garçon	glace	glaçon
leçon	sept	menace	maçon	serpent
singe	souris	suçon	suis	

Le son je qui s'écrit g et j

1. **Écris g ou j pour compléter les mots.**

a) bon__our

b) __enou

c) __aponais

d) ca__e

e) éta__ère

f) froma__e

g) __êne

h) __upon

i) au__ourd'hui

j) __éant

k) __aune

l) __eudi

m) __aseur des cèdres

n) __upe

o) __olie

p) bi__ou

q) __entil

r) liè__e

s) boulan__ère

t) __énie

u) jou__ou

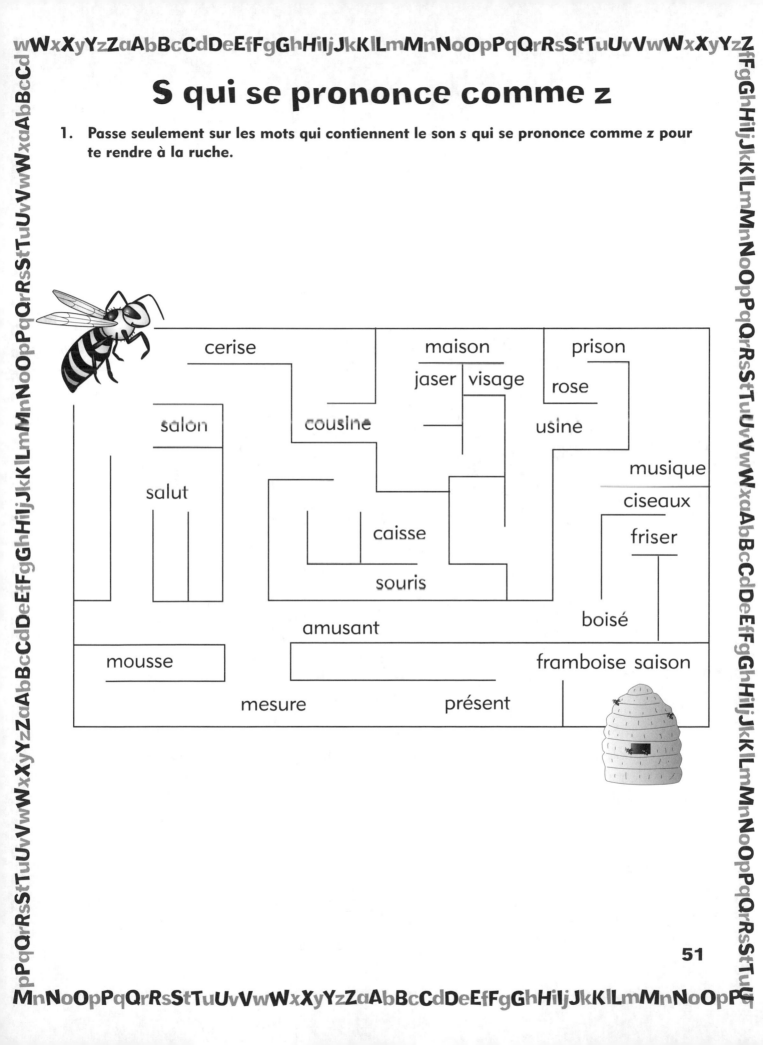

S qui se prononce comme z

1. Passe seulement sur les mots qui contiennent le son s qui se prononce comme z pour te rendre à la ruche.

cerise

maison

prison

jaser | visage

rose

salon

cousine

usine

salut

musique

ciseaux

caisse

friser

souris

boisé

amusant

mousse

framboise saison

mesure

présent

Le son ou

1. **Trouve le mot caché parmi tous les mots avec le son *ou*.**

Grille :

```
M O U                           O U I
C O U                           F O U
L O U P                       S O U S
    R O U E B T O U T O
    T O U T O U U T
    S O U V E N T I Q
  T R O U V E R R O U T E
  P O U A M O U R U N O U S
T A B O U R E T H O U S S E
N O U V E L L E M O U L I N S
C H O U K A N G O U R O U S
H I B O U X E T O U P I E S
L O U P E C A N T A L O U P
M O U C H O I R O U T I L
  P E L O U S E O U R S
```

amour	loup	oui	sous
cantaloup	loupe	ours	souvent
chou	mou	outil	tabouret
cou	mouchoir	pelouse	toupie
fou	moulins	pou	tout
hiboux	nous	roue	toutou
housse	nouvelle	route	trouver
kangourous			

Mot caché 9 lettres : __ __ __ __ __ __ __ __ __

Le son in

1. **Complète les mots dans les nuages en utilisant _in_, _ain_, _ein_ ou _im_.**

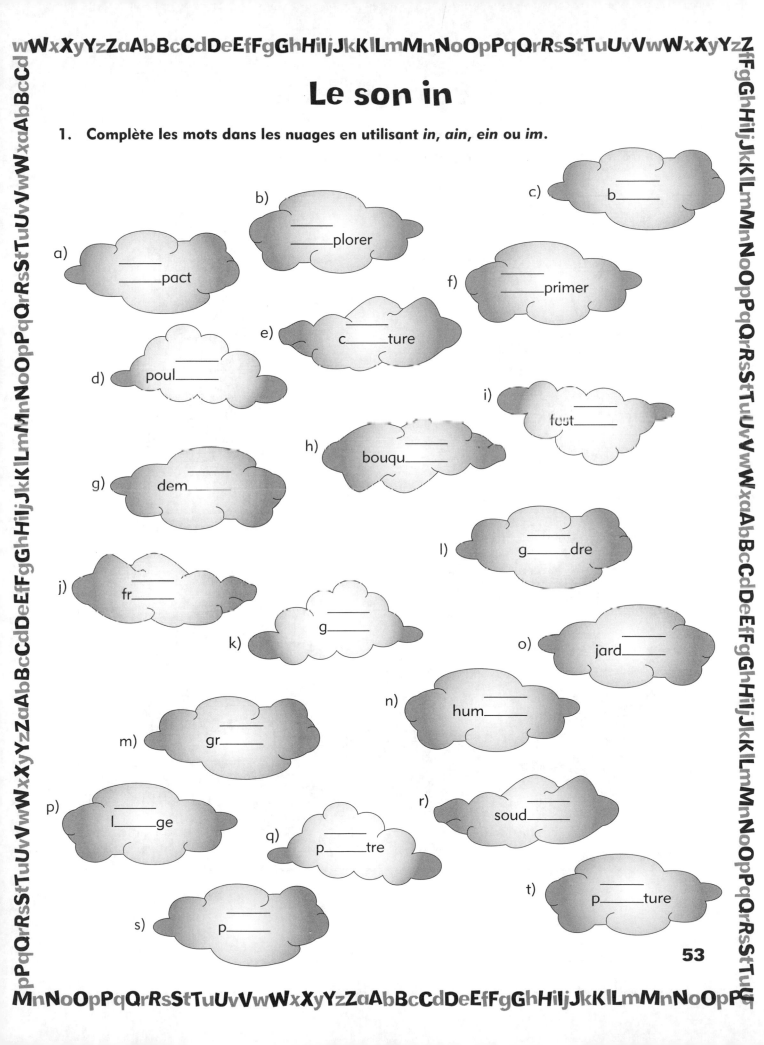

a) _____pact

b) _____plorer

c) b_____

d) poul_____

e) c_____ture

f) _____primer

g) dem_____

h) bouqu_____

i) fest_____

j) fr_____

k) g_____

l) g_____dre

m) gr_____

n) hum_____

o) jard_____

p) l_____ge

q) p_____tre

r) soud_____

s) p_____

t) p_____ture

53

Le son ill et il

1. **Complète les mots sur les poissons en te servant de *ill* ou *il*. Ensuite, relie les poissons à l'enfant qui tient la canne à pêche correspondant au son.**

a) béta____

b) b____e

c) ca____ou

d) évanta____

e) déta____

f) ra____

g) chanda____

h) croust____es

i) past____e

j) pap____on

k) épouvanta____

l) coqu____age

m) jonqu____e

n) trava____

Le son f

1. **Complète les mots en te servant de *f*, *ff* ou *ph*. Ensuite, recopie ces mots dans la colonne correspondante.**

bou_____on   télé_____one   gira_____e   chau_____er

chi_____on   nénu_____ar   _____ilet   _____oto

co_____ret   _____enêtre   _____oque   _____ête

F	FF	PH

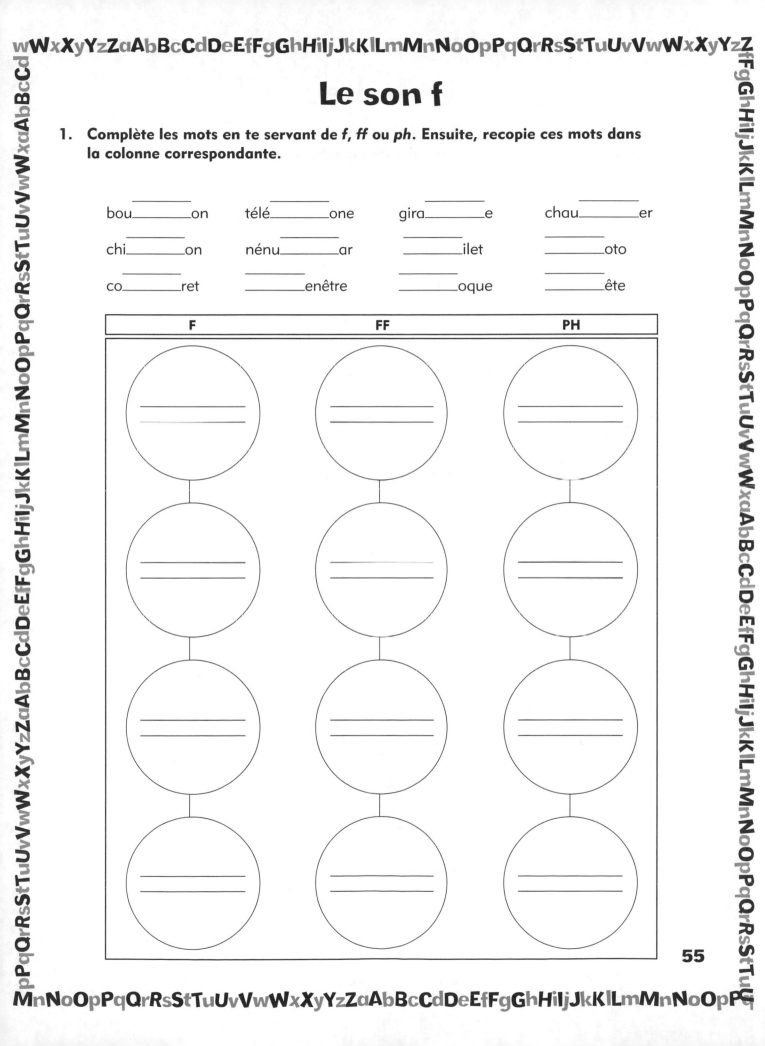

Le son eu

1. Colorie en rouge les pommes qui contiennent des mots avec le son *eu* qui se prononce comme dans *peur* et en bleu ceux qui ont des mots avec le son *eu* qui se prononce comme dans *feu*.

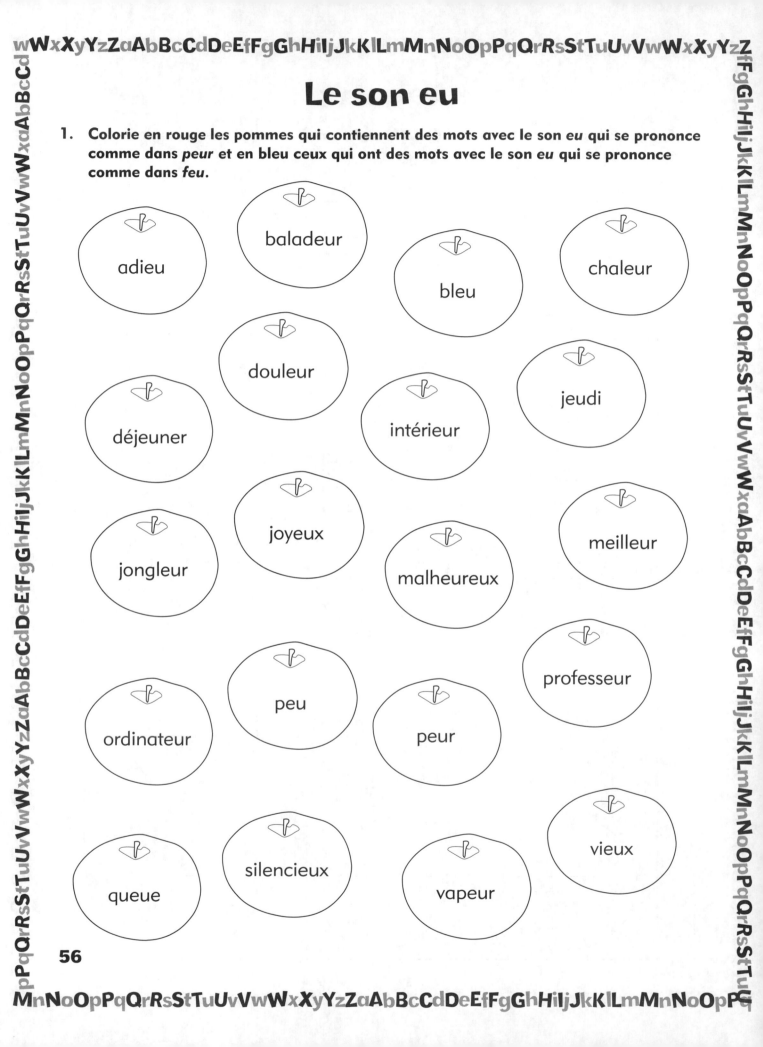

adieu

baladeur

bleu

chaleur

douleur

déjeuner

intérieur

jeudi

joyeux

jongleur

malheureux

meilleur

peu

professeur

ordinateur

peur

queue

silencieux

vapeur

vieux

Le son k

1. **Recopie les mots suivants sur la bonne feuille.**

K	C	QU

kiwi   bouquet   klaxon   pélican   équipe   caramel

kimono   jonquille   kaki   canard   écureuil   kilomètre

pourquoi   karaté   raconte   licorne   quand   quatre

écurie   bibliothèque   koala   quai   école   kangourou

Le son o

1. **Trace le chemin que doit parcourir chaque grenouille pour se rendre à la mouche qui porte le même son. Attention, la grenouille o ne peut passer que sur des mots qui contiennent ce son, la grenouille *au* sur des mots avec *au*, et la grenouille *eau* sur des mots avec *eau*.**

Le son o peut s'écrire
o, au, ou eau.

o   eau   au

olive   taureau   crapaud   bambin

mot   chapeau   dauphin   midi

princesse   aube

pauvre   solo   bureau   ruisseau   long

chaussure

quatre   autruche   magie

orage   sauter   cadeau   pente

banane   sauvage

robinet   assis   cerveau   absent

aujourd'hui   téléphone   bonne

juillet   château

au   o   eau

Le son o

2. **Colorie en jaune les mots qui contiennent le son o qui s'écrit** *eau*, **en brun ceux qui ont le son o qui s'écrit** *o* **et en vert ceux qui ont le son o qui s'écrit** *au*.

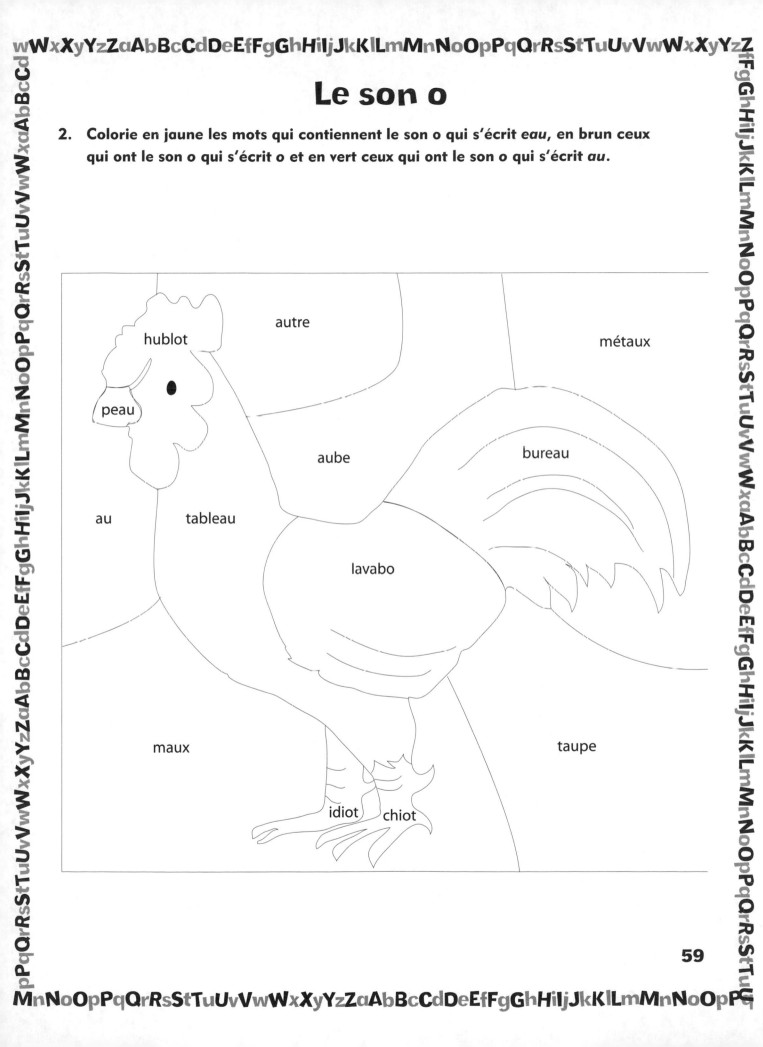

autre

métaux

hublot

peau

aube

bureau

au   tableau

lavabo

maux

taupe

idiot   chiot

Le son è

1. **Complète les mots en utilisant è, ê, _ai_ ou _ei_.**

a) ___mer

b) bal___ne

c) l___t

d) ch___vre

e) él___ve

f) ép___s

g) étag___re

h) f___te

i) for___t

j) fr___se

k) l___ne

l) n___ge

m) t___te

n) r___ne

o) m___re

Le son è

2. Complète les cœurs en utilisant è, ê, ai ou ei.

arr__t

capit__ne

m__son

bout__lle

libr__rie

com__te

corn__lle

__tre

b__te

fr__re

n__ge

p__che

r__sin

r__gle

rivi__re

sem__ne

61

Le son é

1. Remplace le symbole par la ou les lettres correspondantes.

é = ★   er = ✳   ez = ❖

a) b★b★ _____

b) n❖ _____

c) calendri✳ _____

d) ch❖ _____

e) cin★ma _____

f) colli✳ _____

g) derni✳ _____

h) ★l★phant _____

i) escali✳ _____

j) ski✳ _____

k) ★toile _____

l) f★vri✳ _____

m) nag✳ _____

n) cahi✳ _____

o) rêv✳ _____

p) ★t★ _____

q) mang✳ _____

r) ★coli✳ _____

s) ★curie _____

t) dans✳ _____

u) ru✳ _____

v) ★criv❖ _____

w) poup★e _____

x) tap✳ _____

Le son é

2. En te servant de la banque de mots, trouve le mot dont on te donne la définition.

céleri, congélation, décembre, déjeuner, délicieux, écolier, éléphant, épicerie, étoile, géant, hérisson, océan, salé, zéro.

a) Rien.   _____

b) Douzième mois de l'année.   _____

c) Premier repas de la journée.   _____

d) Endroit où l'on va faire ses courses.   _____

e) Légume vert.   _____

f) Étendue d'eau salée.   _____

g) Enfant qui va à l'école.   _____

h) Très grand.   _____

i) Action de faire geler quelque chose.   _____

j) Animal avec des piquants.   _____

k) Bon.   _____

l) Très gros animal.   _____

m) Brille dans le ciel.   _____

n) Qui goûte le sel.   _____

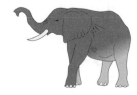

Le son i

1. Encercle les illustrations dont le nom contient le son i.

> Le son *i* peut s'écrire *i* ou *y*.

2. Encercle le y dans les mots suivants.

analyse	bicyclette	curry	cycliste	cygne
lyre	motocyclette	lys	tricycle	paralysie
rallye	style	syllabe	synonyme	système

Le son an

1. **Trouve tous les mots de la liste.**

l	a	m	p	e	s	i	l	e	n	c	e
c	a	m	p	h	a	b	i	t	a	n	t
p	e	n	t	e	f	a	n	f	a	r	e
e	n	f	i	n	p	a	t	i	e	n	t
g	r	a	n	d	a	m	p	o	u	l	e
a	m	b	u	l	a	n	c	i	e	r	e
s	e	n	s	s	e	r	v	a	n	t	e
c	e	n	t	n	o	v	e	m	b	r	e
d	i	m	a	n	c	h	e	v	e	n	t
d	e	n	t	e	n	s	e	m	b	l	e
m	a	n	d	a	r	i	n	e	a	n	s
a	v	e	n	t	u	r	i	e	r	e	s

ambulancière	enfin	patient
ampoule	ensemble	pente
ans	fanfare	sens
aventurières	grand	servante
camp	habitant	silence
cent	lampe	vent
dent	mandarine	
dimanche	novembre	

65

Le son an

2. Écris le nom du personnage ou de l'objet illustré. Colorie ceux qui contiennent le son *an*.

a) _____

b) _____

c) _____

d) _____

e) _____

f) _____

g) _____

h) _____

i) _____

j) _____

k) _____

l) _____

m) _____

n) _____

o) _____

p) _____

q) _____

r) _____

s) _____

t) _____

M devant p et b

1. Encercle la lettre qui précède le *p* ou le *b*.

Devant *p* et *b* on trouve un *m* au lieu dans *n*. Sauf dans certains mots comme bonbon.

tempête	nombre	imprimer	concombre
jambon	imperméable	tomber	important
campagne	chambre	tambour	compter

2. Trouve le mot mystère.

c	c	o	m	p	t	e	r
e	n	s	e	m	b	l	e
g	r	i	m	p	e	h	a
b	a	m	b	o	u	a	m
l	a	m	p	i	o	n	p
m	c	r	a	m	p	e	l
c	a	m	p	a	g	n	e
p	o	m	p	i	e	r	p

ample	compter	grimpe
bambou	crampe	lampion
campagne	ensemble	pompier

Mot mystère : __ __ __ __ __

3. Ajoute la lettre manquante.

a) po___pier   b) tro___pette   c) em___ener   d) o___bre

e) gri___per   f) com___encer   g) co___pote   i) i___portance

67

Les lettres muettes

1. **Écris le nom des animaux suivants. Ensuite, encercle la lettre muette. Si tu ne sais comment écrire le nom, tu peux regarder la liste.**

> Parfois, dans un mot, une ou plusieurs lettres ne se prononcent pas. Elles sont muettes.

canard, cerf, chat, escargot, guépard, hibou, homard, lézard, loup, porc, rat, renard, souris.

a) _____

b) _____

c) _____

d) _____

e) _____

f) _____

g) _____

h) _____

i) _____

j) _____

k) _____

l) _____

m) _____

Les lettres accentuées

L'accent grave ` : se met sur le *a*, le *e* et le *u*.

L'accent aigu ´ : se met sur *e* seulement.

L'accent circonflexe ^ : se met sur le *a*, le *e*, le *i*, le *o* et le *u*.

Le tréma ¨ : se met sur le *e*, le *i* et le *o*.

1. Recopie les mots dans la bonne colonne.

âge	bientôt	château	connaît	goût	voilà
flûte	guêpe	haïr	hôtel	île	
Joëlle	là	légume	maïs	métal	
Noël	où	règle	tête	très	

ï _____ ë _____ é _____ ô _____

ù _____ è _____ ê _____ à _____

î _____ û _____ â _____

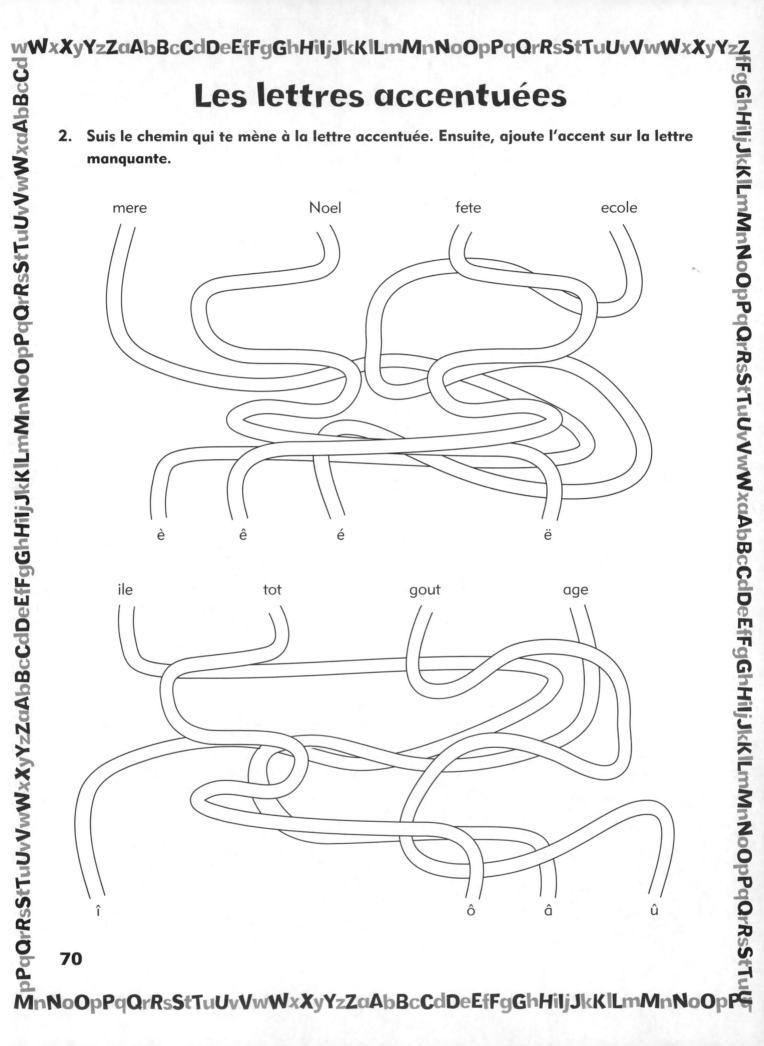

Les lettres accentuées

2. Suis le chemin qui te mène à la lettre accentuée. Ensuite, ajoute l'accent sur la lettre manquante.

mere   Noel   fete   ecole

è   ê   é   ë

ile   tot   gout   age

î   ô   â   û

Les syllabes

1. **Écris la syllabe manquante pour compléter les mots.**

a) | **si** | **voi** | **am** | **uit** |

fr _____ boise   mu _____ que   _____ sine   fr _____

b) | **ra** | **tail** | **seau** | **sou** |

mu _____   pa _____ pluie   _____ rire   éven _____

c) | **til** | **lo** | **fant** | **hi** |

en _____   gen _____   _____ ver   co _____ rier

d) | **chot** | **lo** | **mi** | **mi** |

_____ gnon   _____ gis   man _____   _____ di

e) | **con** | **ces** | **pleu** | **tion** |

ques _____   ra _____ ter   _____ voir   prin _____ se

f) | **ju** | **rei** | **ma** | **boi** |

_____ re   _____ meau   _____ ne   _____ re

g) | **çon** | **sau** | **se** | **teau** |

_____ terelle   gar _____   cou _____   ro _____

h) | **bleau** | **so** | **lu** | **va** |

la _____ bo   _____ leil   ta _____   vo _____ me

Les syllabes

2. Écris le nom du mot illustré. Ensuite, compte et écris combien de syllabe a chacun des mots suivants.

a) _____

b) _____

c) _____

d) _____

e) _____

f) _____

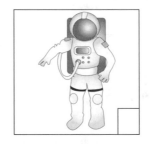

g) _____

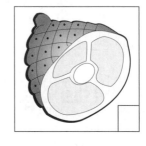

h) _____

i) _____

j) _____

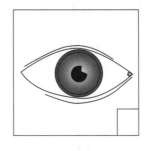

k) _____

l) _____

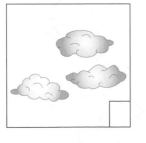

m) _____

n) _____

o) _____

p) _____

Les syllabes

3. **Sépare les syllabes des mots suivants.**

a) ambulance

b) autobus

c) avion

d) fusée

e) camion

f) hélicoptère

g) train

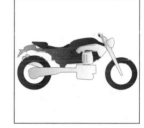

h) motocyclette

i) voiture

j) canot

k) bateau

l) tricycle

m) bicyclette

n) trottinette

o) motoneige

p) scooter

73

Le nom

1. **Colorie la fleur si le mot est un nom. Si tu veux savoir si c'est un nom, ajoute devant le mot *le* ou *la* devant.**

Le nom

2. Colorie la fleur si le mot est un nom propre. N'oublie pas qu'un nom propre est un prénom, un nom de pays, de ville, de rue, de lac, de fleuve, le nom d'un animal comme Fido, par exemple, etc. Un nom propre commence toujours par une majuscule.

Les déterminants

> Un déterminant accompagne le nom.
> Voici une liste de déterminants : le, l' la, les, un, une, des,
> au, du, aux, des, ce, cet, cette, ces, mon, ma, mes,
> ton, ta, tes, son, sa, ses, notre, nos, votre, vos, leur,
> leurs, un, deux, trois, quatre, etc.

1. **Écris un déterminant différent pour chaque mot. Sers-toi des mots dans la banque.**

> mon ton son ce cet cette ma ta sa un une l' la

a) _____ chaton   b) _____ poule   c) _____ mère

d) _____ automne   e) _____ champ   f) _____ journal

g) _____ piscine   h) _____ camion   i) _____ robe

j) _____ poisson   k) _____ sœur   l) _____ musique

2. **Écris _le_, _la_ ou _l'_ devant les mots suivants.**

a) _____ locomotive   b) _____ école   c) _____ fruit

d) _____ téléphone   e) _____ policier   f) _____ roi

g) _____ prince   h) _____ tulipe   i) _____ magicien

j) _____ eau   k) _____ roue   l) _____ œuf

m) _____ dinde   n) _____ fenêtre   o) _____ garage

p) _____ horloge   q) _____ omelette   r) _____ nuit

Les déterminants

3. **Relie le déterminant en gras au nom qu'il accompagne. Écris-les ensuite au bas de la page.**

La corneille et le renard

Ésope

Perchée sur **les** branches d'**un** arbre, **une** corneille mangeait **un** délicieux fromage.

Pendant ce temps, attiré par l'odeur **du** fromage, **un** renard très intelligent rôdait sous l'arbre

Le renard a commencé à flatter **la** corneille pour obtenir le fromage. « Bonjour, Mme la

Corneille, comme vous avez de belles plumes. Ce sont **les** plus belles que j'ai jamais vues.

Qui peut résister à tant de beauté ? » **La** corneille, incapable de résister à la flatterie,

ne pouvait pas rester silencieuse. Elle a répondu, «Merci M. **le** Renard, bonne journée ».

Mais, en ouvrant **son** bec pour remercier le Renard, elle a laissé tomber **le** délicieux fromage

et le renard l'a mangé.

_____

_____

_____

_____

_____

_____

_____

_____

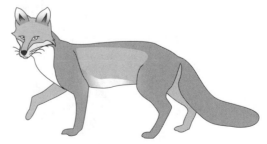

Les déterminants

4. Colorie les cases qui contiennent un déterminant. Quel mot se cache dans la grille ?

le	mou	café	oui	été	mars	notre	nos	votre	vos	leur
l'	pou	élan	lire	pain	main	leurs	lapin	ours	gros	jus
la	caille	doré	non	mardi	lune	un	long	être	jolie	soirée
les	valise	lundi	merci	obéir	neuf	des	ami	hiver	lancer	juin
un	bébé	neige	mai	nez	noir	cet	cour	jouer	assis	amour
une	chéri	nom	œil	petit	seul	aux	hibou	banane	août	aucun
des	soir	gelée	vache	tu	vert	ma	fille	baron	fête	beau
au	patte	yeux	aimer	œuf	air	ton	auto	bois	espace	froide
du	aller	papa	avoir	cahier	boa	le	deux	la	du	les
aux	haut	héros	képi	pied	lire	trois	après	cesser	ballon	bobo
des	vite	creux	mars	douce	tête	un	brin	durant	calme	carte
ce	ballon	élève	gazon	beau	fou	mon	clown	brune	gai	peau
cet	gros	elle	midi	jupe	ciel	une	judo	céleri	aussi	colis
cette	porte	avion	étoile	sac	collet	cette	pluie	fuir	juillet	cire
ces	doigt	caillou	droit	héros	mieux	aux	auto	fin	fille	jour
mon	bonbon	il	boisé	cher	coller	le	jadis	jungle	lait	joue
ma	mer	tombe	malin	elle	mignon	ses	oncle	nous	pêche	peu
mes	juron	loup	père	lancer	mais	la	maison	ortie	pente	orage
ton	joie	lait	mardi	manie	luire	mon	photo	poumon	poil	perdu
ta	tes	son	sa	ses	moule	quatre	mes	une	mon	aux

Le groupe du nom

> Le groupe du nom est nom seul (propre ou commun) ou plusieurs mots dont le principal composant est un nom. Un déterminant peut faire partie du groupe du nom.

1. Complète les phrases en ajoutant le groupe du nom.

Mon père   la radio   son chien   L'arbre

a) Lisa écoute _____ .   b) _____ rénove son garage.

c) Sophie promène _____ .   d) _____ du voisin donne de l'ombre.

2. Souligne les groupes du nom dans les phrases suivantes.

a) Mes amis sont partis faire une promenade.

b) Mon professeur de danse s'est cassé la jambe.

c) Ma sœur et mon frère regardent un match de hockey.

d) L'ordinateur est un outil très utile.

e) J'écris une lettre à ma tante.

3. Compose deux phrases et souligne le groupe du nom.

_____

_____

_____

_____

_____

_____

La majuscule

1. Ajoute les majuscules aux bons endroits dans le texte suivant.

mon père et ma mère ont décidé de s'acheter une nouvelle voiture. ils vont chez un concessionnaire de québec. le vendeur, carl, leur présente toutes sortes de modèles. mes parents ne sont pas certains. ils décident d'attendre encore un peu avant de changer de voiture.

2. Recopie les noms dans la bonne colonne.

espagne   papa   valérie   cheval

crayon   europe   martin   professeur

Majuscule	Minuscule
_____	_____
_____	_____
_____	_____
_____	_____
_____	_____
_____	_____
_____	_____
_____	_____

3. Écris la lettre _F_ ou _f_ selon si le mot prend une lettre majuscule ou une lettre minuscule.

a) _____ rance   b) _____ arandole   c) _____ ermier

d) _____ rédéric   e) _____ usil   f) _____ rancesca

Le point

1. Il y a deux erreurs dans la phrase suivante. Peux-tu les trouver ? Recopie la phrase correctement.

arthur est mon meilleur ami

_____

_____

_____

_____

2. Place le point dans la phrase suivante.

Tristan a remporté la médaille d'or en plongeon

3. Quelle phrase ne contient pas d'erreur ? Recopie-la.

a) Anne et Cédric font du ski de fond

b) Omar est fâché contre son ami.

c) J'ai visité le zoo de Granby.

_____

_____

4. Écris trois phrases de ton choix. N'oublie pas la majuscule en début de phrase et le point à la fin.

_____

_____

_____

_____

_____

_____

Le point d'interrogation et le point d'exclamation

1. Comment s'appellent les signes de ponctuation suivants ?

a) . _____

b)! _____

c)? _____

2. Encercle les points d'exclamation et fais un x sur les points d'interrogation dans le texte suivant.

Zut ! Pourquoi n'ai-je pas réussi cette dictée ? J'avais étudié très fort. Comment ai-je fais pour oublier comment écrire toujours ? Ensuite, tout a été de travers. Quelle journée ! J'ai hâte à demain. Peut-être que ça ira mieux ?

3. Ajoute un point (.), un point d'interrogation (?) ou un point d'exclamation (!) pour compléter les phrases.

a) Quelle magnifique sculpture

b) As-tu vu mon crayon bleu

c) J'ai lu le dernier tome des aventures d'Amos Daragon

d) J'ai gagné un prix à l'école

e) As-tu reçu ton bulletin

f) Quelle belle journée

Les mots invariables

1. Utilise le bon mot.

a) J'ai mis ma balle _____ ma poche.

à

dans

b) J'ai mis mon habit de neige _____ aller jouer dehors.

pour

contre

c) J'ai mis tous mes animaux en peluche _____ mon lit.

et

sur

d) Je me brosse _____ les dents avant d'aller me coucher.

toujours

jamais

e) Je mets mon imperméable _____ il pleut.

par

quand

f) Je lis _____ un livre avant d'aller dormir.

souvent

pour

g) Ma mère est _____ moi, elle n'aime pas les piments forts.

comme

jamais

h) Notre maison est _____ de l'école.

souvent

près

Les mots invariables

2. Compète les phrases suivantes.

peu   mais   dans   pour   sur   très   jamais   souvent   et   quand

a) _____ j'aurai 11 ans, je suivrai le cours de gardien averti.

b) Je voudrais bien aller au cinéma, _____ mes parents ne veulent pas.

c) J'ai mis les assiettes _____ la table.

d) Je ne traverse _____ la rue sans regarder à gauche et à droite avant.

e) Je voudrais un nouveau vélo _____ mon anniversaire.

f) Il y a _____ de fleurs dans la cour d'école.

g) Je vais _____ jouer chez mon ami après l'école.

h) J'ai mis _____ mon pupitre mes cahiers et mes livres.

i) Je voudrais une pomme _____ une banane pour ma collation.

j) J'ai _____ hâte à mon anniversaire.

3. Complète le texte suivant en utilisant le bon mot invariable.

jamais   dans   très   parce que   quand   à

J'ai mis _____ mon coffre tous mes petits trésors.

_____ il pleut, je joue avec. Je ne m'ennuie _____.

C'est toujours _____ amusant _____ mes trésors me font

rêver _____ des aventures extraordinaires.

Les pronoms

1. **Remplace les mots soulignés par *il*, *elle*, *nous*, *ils* ou *elles*.**

a) Nathalie prépare soigneusement son voyage en Australie.

_____ prépare soigneusement son voyage en Australie.

b) Félix et Étienne font partie de l'équipe de soccer de l'école.

_____ font partie de l'équipe de soccer de l'école.

c) Mon chat s'est enfui de la maison.

_____ s'est enfui de la maison.

d) Mon amie déménage à Québec le mois prochain.

_____ déménage à Québec le mois prochain.

e) Ma sœur et moi irons acheter des homards pour souper.

_____ irons acheter des homards pour souper.

f) Fabien et Simon suivent des cours de karaté.

_____ suivent des cours de karaté.

g) Mon père et moi faisons une promenade au bord de la mer.

_____ faisons une promenade au bord de la mer.

h) Mon père et ma mère préparent le souper.

_____ préparent le souper.

Les pronoms

2. **Complète les phrases en utilisant je, tu, nous, vous, elles.**

a) _____ mangent une glace à la vanille.

b) _____ es le meilleur joueur de ton équipe.

c) _____ suis la troisième enfant de ma famille.

d) _____ êtes une très bonne danseuse.

e) _____ marchons sous la pluie.

3. **Colorie les étoiles qui contiennent un pronom.**

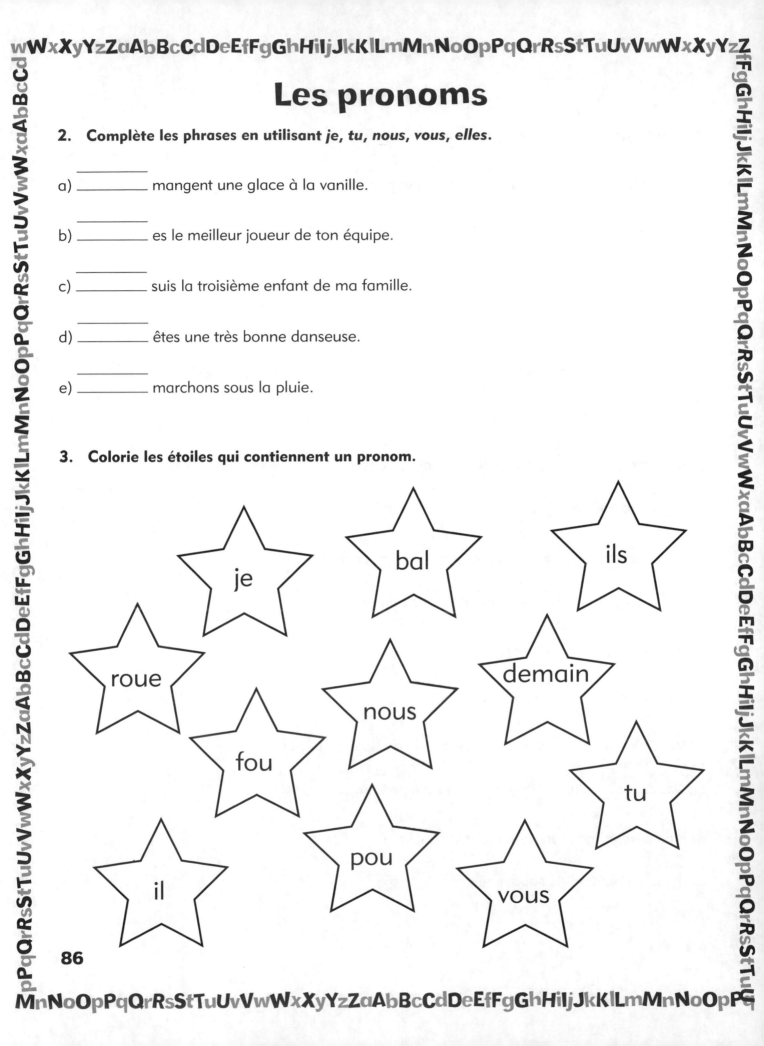

Le genre

1. **Relie l'illustration au bon déterminant.**

a) La
    Le

b) La
    Le

c) La
    Le

d) La
    Le

e) La
    Le

f) La
    Le

g) La
    Le

h) La
    Le

Le genre

2. Écris les noms suivants au féminin.

a) cousin _____

b) marchand _____

c) danseur _____

d) ami _____

e) loup _____

f) ambulancier _____

g) prince _____

h) gérant _____

i) chirurgien _____

j) écrivain _____

k) un _____

l) maire _____

m) le _____

n) député _____

3. Colorie en rouge les mots qui sont féminins et en bleu ceux qui sont masculins.

carnet	eau	dauphin	froid	malin
suçon	voyage	licorne	livre	chemise
valise	océan	vélo	noix	demoiselle
quille	arbre	camion	train	fille
cahier	crayon	gomme	règle	classe
piscine	gazon	cavalier	os	bras
carie	faucon	équipe	pays	photo
hiver	gentil	jardin	jumelle	momie
magie	patin	orange	ordinateur	écran

Le genre

4. Relie le masculin à son féminin

bon	chienne	bleu	chatte
doux	mignonne	homme	comédienne
mignon	blanche	heureux	méchante
blond	bonne	comédien	bleue
blanc	blonde	chat	femme
chien	douce	méchant	heureuse

5. Parmi les mots soulignés, encercle les mots au féminin et fais un x sur les mots au masculin.

Au clair de la <u>lune</u>,   Au clair de la <u>lune</u>

Mon <u>ami</u> Pierrot   <u>Pierrot</u> répondit

Prête moi ta <u>plume</u>   Je n'ai pas de <u>plume</u>,

Pour écrire un <u>mot</u>   Je suis dans mon <u>lit</u>

Ma <u>chandelle</u> est morte   Va chez la <u>voisine</u>

Je n'ai plus de <u>feu</u>   Je crois qu'<u>elle</u> y est

Ouvre-moi ta <u>porte</u>   Car dans la <u>cuisine</u>

Pour l'amour de Dieu !   On bat le <u>briquet</u>.

Le nombre

1. **Relie l'illustration au bon déterminant.**

a) Le
   Les

b) Le
   Les

c) Le
   Les

d) Le
   Les

e) Le
   Les

f) Le
   Les

g) Le
   Les

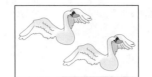

h) Le
   Les

Le nombre

2. Colorie en rouge les mots qui sont au singulier et en bleu ceux qui sont au pluriel.

otaries	museaux	nacelle	photo	raisin
arbres	ciseaux	framboise	miroir	loup
racine	poils	poteaux	sœur	sapin
volcans	talons	tante	robes	scie
citron	collier	écoles	dragons	des

3. Mets les mots suivants au pluriel.

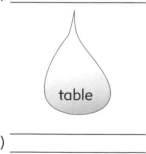   
genou / auto / cerveau / crapaud

a) _____ b) _____ c) _____ d) _____

lutin / mer / œil / œuf

e) _____ f) _____ g) _____ h) _____

table / silo / queue / ski

i) _____ j) _____ k) _____ l) _____

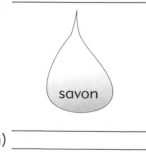 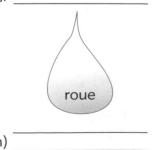 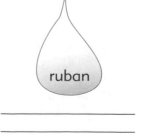 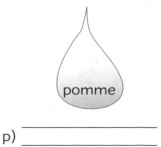
savon / roue / ruban / pomme

m) _____ n) _____ o) _____ p) _____

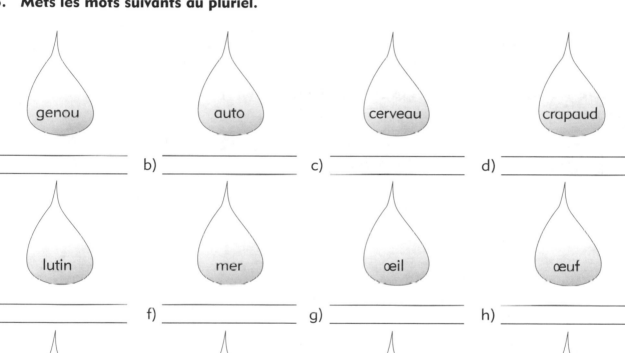

Le nombre

4. **Relie les mots à leur pluriel.**

vache	singes	corde	coraux
hibou	chevaux	épouvantail	travaux
cheval	matous	corail	épouvantails
matou	hiboux	travail	gazons
singe	vaches	gazon	cordes

5. **Écris les mots suivants dans la bonne colonne.**

chaîne, jolies, caribous, bâton, bateau, travaux, serpent, châteaux

Singulier   **Pluriel**

_____   _____

_____   _____

_____   _____

_____   _____

_____   _____

_____   _____

_____   _____

_____   _____

6. **Encercle les mots au pluriel dans les phrases suivantes.**

a) Les amis de ma classe n'ont pas peur des orages.

b) Les fleurs qui poussent dans le jardin de ma mère sont belles.

c) J'ai reçu de beaux cadeaux pour mon anniversaire.

d) J'ai mis des chaussettes, des barrettes et des salopettes dans ma valise.

Le genre et le nombre

7. **Complète la grille en indiquant si le mot est féminin, masculin, singulier ou pluriel. Nous avons rempli la première colonne pour toi.**

		Masculin	Féminin	Singulier	Pluriel
a)	divans	x			x
b)	gant				
c)	cerise				
d)	poissons				
e)	bicyclette				
f)	fleurs				
g)	princesse				
h)	barons				
i)	fenêtre				
j)	chevaux				
k)	téléviseur				
l)	castors				
m)	mobylettes				
n)	claviers				
o)	clôtures				
p)	drap				
q)	piscines				
r)	rosier				

Les adjectifs

1. Ajoute l'adjectif qui convient pour te décrire.

Mes yeux sont _____ (bruns, bleus, verts, pers).

J'ai les cheveux _____ (courts, longs) et _____ (bouclés, raides).

Ils sont _____ (bruns, blonds, roux, noirs).

Je suis _____ (grand(e), petit(e)).

Je suis très _____. (Choisis une qualité qui te représente bien.)

2. Certains adjectifs qualificatifs décrivent positivement une personne ou une chose. D'autre les décrivent de façon négative. Mets un + à côté de l'adjectif si c'est positif ou un – si c'est négatif.

a) brave _____   b) cruelle _____   c) méchant _____

d) gentille _____   e) gourmande _____   f) peureuse _____

g) généreux _____   h) affectueux _____   i) jaloux _____

j) merveilleuse _____   k) respectueux _____   l) impolie _____

3. Encercle les adjectifs parmi les mots suivants.

bleu   laid   ami   mauvais   jolie

cahier   manteau   long   gros   grand

blanc   ordinateur   noir   bon   écran

Les adjectifs

4. Classe les mots soulignés dans la bonne colonne.

Ma meilleure amie a les cheveux blonds et les yeux bleus. Elle est très gentille. Aujourd'hui, elle porte une belle robe rouge et bleue. Elle a mis aussi son chapeau et son imperméable.

Adjectifs	Noms

5. Encercle les adjectifs et trace une flèche vers le mot qu'ils qualifient.

Voici un exemple : J'ai de grands yeux .

a) J'ai mangé une délicieuse glace à la vanille.

b) J'ai mis mon manteau bleu.

c) J'ai vu un bon documentaire sur les chimpanzés.

d) J'ai vu une grande girafe au zoo.

e) J'ai peur des grosses araignées.

f) Mon ami est grand.

Le verbe

1.   Encercle les verbes dans les phrases suivantes.

a) Je mange une collation bonne pour la santé.

b) Le singe grimpe aux arbres.

c) Mon amie Martine est allée au Costa Rica.

d) Pietro et Maria viennent d'Italie.

> Pour savoir si c'est un verbe, demande-toi s'il s'agit d'une action.

2.   Comment fais-tu pour savoir si le mot est un verbe ?

a) J'ajoute un déterminant comme *le* ou *la* devant le mot.

b) Je me demande si c'est une action.

c) C'est un verbe si le mot décrit quelqu'un ou une situation.

_____

Réponse : _____

3.   Trouve et souligne les huit verbes dans le texte suivant.

La fermière se lève très tôt. Elle ramasse les œufs que les poules ont pondus. Ensuite, elle trait les vaches. Elles donnent du bon lait. Quand la fermière a faim, elle mange un morceau et elle continue ses tâches.

4.   Écris trois verbes différents.

_____

_____

_____

_____

_____

_____

Le verbe

5. Indique si les événements suivants sont survenus dans le passé, le présent ou le futur.

		Passé	Présent	Futur
1)	Mathieu clavarde avec ses amis.			
2)	J'attends l'autobus.			
3)	Ma mère me donnera un cadeau pour mon anniversaire.			
4)	Je regarde la télévision.			
5)	Ce soir, je lirai un livre.			
6)	Je n'ai pas aimé l'émission de télé hier soir.			
7)	J'aurai une nouvelle paire de patins.			
8)	Je suis malade aujourd'hui.			
9)	Elles font partie de la troupe de théâtre.			
10)	Maude travaillera à la pharmacie cet été.			
11)	Je tape un texte à l'ordinateur.			
12)	L'hiver dernier, je suis allée à Cuba.			
13)	La directrice sonne la cloche pour la récréation.			
14)	Quand je serai grand, je serai un pompier.			
15)	Thomas et Félix ont lu un livre sur l'Australie.			
16)	Ma mère achète des chaussettes de laine à mes frères.			
17)	Mon père et moi avons marché dans la forêt.			
18)	Je ne veux pas aller jouer chez mon ami.			
19)	Nous regarderons les étoiles ce soir.			
20)	Pour mes dix ans, j'aurai une nouvelle bicyclette.			
21)	J'ai fondu en larmes en écoutant cette chanson.			
22)	Mon cheval était très gentil.			
23)	Tu seras en troisième année l'an prochain.			
24)	Maintenant, je range mon vélo dans le garage.			
25)	Mes amis m'ont donné des billes.			
26)	Mon amie s'est blessée en tombant de son vélo.			
27)	Les ballerines ont donné un bon spectacle.			
28)	Mélanie dévale la pente à toute vitesse.			
29)	Les chats de la voisine viennent chez nous.			
30)	Le jardinier arrose les fleurs.			
31)	Mon père peint la cuisine.			
32)	Je fais de la bicyclette avec mon amie Florence.			

Le verbe

6. Remplace le verbe au pluriel par un verbe au singulier.

a) Les acrobates sont très agiles.

L'acrobate _____ très agile.

b) Les clowns font rire la foule.

Le clown _____ rire la foule.

c) Les dompteurs de tigres sont très courageux.

Le dompteur de tigres _____ très courageux.

d) Les fildeféristes exécutent des sauts périlleux sur un fil de fer.

Le fildefériste _____ un saut périlleux sur un fil de fer.

7. Colorie en bleu le verbe qui complète le mieux la phrase.

mange
a) Pamela   du brocoli cuit à la vapeur.
        dort

joue
b) Xavier   des timbres de tous les pays.
        collectionne

attache
c) Claire   beaucoup son chat Merlin.
        aime

Le verbe

8. Encercle les verbes pour réussir ton jeu de tic-tac-toe.

a)

dormir	livre	réponse
lire	délicat	cahier
respirer	étagère	février

b)

élever	savon	sapin
aucun	descendre	cahier
mirage	régal	admirer

c)

magie	manger	cerisier
sale	rêver	oncle
merise	monter	douzaine

d)

quel	encore	quitter
zéro	faux	présenter
long	infinité	savoir

e)

stylo	manger	crayon
assiette	agacer	dentiste
ballon	monter	soleil

f)

lisent	enfant	vélo
respirent	chaise	tondeuse
dorment	brin	pot

g)

filet	portons	chèque
toile	changeons	bourgeon
midi	bougeons	fleur

h)

avez	mur	bain
dalle	finissez	fontaine
fente	corde	poussez

Le verbe

9. Complète les phrases suivantes avec le verbe manger au présent.

(je) mange, (tu) manges (il ou elle) mange (nous) mangeons

a) Victoria _____ du gâteau.

b) Nous _____ du jello.

c) Je _____ des muffins.

d) Tu _____ de la confiture.

10. Complète les phrases suivantes avec le verbe manger au passé composé.

(j') ai mangé, (tu) as mangé (il ou elle) a mangé (nous) avons mangé

a) Victoria _____ du gâteau.

b) Nous _____ du jello.

c) J' _____ des muffins.

d) Tu _____ de la confiture.

11. Complète les phrases suivantes avec le verbe manger au futur.

(je) mangerai, (tu) mangeras (il ou elle) mangera (nous) mangerons

a) Victoria _____ du gâteau.

b) Nous _____ du jello.

c) Je _____ des muffins.

d) Tu _____ de la confiture.

Le verbe

12. Colorie en bleu les noix ramassées par l'écureuil. Il n'a ramassé que celles sur lesquelles sont écrits des verbes.

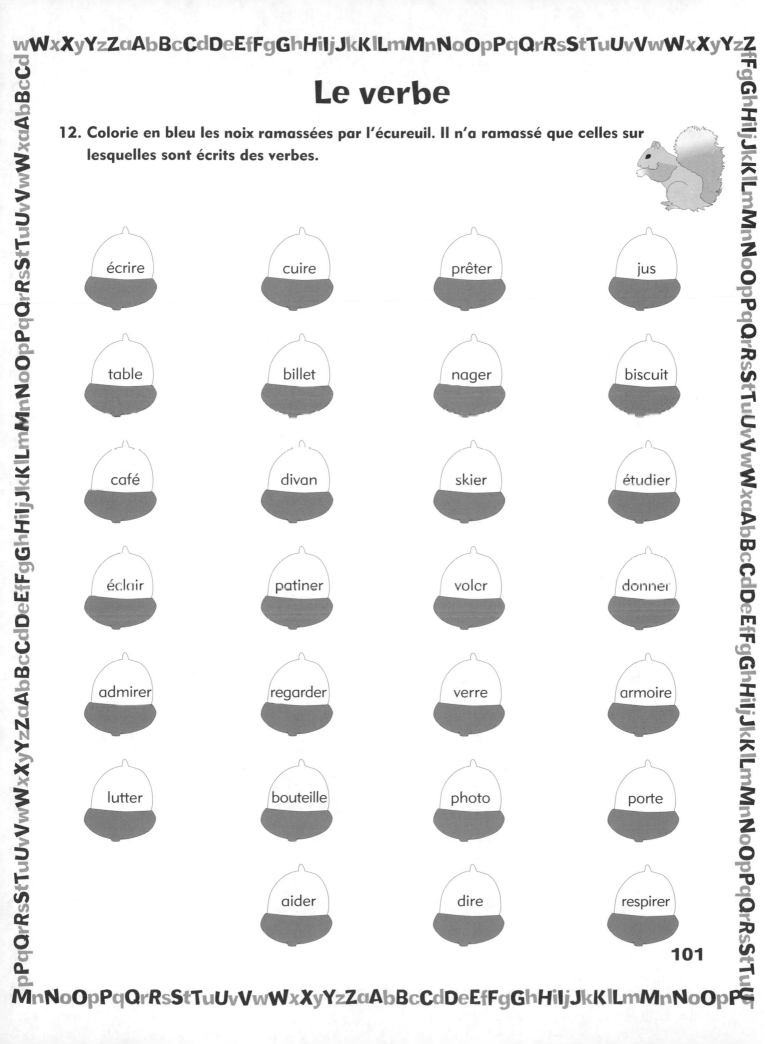

écrire

cuire

prêter

jus

table

billet

nager

biscuit

café

divan

skier

étudier

éclair

patiner

volcr

donner

admirer

regarder

verre

armoire

lutter

bouteille

photo

porte

aider

dire

respirer

101

Le verbe

13. Souligne le verbe. Ensuite, trace une flèche pour relier le verbe à celui ou celle qui fait l'action.

Voici un exemple : Le chien <u>est</u> le meilleur ami de l'homme.

a) Marika dessine un beau paysage d'été.

b) Les bernaches sont arrivées aujourd'hui.

c) Le concierge fait le ménage à l'école.

d) Sébastien joue du saxophone.

e) Jade ne veut pas aller visiter le musée.

f) Yannick ira à La Ronde avec son ami.

g) Eva fait ses devoirs avec son amie Tatiana.

h) Émile et moi voulons aller voir un film.

14. Décris un événement qui aura lieu dans le futur.

_____

_____

_____

_____

15. Décris un événement qui a eu lieu dans le passé.

_____

_____

_____

_____

Le verbe

16. Encercle les verbes parmi les mots suivants.

lire	regarder	disque	pousser
filmer	souris	photographier	tasse
conduire	chaussette	donner	mensonge
feuille	courir	mentir	manger
téléphoner	dormir	radio	hôpital

17. Complète les phrases suivantes avec le verbe approprié.

sourit   lance   décorent   lisent   sommes   es   dansez   vais   finis

a) Je _____ au zoo avec toute ma famille.

b) Ma sœur _____ une balle de neige.

c) Elle _____ de toutes ses dents.

d) Tu _____ en première position.

e) Nous _____ partis en dernière position.

f) Vous _____ la valse.

g) Elles _____ la maison pour l'Halloween.

h) Je _____ mes devoirs avant d'aller jouer dehors.

i) Ils _____ des romans d'aventure.

Le verbe

18. Relie le verbe à l'illustration qui lui correspond.

a)

b)

c)

d)

e)

f)

g)

h)

i)

j)

k)

l)

1. voler

2. coudre

3. regarder

4. marcher

5. chanter

6. arroser

7. danser

8. courir

9. embrasser

10. lancer

11. penser

12. sauter

Le verbe

19. Écris le bon verbe sous chaque illustration. Utilise la banque de mots pour t'aider.

boire	dormir	étudier	glisser	jouer
laver	lire	manger	nager	parler
patiner	pêcher	pédaler	peindre	pleurer

a) _____

b) _____

c) _____

d) _____

e) _____

f) _____

g) _____

h) _____

i) _____

j) _____

k) _____

l) _____

m) _____

n) _____

o) _____

Les antonymes

1. Trouve le contraire des mots suivants.

1) léger _____ 2) sale _____

3) travaillant _____ 4) désagréable _____

5) dernier _____ 6) triste _____

7) blanc _____ 8) homme _____

9) facile _____ 10) déçu _____

11) heureux _____ 12) grand _____

13) bon _____ 14) comique _____

15) jour _____ 16) différent _____

17) guerre _____ 18) fille _____

19) faible _____ 20) chaud _____

21) fermé _____ 22) dehors _____

23) avec _____ 24) beau _____

25) masculin _____ 26) mou _____

27) descendre _____ 28) invisible _____

29) plein _____ 30) malheur _____

Les antonymes

2. Remplace le mot souligné par son antonyme.

a) Stéphanie <u>aime</u> aller au zoo.

Stéphanie _____ aller au zoo.

b) Le cheval de mon ami est très <u>grand</u>.

Le cheval de mon ami est très _____ .

c) Mon ballon est <u>mou</u>.

Mon ballon est _____ .

d) La montgolfière <u>descend</u>.

La montgolfière _____ .

e) Le pot de biscuits est <u>plein</u>.

Le pot de biscuits est _____ .

f) Le film que j'ai vu hier était très <u>drôle</u>.

Le film que j'ai vu hier était très _____ .

g) J'ai mis mon manteau <u>blanc</u>.

J'ai mis mon manteau _____ .

h) J'ai lu un livre vraiment <u>intéressant</u>.

J'ai lu un livre vraiment _____ .

i) La piscine est <u>propre</u>.

La piscine est _____ .

Les synonymes

1. **Dans une même série de ballons, encercle les mots qui veulent dire la même chose.**

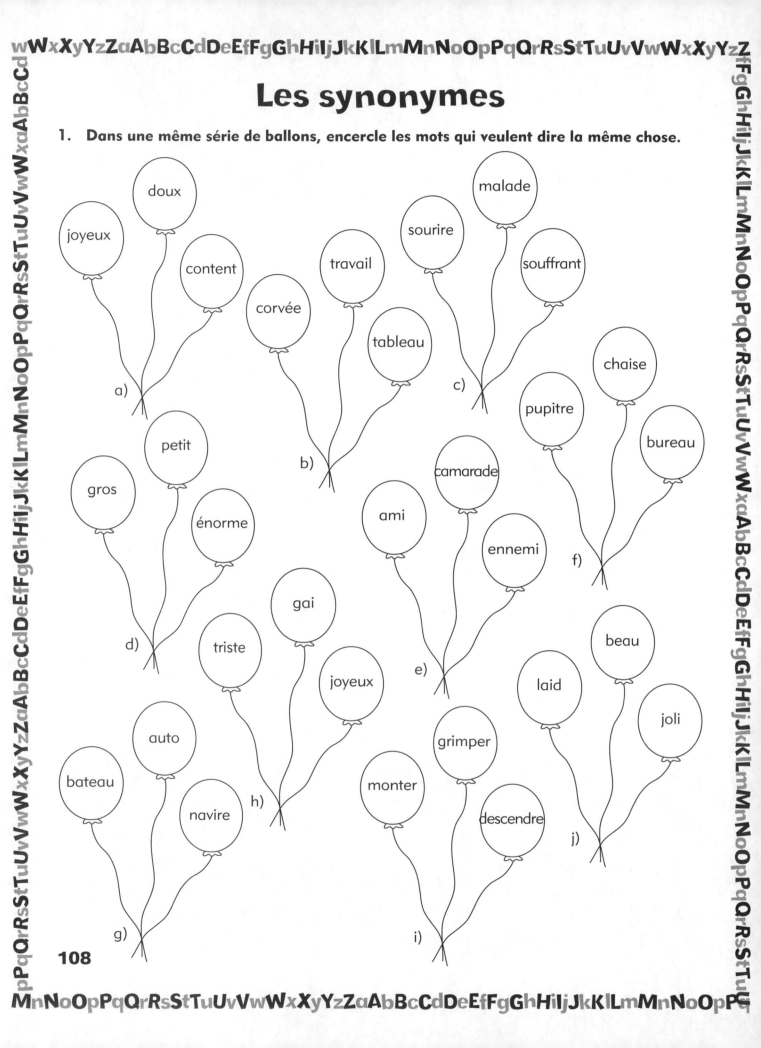

Les homophones

1. Lis la définition et écris le bon mot. Sers-toi de la banque de mots pour t'aider.

ailes, ancre, cent, chaîne, chêne, cou, coup, eau, elle, encre, haut, laid, lait, pain, pin, poing, point, sang, scie, si, ver, vert.

a) arbre : _____

b) suite d'anneaux : _____

c) partie du corps : _____

d) synonyme de claque : _____

e) pronom personnel : _____

f) servent à voler : _____

g) liquide incolore : _____

h) synonyme de grand : _____

i) outil : _____

j) condition : _____

k) aliment: _____

l) conifère : _____

m) chiffre : _____

n) liquide rouge : _____

o) pas beau : _____

p) liquide blanc : _____

q) pour écrire : _____

r) partie d'un bateau : _____

s) couleur : _____

t) insecte : _____

u) signe de ponctuation : _____

v) main fermée : _____

Les homophones

2. **Choisis le bon homophone (mots qui se prononcent de la même manière mais s'écrivent différemment).**

a) L'oiseau est dans son _____nid_____ .

ni

b) Mes camarades _____son_____ dans la cour de l'école.

sont

c) J'ai rempli un _____seau_____ d'eau.

sot

d) J'ai mal aux _____dents_____ .

dans

e) Cet été, j'irai dans un _____quand_____ de vacances.

camp

f) La veille du jour de l'_____An_____ mes parents reçoivent leurs amis.

en

Mots de même famille

Les mots de même famille sont des mots qui sont formés à partir d'un mot simple comme par exemple, à partir du mot fleur, on peut former des mots comme fleuriste, fleurir, fleurette, etc.

1. **Biffe le mot qui ne fait pas partie de la même famille.**

a) discussion   discuter   discutable   disgracieux

b) sale   propre   propreté   impropre

c) poésie   roman   poème   poétique

d) raison   raisonnable   raté   raisonner

2. **Cherche dans ton dictionnaire le mot *égal* et écrit le plus de mots de la même famille.**

_____

_____

_____

_____

3. **Relie les mots de même famille de la colonne de droite et de gauche à la colonne du centre.**

arbitrage	jambière	équilibrage
front	équilibré	malchance
tempéré	chanceux	emprisonner
linge	arbitre	arbitraire
jambe	nageur	effronterie
prison	hiver	température
hivernal	lingette	jambette
chance	prisonnier	lingerie
équilibre	temps	natation
nage	effronté	hiberner

Mots de même famille

4. Encercle le mot qui n'est pas de la même famille.

a) corde, cordelette, cordage, corder, cornage

b) diviser, divinité, diviseur, division, divisible

c) éléphant, éléphanteau, olifant, éléphantesque

d) roncier, rond, rondelle, rondelette, rond-point

e) avion, aviateur, aviaire, hydravion, porte-avions

f) francophone, français, franche, franco-manitobain

g) école, scolaire, écolier, scolarisation, éclore

5. Trouve des mots de la même famille.

a) poisson : _____

b) arbre : _____

c) sorcier : _____

d) lune : _____

e) peur : _____

Le petit mot dans le grand mot

1. **Souligne le petit mot dans le grand mot. Écris-le ensuite.**
   Voici un exemple : dans *imprudent* il y a le mot *prudent*.

1) champêtre : _____

2) rebondir : _____

3) ouverture : _____

4) nouveauté : _____

5) impur : _____

6) poudrerie : _____

7) impressionner : _____

8) jeunesse : _____

9) richesse : _____

10) romancier : _____

11) rosette : _____

12) livret : _____

13) platement : _____

14) lionceau : _____

15) tresser : _____

16) louveteau : _____

17) humainement : _____

18) grisaille : _____

19) forgeron : _____

20) époumoner : _____

21) orangeraie : _____

22) pommette : _____

23) inexact : _____

24) artisanat : _____

25) diablerie : _____

26) oliveraie : _____

27) tigresse : _____

28) tièdement : _____

29) grossir : _____

30) épaissir

Les jours de la semaine

1. **Recopie les jours de la semaine en lettres cursives. Ensuite, exerce-toi sur le reste de la page.**

lundi

mardi

mercredi

jeudi

vendredi

samedi

dimanche

Les jours de la semaine

2. **Classe les jours de la semaine en ordre en commençant par lundi.**

mardi   samedi   vendredi   mercredi   jeudi   lundi   dimanche

_____

_____

3. **Regarde l'horaire de Kim et réponds aux questions.**

	Lundi	Mardi	Mercredi	Jeudi	Vendredi	Samedi	Dimanche
Matin	Présentation orale					Cours de natation	
Après-midi		Examen de math		Rendez-vous chez le médecin			Match de hockey
Souper					Souper avec grand-papa		
Soirée			Cours de peinture	Travail d'équipe chez Joey		Soirée cinéma avec mes amies	

a) Quel jour Kim a-t-elle une soirée cinéma avec ses amies ?   _____

b) Quel soir a-t-elle son cours de peinture ?   _____

c) À ton avis, quel soir Kim étudiera-t-elle pour son examen de math ?   _____

d) Combien de cours Kim suit-elle ?   _____

e) Quels jours ont lieu ses cours ?   _____

f) Quand a-t-elle rendez-vous chez le médecin ?   _____

g) Avec qui va-t-elle souper vendredi soir ?   _____

Les mois de l'année

1. **Réponds aux questions.**

   a) Quel mois vient entre février et avril ? _____

   b) Quel mois vient immédiatement après octobre ? _____

   c) Quel mois vient immédiatement avant mai ? _____

   d) Quel mois vient entre juin et août ? _____

2. **Écris les mois de l'année dans l'ordre à partir de janvier.**

   _____

   _____

   _____

   _____

   _____

3. **Combien de mois y a-t-il dans une année ?** _____

4. **De quel mois à quel mois vas-tu à l'école ?** _____

5. **Demande à tes amis (es) ou à ta famille à quel mois ils (elles) sont nés (es).**
   Écris les réponses dans le tableau.

Nom	Mois	Nom	Mois

wWxXyYzZaAbBcCdDeEfFgGhHiIjJkKlLmMnNoOpPqQrRsStTuUvVwWxXyYzZ

Les mois de l'année

6. Recopie les mois de l'année en lettres cursives.

janvier

février

mars

avril

mai

juin

juillet

août

septembre

octobre

novembre

décembre

MnNoOpPqQrRsStTuUvVwWxXyYzZaAbBcCdDeEfFgGhHiIjJkKlLmMnNoOpP

Les saisons

1. **Indique à quel mois débutent les saisons.**

a) printemps _____

b) été _____

c) automne _____

d) hiver _____

2. **Dessine une activité que tu pratiques durant chacune des saisons.**

Printemps	Été
Automne	**Hiver**

Les saisons

3. **Écris de quelle saison il s'agit.**

		printemps	été	automne	hiver
a)	Les feuilles tombent.				
b)	Les enfants font un bonhomme de neige.				
c)	Les tulipes sortent de terre.				
d)	Les bourgeons apparaissent dans les arbres.				
e)	Les oiseaux s'en vont pour l'hiver.				
f)	Les enfants se baignent dans le lac.				
g)	Pendant le 8e mois il y a beaucoup d'étoiles filantes.				
h)	L'école est fermée parce qu'il fait tempête.				
i)	La journée de la Fête nationale du Québec.				
j)	Halloween				
k)	Noël				
l)	Pâques				
m)	Saint-Valentin				
n)	La semaine de relâche				
o)	Les mois où il n'y pas d'école				
p)	La saison où les cultivateurs sèment des graines.				
q)	Les oiseaux font leur nid.				
r)	La saison de récolte des citrouilles.				
s)	Les temps des sucres.				
t)	Les jours sont longs.				
u)	Les jours sont courts.				

Les rimes

1. Relie les mots qui riment.

bambou   sœur

maison   retard

marin   raison

skieur   caramel

souris   loup

fanfare   masculin

maternelle   visage

ménage   gâchis

2. Sur la même ligne, encercle le mot qui rime.

a) Cahier rime avec   mercredi   marché.

b) Usine rime avec   fouine   style.

c) Tapis rime avec   tomate   taudis.

d) Vapeur rime avec   rougeur   joyeux.

e) Abeille rime avec   oreille   quille.

f) Lapin rime avec   matin   maison.

g) Koala rime avec   lait   avocat.

Les rimes

3. **Trouve des mots qui riment avec les mots suivants.**

a) nuage _____   b) peau _____

c) ourson _____   d) koala _____

e) partout _____   f) raisin _____

4. **Trouve le plus de mots possible qui riment avec les mots suivants.**

a) joujou _____

b) leçon _____

c) bateau _____

d) pélican _____

e) souris _____

5. **Relie les mots qui riment ensemble.**

ballon	frayeur
peur	réussir
cheval	bal
place	menton
rugir	face

L'écriture des nombres en lettres

1. Relie les nombres écrits en lettres à ceux écrits en chiffres.

vingt-deux   2

onze   53

deux   22

quinze   14

trois   11

trente-quatre   21

cinquante-trois   34

quatorze   90

vingt et un   15

quatre-vingt-dix   3

2. Écris en lettres les nombres suivants.

a) 33 _____

b) 74 _____

c) 57 _____

d) 18 _____

e) 78 _____

f) 46 _____

g) 99 _____

h) 82 _____

i) 69 _____

j) 21 _____

3. Écris en chiffres les nombres suivants.

a) soixante-quinze _____

b) trente _____

c) trente-cinq _____

d) cinquante-deux _____

e) quatre-vingt-dix-sept _____

f) quatre-vingt-huit _____

g) dix-neuf _____

h) vingt-sept _____

i) quatre-vingt-quinze _____

j) quatre-vingt-dix _____

L'écriture des nombres en lettres

4. Écris les nombres en lettres.

0	_____	13	_____
1	_____	14	_____
2	_____	15	_____
3	_____	16	_____
4	_____	17	_____
5	_____	18	_____
6	_____	19	_____
7	_____	20	_____
8	_____	30	_____
9	_____	40	_____
10	_____	50	_____
11	_____	60	_____
12	_____	70	_____

Vocabulaire : Les animaux

1. **Écris le nom des animaux suivants. Trouve le nom de la femelle et du petit de chacun des animaux.**

a) Mâle : lion

   Femelle : _____

   Petit : _____

b) Mâle : chien

   Femelle : _____

   Petit : _____

c) Mâle : chat

   Femelle : _____

   Petit : _____

d) Mâle : taureau

   Femelle : _____

   Petit : _____

e) Mâle : porc

   Femelle : _____

   Petit : _____

f) Mâle : coq

   Femelle : _____

   Petit : _____

g) Mâle : éléphant

   Femelle : _____

   Petit : _____

h) Mâle : cerf

   Femelle : _____

   Petit : daim

i) Mâle : lapin

   Femelle : _____

   Petit : _____

j) Mâle : mouton

   Femelle : _____

   Petit : _____

k) Mâle : loup

   Femelle : _____

   Petit : _____

l) Mâle : ours

   Femelle : _____

   Petit : _____

Vocabulaire : Les fruits et les légumes

1. **Écris le nom des fruits et des légumes sous chacun d'eux. Si tu as besoin d'aide, tu peux regarder la liste suivante :**

ananas, aubergine, avocat, banane, betterave, brocoli, céleri, champignon, citrouille, courgette, kiwi, melon, navet, orange, poivron, pomme, pomme de terre, radis, raisins, tomate.

a) _____   b) _____   c) _____   d) _____   e) _____

f) _____   g) _____   h) _____   i) _____   j) _____

k) _____   l) _____   m) _____   n) _____   o) _____

p) _____   q) _____   r) _____   s) _____   t) _____

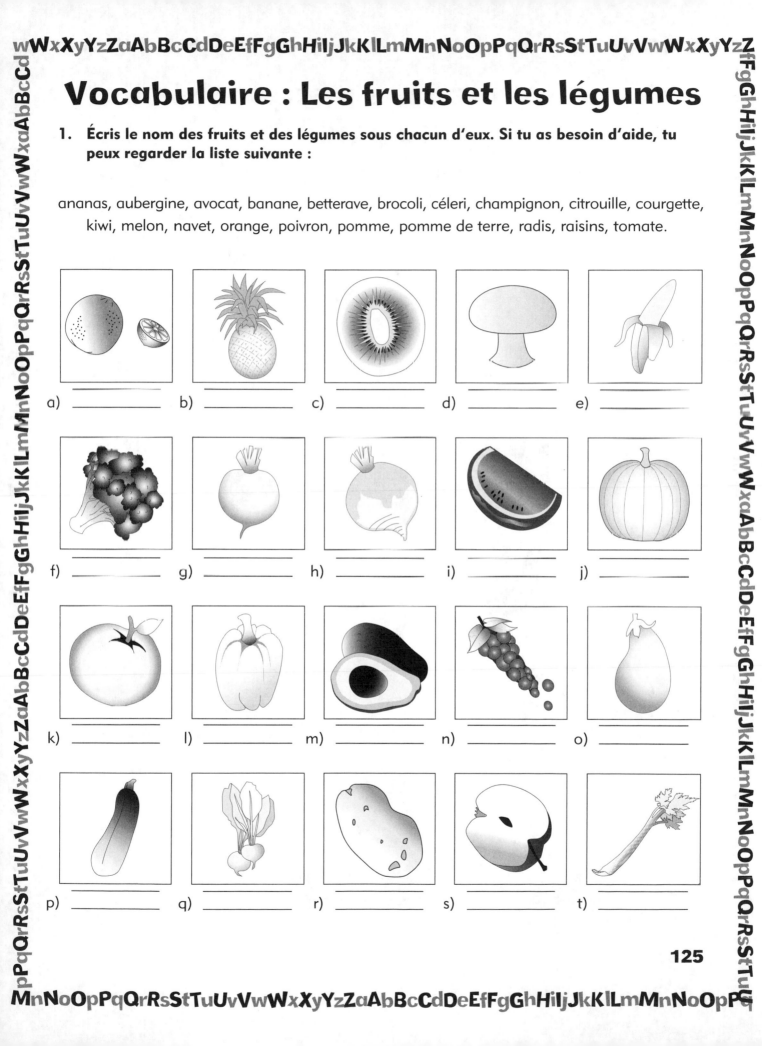

Vocabulaire : Les instruments de musique

1. Relie le nom aux instruments correspondants.

a)

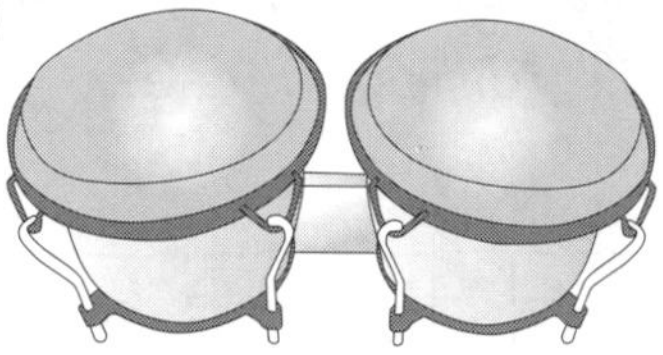

b)

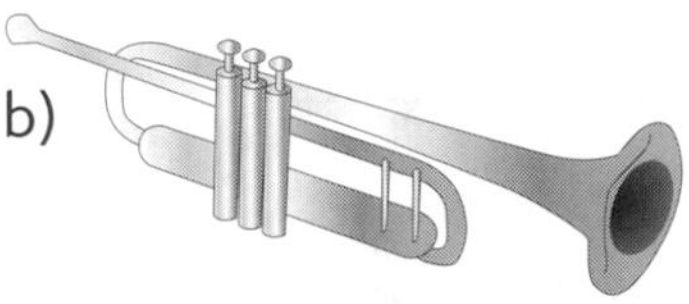

c)

d)

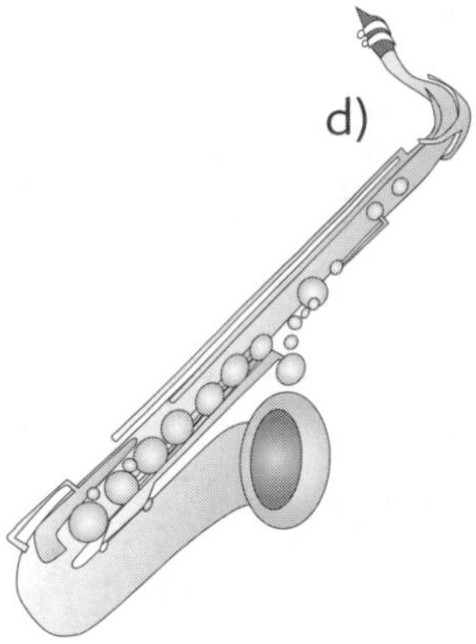

f)

e)

banjo
guitare électrique
guitare acoustique
batterie
bongo
maracas
xylophone
saxophone
sitar
trompette
violon
piano

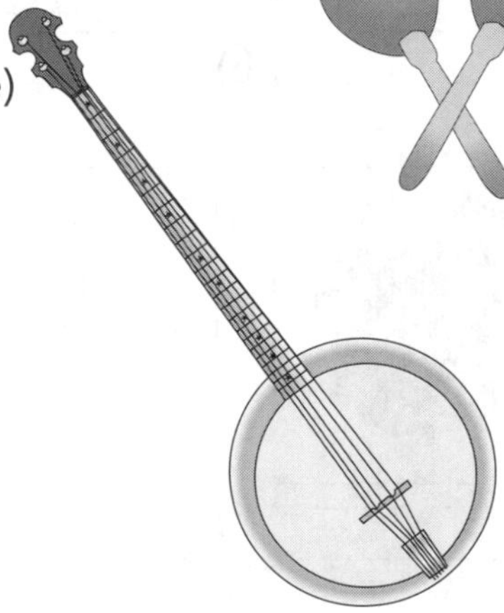

g)

h)

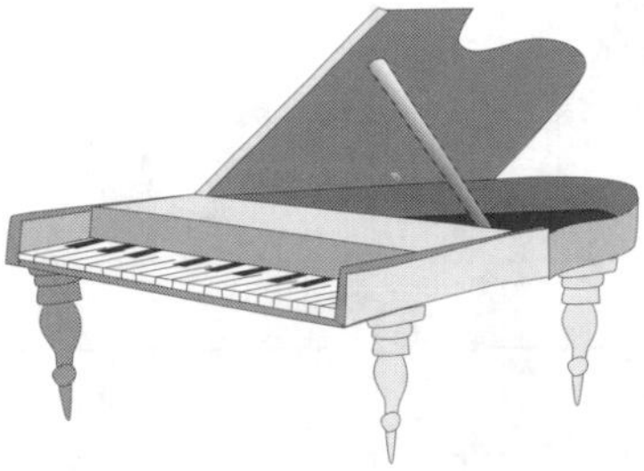

i)

j)

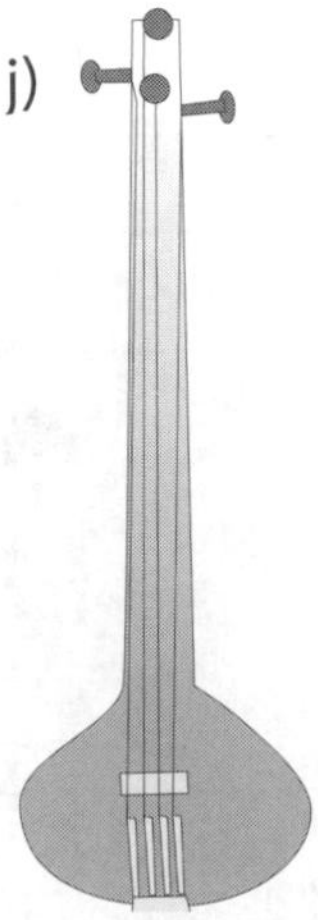

k)

l)

Vocabulaire : Les insectes

1. Encercle l'intrus parmi les insectes suivants.

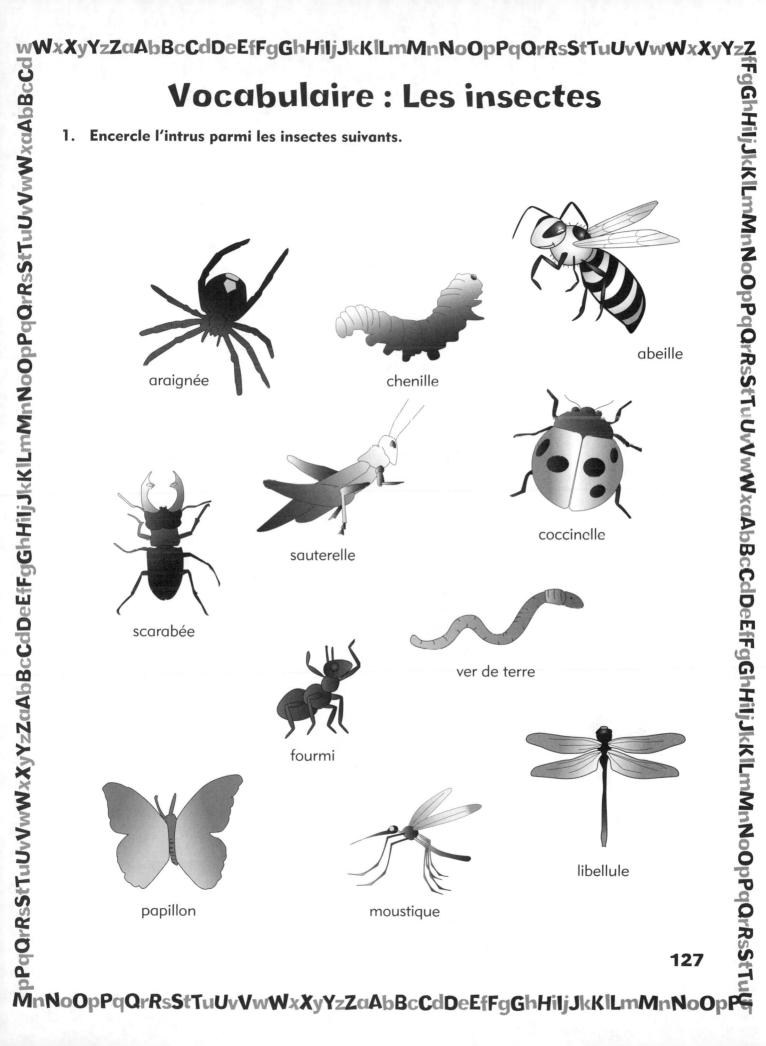

araignée

chenille

abeille

scarabée

sauterelle

coccinelle

ver de terre

fourmi

papillon

moustique

libellule

Vocabulaire : Les sports

1. Écris sous chaque objet à quel sport te fait penser cet objet.

a) _____

b) _____

c) _____

d) _____

e) _____

f) _____

g) _____

h) _____

i) _____

j) _____

k) _____

l) _____

Vocabulaire : Les métiers

1. Écris sous chaque personne le métier qu'elle pratique.

a) _____

b) _____

c) _____

d) _____

e) _____

f) _____

g) _____

h) _____

i) _____

Vocabulaire : Les quatre groupes alimentaires

1. **Écris le nom des aliments représentés dans la colonne correspondante.**

Produits laitiers	Viandes et substituts	Fruits et légumes	Produits céréaliers

Vocabulaire : Les groupes alimentaires

2. **Découpe des images d'aliments et colle-les dans les bonnes cases.**

Produits laitiers	Viandes et substituts
Produits céréaliers	Fruits et légumes

Vocabulaire : Les habitations

1. **Écris le nom de chacune des habitations.**

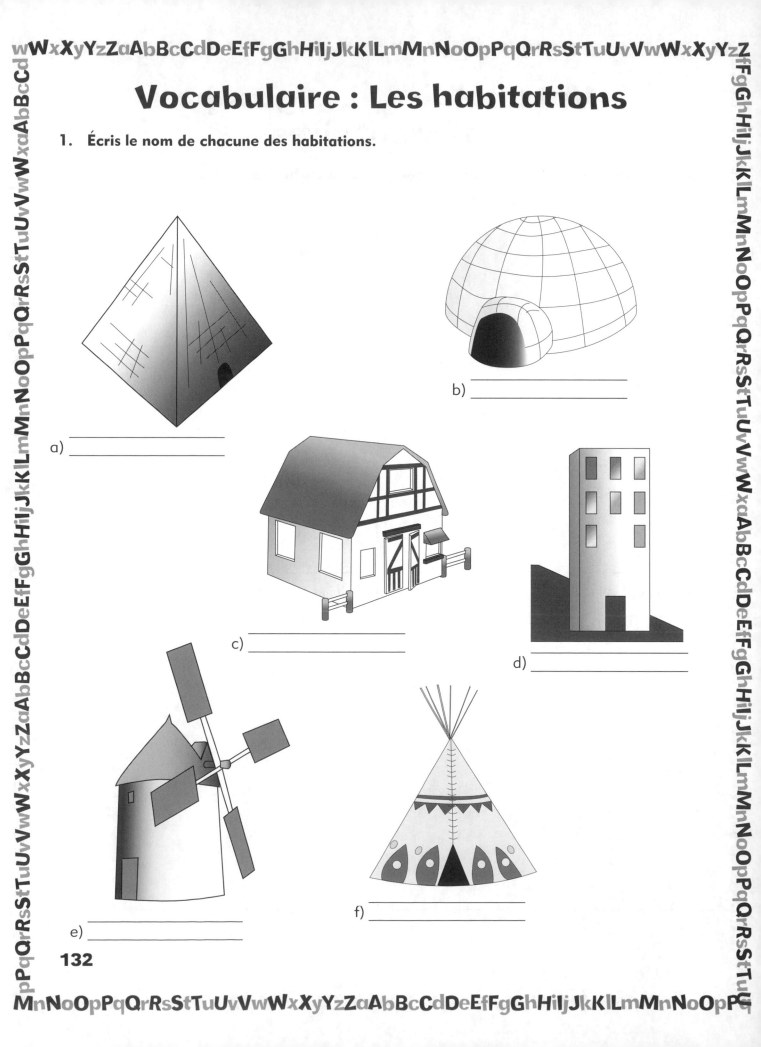

a) _____

b) _____

c) _____

d) _____

e) _____

f) _____

Vocabulaire : L'école

1. **Écris le nom de ces objets que l'on peut trouver à l'école.**

a) _____

c) _____

d) _____

e) _____

h) _____

f) _____

g) _____

h) _____

i) _____

j) _____

k) _____

l) _____

m) _____

n) _____

o) _____

p) _____

Vocabulaire : Les membres de ta famille

1. Réponds aux questions suivantes.

frères et sœurs	mère	oncle	grands-parents
cousins et cousines	neveu ou nièce	tante	père

a) Les enfants de ton oncle et de ta tante sont tes _____ et _____ .

b) La sœur de ta mère ou de ton père est ta _____ .

c) Le père et la mère de ton père sont tes _____ .

d) Le frère de ton père ou de ta mère est ton _____ .

e) Le fils de tes grands-parents est ton _____ .

f) Les enfants de ton père et ta mère sont tes _____ et _____ .

g) Pour ton oncle et ta tante tu es leur _____ ou leur _____ .

h) La fille de tes grands-parents est ta _____ .

2. Complète ton arbre généalogique en remplissant les cases.

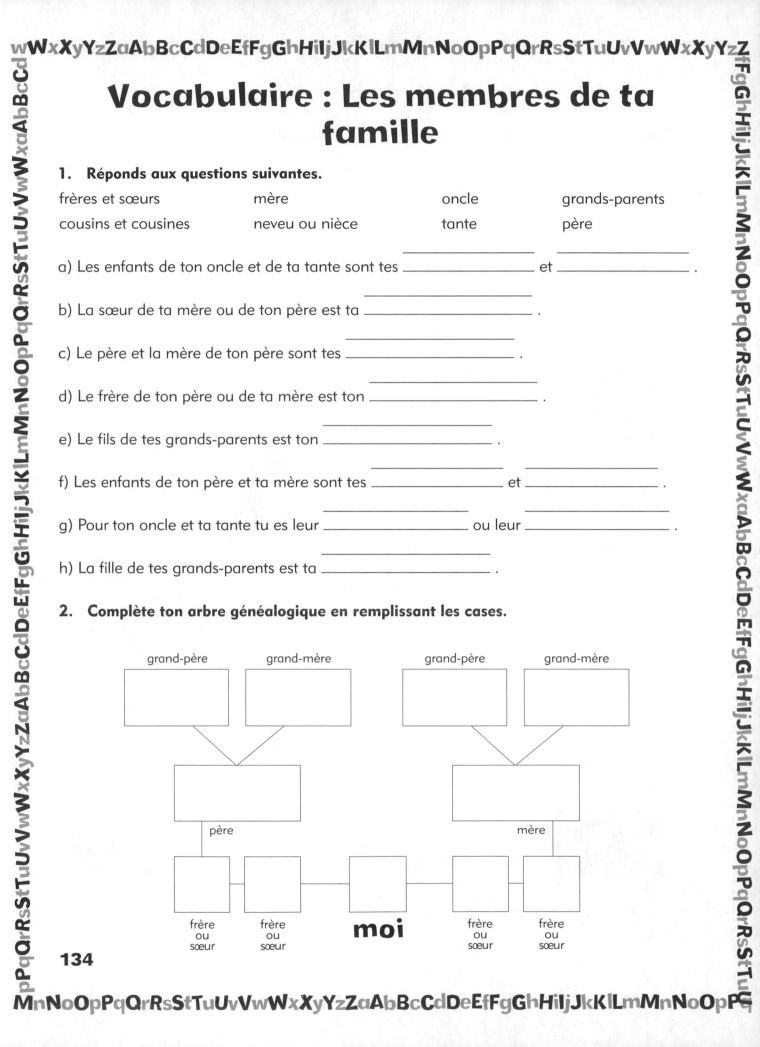

134

Vocabulaire : Les moyens de transport

1. **Écris le nom de ces moyens de transport.**

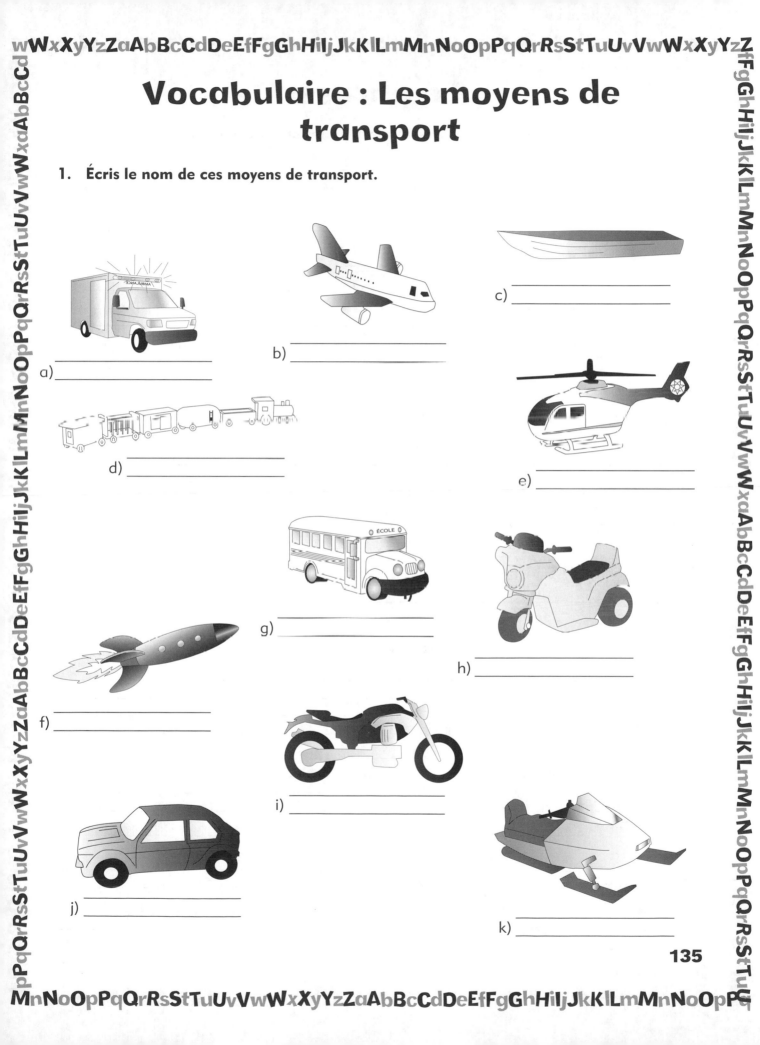

a) _____

b) _____

c) _____

d) _____

e) _____

f) _____

g) _____

h) _____

i) _____

j) _____

k) _____

135

La phrase

1. **Replace les mots dans le bon ordre pour former des phrases qui ont du sens.**

a) joue Félix amis au avec hockey ses. _____

_____

_____

b) une mange vanille glace à Marthe la. _____

_____

_____

c) amies Sabrina avec clavarde ses. _____

_____

_____

d) rouge Pierre-Paul un a acheté scooter. _____

_____

_____

e) fait parents Aurélie avec camping du ses. _____

_____

_____

f) bronze a gagné la Olivier médaille de. _____

_____

_____

g) des Georges a fruits mangé et légumes des. _____

_____

_____

h) vaisselle parents faire la mes à J'ai aidé. _____

_____

_____

i) soccer regarde la match Victor un de à télé. _____

_____

_____

j) cherche site sur autos internet un sur Mathieu les. _____

_____

_____

La phrase

2. Lis le texte.

La fourmi et le cygne

Ésope

Une fourmi s'est rendue au bord d'une rivière pour étancher sa soif. Elle a été emportée par le courant et était sur le point de se noyer. Un cygne, perché sur un arbre surplombant l'eau, a cueilli une feuille et l'a laissée tomber dans l'eau près de la fourmi. La fourmi est montée sur la feuille et a flotté saine et sauve jusqu'au bord. Peu après, un chasseur d'oiseaux est venu s'installer sous l'arbre où le cygne était perché. Il a placé un piège pour le cygne. La fourmi a compris ce que le chasseur allait faire et l'a piqué au pied. Le chasseur d'oiseaux a hurlé de douleur et a échappé son piège. Le bruit a fait s'envoler le cygne et il a été sauvé.

Combien y a-t-il de phrases dans le texte ? _____

3. En te servant des mots de la banque, compose six phrases.

Fabien	lit	un gâteau.
Hélène	fabrique	tous les jours.
Simon	regarde	la radio.
Évelyne	écoute	un bonhomme de neige.
Nadine	cours	un livre.
Philippe	mange	la télévision.

_____

_____

_____

_____

_____

_____

_____

_____

_____

La phrase

4. Transforme les phrases positives en phrases négatives.
Voici un exemple : J'aime la pluie. Je n'aime pas la pluie.

a) Marie-Chantal fabrique une marionnette.
_____
_____

b) Les ours dorment l'hiver.
_____
_____

c) Les feuilles poussent en été.
_____
_____

d) Ma famille vit à Matane.
_____
_____

e) Carla veut un chat.
_____
_____

f) Isabelle achète un ordinateur.
_____
_____

g) Audrey fait un exposé oral.
_____
_____

h) Ma grand-mère cultive des tomates.
_____
_____

i) Je veux un vélo pour mon anniversaire.
_____
_____

j) J'ai acheté un chapeau rose.
_____
_____

k) C'est une journée brumeuse.
_____
_____

l) Le printemps est arrivé.
_____
_____

m) L'automne est arrivé.
_____
_____

La phrase

5. Transforme les phrases positives en phrases interrogatives.
   Voici un exemple : Annie joue au ballon. Est-ce que Annie joue au ballon ?

a) Éric fait de la planche à roulettes.

_____

b) Julien fait du plongeon.

_____

c) Natacha fabrique un bonhomme de neige.

_____

d) Le chien surveille les moutons.

_____

e) Annie vit en Angleterre.

_____

f) Un arc-en-ciel illumine le ciel gris.

_____

g) Malika est vétérinaire.

_____

h) Le chien s'appelle Rex.

_____

i) Antoine joue au parc après l'école.

_____

j) La baleine vit dans la mer.

_____

k) Le singe mange une banane.

_____

l) Le pirate a caché le trésor.

_____

m) La sorcière prépare une potion magique.

_____

La phrase

6. Encercle les mots de négation.

a) Émilie n'aime pas le chocolat chaud.

b) N'entrez pas dans la classe avec vos bottes.

c) Tu n'auras pas ton vaccin aujourd'hui.

d) Florence ne fera pas partie de l'équipe de ringuette.

7. Réponds aux questions par une phrase négative et une phrase positive.

a) Est-ce que tu aimes te baigner ?

Phrase positive : _____

Phrases négative : _____

b) As-tu déjà voyagé en avion ?

Phrase positive : _____

Phrases négative : _____

c) Est-ce qu'il pleut aujourd'hui ?

Phrase positive : _____

Phrases négative : _____

d) Est-ce que Pablo a un cheval ?

Phrase positive : _____

Phrases négative : _____

La phrase

8. Fais un x dans la bonne colonne pour indiquer si la phrase est positive, négative ou interrogative.

		Forme positive	Forme négative	Forme interrogative
a)	Est-ce que tu vas à Québec ?			
b)	J'ai reçu un appel de mon père.			
c)	Alex n'aime pas les jours de pluie.			
d)	Est-ce que tu as terminé tes devoirs ?			
e)	Mon oncle ne viendra pas à Noël.			
f)	Mon cousin veut être comédien.			
g)	Ne mange pas dans le salon.			
h)	Christina ne veut pas réciter son poème.			
i)	Es-tu allé cueillir des pommes ?			
j)	Où iras-tu en vacances cet été ?			
k)	Ne jetez pas des ordures par terre.			
l)	Noémie est élue présidente de sa classe.			
m)	Je ne veux pas aller au magasin avec ma mère.			
n)	Zoé a perdu son livre de mathématique.			

Compréhension de lecture

1. Lis le texte et réponds aux questions.

Jack et le haricot magique

Jack et sa mère vivaient pauvrement sur une ferme. Un jour, sa mère lui demanda d'aller au marché vendre la vieille vache qui ne donnait plus de lait. En chemin, Jack rencontra un drôle d'homme qui lui offrit d'échanger sa vache contre des graines de haricot. Jack accepta.

De retour à la maison, Jack raconta à sa mère ce qu'il avait fait. Furieuse, sa mère jeta les graines de haricot par la fenêtre. Tous deux allèrent se coucher le ventre vide ce soir-là.

Le lendemain matin, quelle ne fut pas leur surprise de voir un immense plant de haricots qui poussait dans le jardin et qui obstruait la fenêtre. Il était si grand qu'on avait l'impression qu'il touchait le ciel.

Même si sa mère ne voulait pas, Jack entreprit d'escalader le plant, histoire de voir ce qu'il y avait tout en haut. Il y découvrit un palais digne des plus grands rois du royaume.

Un ogre et sa femme y vivaient. L'ogre raffolait de la chair des enfants et son odorat développé lui permettait de les sentir de loin.

Lorsque la femme de l'ogre aperçut Jack dans le palais, elle lui ordonna de s'enfuir le plus rapidement possible, sinon son mari n'en ferait qu'une bouchée. Trop tard ! L'ogre arrivait et Jack se cacha dans un placard. En entrant dans le palais, l'ogre s'écria : « Ça sent la chair de garçon ! » Sa femme lui répondit que ça devait être le vent qui transportait cette odeur. L'ogre, convaincu que sa femme disait vrai, s'attabla devant un véritable festin. Sitôt son repas terminé, il s'endormit.

Jack profita de ce moment pour se sauver. Il aperçut une harpe en or et décida de s'en emparer. Juste comme il allait franchir la porte, le vent fit vibrer les cordes de la harpe. L'ogre s'éveilla et d'un geste vif, il saisit Jack. Il allait le porter à sa bouche lorsque Jack s'écria : « Attendez, attendez! Avant de mourir, j'aimerais savoir si c'est vrai qu'un ogre peut prendre la forme qu'il désire. » Pour le lui prouver, l'ogre se transforma en un énorme lion. Ayant repris sa forme initiale, il s'apprêtait à dévorer Jack. Celui-ci s'écria: « C'est facile de prendre l'apparence d'un lion, mais êtes-vous capable de vous changer en quelque chose d'aussi petit qu'une mouche ? Je parie que non. » L'ogre, piqué au vif, prit aussitôt l'apparence d'une mouche. Rapide comme l'éclair, Jack l'écrasa sous son talon.

Jack se dépêcha de prendre le plus d'objets précieux et de pièces d'or qu'il le pouvait. Il fit plusieurs allers et retours, les bras chargés de richesse.

Pour s'assurer que personne ne pourrait descendre, Jack abattit le plant de haricots.

Jack et sa mère n'eurent plus jamais faim grâce au trésor de l'ogre.

a) Comment s'appelle le personnage principal de cette histoire ? _____

b) Que Jack a-t-il essayé de voler et qui a réveillé l'ogre ? _____

c) Contre quoi Jack a-t-il échangé sa vache ? _____

d) Qu'a fait la mère en voyant les graines de haricot ? _____

e) Avec qui l'ogre vivait-il ? _____

f) Qu'est-ce que l'ogre pouvait sentir de loin ? _____

g) Qu'a fait Jack pour s'assurer que personne ne pourrait descendre du plant de haricots ?
_____
_____

h) Que fit l'ogre après avoir mangé ? _____

Compréhension de lecture

2. Lis le texte et réponds aux questions.

Maya a demandé à son fils d'aller à l'épicerie et d'acheter plusieurs choses. Lis la liste de Maya et colorie seulement ce qu'elle a demandé.

jambon, fromage, pain, lait, guimauves, beurre d'arachide, poulet, papier hygiénique, poire, pomme de terre, poivron, kiwi, pastèque, cantaloup, carotte, céleri.

Compréhension de lecture

3. Lis le texte et réponds aux questions.

Quand Laurence sera grande, elle veut être vétérinaire pour soigner les animaux malades. Pas seulement les chiens et les chats. Elle aimerait aussi s'occuper des oiseaux.

Ludovic veut être magicien. Il s'exerce tous les jours. Il a appris des tas de nouveaux trucs. Parfois, il donne un spectacle pour sa famille et ses amis. Les gens sont vraiment impressionnés par le talent de Ludovic.

Anaïs rêve de piloter un avion. Elle sait qu'elle devra étudier très longtemps pour apprendre à faire voler un gros avion. Elle conduira des gens partout dans le monde. En attendant, Anaïs lit plein de livres sur les avions.

Benjamin est décidé: quand il sera grand, il sera scientifique. Il fera des recherches pour trouver un remède contre le cancer. Il travaillera dans un grand laboratoire en compagnie d'autres chercheurs.

a) Qui veut devenir pilote d'avion ? _____

b) Que fait Ludovic tous les jours ? _____

c) Pourquoi Laurence veut-elle devenir vétérinaire ? _____

d) Quel genre de recherche fera Benjamin ? _____

e) Que fait Anaïs en attendant de devenir pilote d'avion ? _____

f) Que veut faire Benjamin quand il sera grand ? _____

g) Et toi, que veux-tu faire plus tard ? _____

h) Que font tes parents dans la vie ? _____

Compréhension de lecture

4. Lis le texte et réponds aux questions.

Il était une fois un petit garçon qui vivait avec sa mère dans une forêt lointaine. Le père était parti au village voisin vendre la récolte de bleuets.

Alors que le petit garçon cueillait des champignons pour que sa mère puisse préparer une délicieuse omelette, il entendit un drôle de son qui provenait d'une grotte dissimulée par des hautes herbes.

N'écoutant que son courage, le garçon s'avança prudemment vers la grotte. Le son devenait de plus en plus fort. On aurait dit un chat qui miaulait et un chien qui jappait en même temps.

Le petit garçon risqua un œil dans la sombre caverne. Au début, il ne vit rien du tout. Peu à peu, ses yeux s'habituèrent à la pénombre. Alors il vit deux boules rondes briller. Une odeur étrange flottait dans l'air. Il voulait savoir à tout prix quel était cet étrange animal. Il s'avança doucement vers l'animal tout en se faisant rassurant sur ses intentions.

Le garçon recula d'un bond. Une pluie d'étincelles venait tout juste de lui lécher les jambes. Il décida de continuer à avancer. Et tout au fond de la caverne, il découvrit un tout petit dragon âgé de quelques mois. Le dragon lui expliqua que ses parents étaient partis au loin pour trouver un remède à l'étrange mal qui le rongeait.

Le pauvre petit dragon n'arrivait pas à cracher un vrai jet de feu, mais seulement quelques étincelles. Un dragon digne de ce nom était en effet capable de pulvériser un arbre d'un seul jet de feu. Lui, il n'arrivait même pas à faire brûler un brin d'herbe.

Le jeune garçon venait tous les jours rendre visite à son nouvel ami. Il apprit ainsi que contrairement à ce qu'on pense, les dragons ne sont pas du tout dangereux. Ils crachent du feu, mais comme ils n'en ont pas toujours le contrôle, il arrive des accidents malheureux.

Au bout de quelques semaines, le petit garçon allait comme d'habitude rendre visite à son ami. Les parents du dragon étaient de retour. Le petit garçon avait peur d'être brûlé accidentellement par les parents de son ami. Ceux-ci lui dirent qu'il n'avait rien à craindre, puisqu'ils contrôlaient maintenant leur feu.

Pendant leur voyage, ils avaient rencontré une gentille fée qui leur avait expliqué qu'il serait beaucoup plus simple s'ils apprenaient à se servir efficacement de leur feu et de s'en servir pour aider les autres plutôt que de détruire tout ce qu'ils approchaient. Pendant plusieurs jours, ils se sont exercés. Lorsqu'ils ont été prêts à partir, la fée leur expliqua comment guérir leur fils.

C'est ainsi que les trois dragons allèrent aider le forgeron du village. Celui-ci n'avait plus à entretenir le feu en permanence. Dès qu'il avait besoin de feu, les trois dragons crachaient en même temps sur l'objet que leur désignait le forgeron. Le soir, ils passaient de maison en maison pour allumer les feux nécessaires pour faire cuire le souper. Et ils vécurent ainsi pendant de nombreuses années.

Aujourd'hui, comme plus personne ne cuisine sur des feux, les descendants de ces dragons se cachent dans des forêts profondes à l'abri des regards. Si tu regardes attentivement parfois, tu peux voir les reflets de leurs feux de joie qui luisent dans la nuit.

a) Qu'a trouvé le petit garçon dans la grotte ? _____

b) Où vivait le jeune garçon ? _____

c) De quoi souffrait le petit dragon ? _____

d) Quelle personne les parents dragons ont-ils rencontrée ? _____

e) Que faisaient les dragons le soir en rentrant chez eux ? _____

f) Pour qui les dragons sont-ils allés travailler ? _____

g) Aujourd'hui, où vivent les dragons ? _____

Compréhension de lecture

5. **Dessine les éléments demandés.**

a) Dessine une maison au centre du carré.

b) Dessine un soleil, deux oiseaux et trois nuages dans le ciel.

c) Dessine un arbre à gauche de la maison.

d) Dessine des fleurs devant la maison.

e) Dessine un chat à droite de la maison.

Communication orale

1. **Raconte tes dernières vacances. Pour t'aider, prends quelques notes pour organiser ton récit de manière chronologique.**

Le mois durant lequel tu as pris tes vacances : _____

Les personnes avec lesquelles tu as pris tes vacances :

_____

_____

Destination : _____

Les endroits où vous dormiez (hôtel, camping, chalet, etc.) :

_____

_____

Les endroits intéressants que tu as visités :

_____

_____

Les activités intéressantes que tu as pratiquées :

_____

_____

Les personnes que tu as rencontrées :

_____

_____

Ce que tu as le plus aimé :

_____

_____

Ce que tu as le moins aimé :

_____

_____

Communication orale

2. **Tu dois préparer un exposé oral de deux minutes sur l'animal de ton choix. Pour ne rien oublier, écris quelques mots qui t'aideront à te rappeler ce que tu dois dire.**

Nom de l'animal : _____

Habitat : _____
_____

Son apparence physique (poids, longueur, hauteur et autres caractéristiques physiques importantes) :

_____
_____
_____
_____

Nombre de petits que la femelle met au monde :_____

Ce qu'il mange :

_____
_____

Autres particularités :

_____
_____
_____
_____
_____

Fais un dessin de cet animal.

Situation d'écriture

1. Regarde les illustrations et compose un texte qui explique la situation.

Situation d'écriture

2. Regarde les illustrations et compose un texte qui raconte l'histoire.

_____

_____

_____

_____

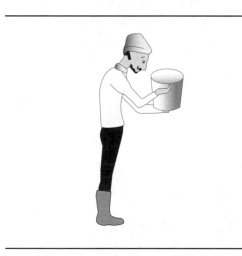

_____

_____

_____

_____

Situation d'écriture

3. Regarde les illustrations et compose un texte qui raconte l'histoire.

153

Situation d'écriture

4. Regarde l'illustration et compose un texte qui raconte l'histoire.

_____

_____

_____

_____

_____

_____

_____

_____

_____

_____

_____

_____

Dictée

1. **Demande à quelqu'un de te dicter les mots qui se trouvent à la page 377 du corrigé.**

1) _____ 2) _____ 3) _____

4) _____ 5) _____ 6) _____

7) _____ 8) _____ 9) _____

10) _____ 11) _____ 12) _____

13) _____ 14) _____ 15) _____

16) _____ 17) _____ 18) _____

19) _____ 20) _____ 21) _____

22) _____ 23) _____ 24) _____

25) _____ 26) _____ 27) _____

28) _____ 29) _____ 30) _____

Dictée

1. Demande à quelqu'un de te dicter les mots qui se trouvent à la page 377 du corrigé.

1) _____

2) _____

3) _____

4) _____

5) _____

6) _____

7) _____

8) _____

9) _____

10) _____

11) _____

12) _____

13) _____

14) _____

15) _____

16) _____

17) _____

18) _____

19) _____

20) _____

21) _____

22) _____

23) _____

24) _____

25) _____

26) _____

27) _____

28) _____

29) _____

30) _____

Dictée

1. **Demande à quelqu'un de te dicter les mots qui se trouvent à la page 377 du corrigé.**

La Cigale et la Fourmi

La Cigale, ayant _____

Tout l'été,

Se _____ fort dépourvue

_____ la bise fut venue :

Pas un seul petit _____

De mouche ou de _____ .

Elle alla crier _____

_____ la Fourmi sa voisine,

La priant de lui _____

Quelque _____ pour subsister

Jusqu'à la _____ nouvelle.

« Je vous paierai, lui dit-_____ ,

Avant l'Oût, foi _____ ,

Intérêt et _____ . »

La Fourmi n'est pas _____ :

C'est là son moindre _____ .

Que faisiez-vous au temps _____ ?

Dit-elle à _____ emprunteuse.

_____ et jour à tout venant

Je _____ , ne vous déplaise.

_____ chantiez ? J'en suis fort aise.

Eh bien ! _____ maintenant.

Dictée

1. **Demande à quelqu'un de te dicter les mots qui se trouvent à la page 377 du corrigé.**

Savez-vous planter les _____ ,
À la mode, à la mode, _____
Savez-vous planter les _____ ,
À la mode de chez nous ?

On les plante avec le _____ ,
À la mode, à la mode, _____
On les plante avec le _____ ,
À la mode de chez nous.

On les plante avec le _____ ,
À la mode, à la mode, _____
On les plante avec le _____ ,
À la mode de chez nous.

On les plante avec le _____ ,
À la mode, à la mode, _____
On les plante avec le _____ ,
À la mode de chez nous.

On les plante avec le _____ ,
À la mode, à la mode, _____
On les plante avec le _____ ,
À la mode de chez nous.

On les plante avec le _____ ,
À la mode, à la mode, _____
On les plante avec le _____ ,
À la mode de chez nous.

Mathématique

Les nombres inférieurs à 1000

1. Observe les nombres suivants.

736   275   944   763   346   690

627   411   749   344   524   185

a) Colorie en rouge la pierre précieuse dont le nombre vient immédiatement avant 750.

b) Colorie en jaune la pierre précieuse dont le nombre vient immédiatement après 345.

c) Colorie en vert la pierre précieuse dont le nombre est compris entre 626 et 628.

d) Colorie en bleu la pierre précieuse dont le nombre est plus grand que 801.

e) Colorie en violet la pierre précieuse dont le nombre est plus petit que 247.

f) Colorie en orangé le nombre qui a un 3 à la position des dizaines.

g) Colorie en brun le nombre qui a un 1 à la position des unités.

h) Colorie en rose le nombre qui a un 5 à la position des centaines.

i) Encercle tous les nombres impairs.

j) Fais un X sur tous les nombres pairs.

k) Place tous les nombres dans l'ordre décroissant.

_____ _____ _____ _____ _____ _____

_____ _____ _____ _____ _____ _____

161

Les nombres inférieurs à 1000

2. Écris les nombres manquants.

a)

699			702		704	705			

b)

428			431			434		436	

c)

	300	301			304	305			

d)

272				276					

e)

					560			563	

3. Dans chaque ensemble, encercle en bleu le plus petit nombre et en rouge le plus grand nombre.

a)

508	805	249
492	942	429
361	163	136
725	527	257

b)

564	947	367
275	386	755
446	337	229
801	268	846

c)

623	485	287
869	241	623
452	278	804
256	838	488

d)

746	764	476
674	467	647
593	395	953
935	539	359

e)

168	187	167
193	109	145
137	169	148
132	119	117

f)

907	967	934
918	937	965
990	916	986
933	942	971

Les nombres inférieurs à 1000

4. Complète la grille en écrivant les nombres de 10 à 1000 par bonds de 10.

10	20	30			60				
			140				180		
	220			250					300
		330				370			
								490	
				550					
610							680		
			740						
					860				
	920					970			

5. Dans la même grille, encercle chaque nombre dont la somme des chiffres est égale à 5.

6. Dans la même grille, fais un x sur chaque nombre dont la somme des chiffres est égale à 7.

Les additions

1. **Relie les nombres écrits en lettres à ceux écrits en chiffres.**

a) soixante-huit   19

b) quatre-vingt-deux   53

c) dix-neuf   68

d) quarante-sept   14

e) soixante et onze   82

f) trente-quatre   71

g) cinquante-trois   34

h) quatorze   47

2. **Écris trois additions pour chaque somme, mais seulement avec les nombres de 5 à 12.**

a) 15   _____ + _____   _____ + _____   _____ + _____

b) 18   _____ + _____   _____ + _____   _____ + _____

c) 12   _____ + _____   _____ + _____   _____ + _____

d) 13   _____ + _____   _____ + _____   _____ + _____

3. **Écris trois soustractions pour chaque différence, mais seulement avec les nombres de 3 à 14.**

a) 7   _____ − _____   _____ − _____   _____ − _____

b) 5   _____ − _____   _____ − _____   _____ − _____

c) 3   _____ − _____   _____ − _____   _____ − _____

d) 4   _____ − _____   _____ − _____   _____ − _____

Les additions

4. **Trouve la somme de chaque addition le plus rapidement possible, et ce, une colonne à la fois. Demande à un adulte de te chronométrer et inscris ton temps.**

a)	b)	c)	d)	e)
8 + 3	7 + 5	4 + 9	9 + 2	5 + 8
7 + 7	2 + 8	6 + 5	3 + 8	1 + 9
9 + 6	5 + 6	8 + 8	7 + 6	4 + 8
12 + 8	24 + 6	27 + 4	15 + 9	23 + 6
25 + 6	39 + 4	32 + 9	22 + 8	39 + 4
36 + 9	45 + 5	48 + 7	47 + 3	34 + 8
4 + 17	3 + 19	5 + 24	9 + 18	7 + 16
6 3 + 4	9 5 + 5	8 5 + 3	5 7 + 6	4 9 + 2

Temps : _____   Temps : _____   Temps : _____   Temps : _____   Temps : _____

Les additions

5. **Complète chaque carré magique afin que chaque rangée et chaque colonne donnent la somme indiquée.**

a)

8		4
	5	9
6		

Somme = 15

b)

	2	9
6		8
	12	

Somme = 21

c)

8		4
	5	9
6		

Somme = 30

d)

	2	9
6		8
	12	

Somme = 33

6. **Complète les dominos pour obtenir la somme indiquée.**

a)  12

b)  11

c) 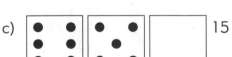 15

d)  16

e)  10

f) 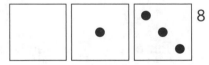 8

Les additions

7. Représente l'addition sur la droite numérique pour trouver la réponse.

Ex. : 7 + 9 = 16

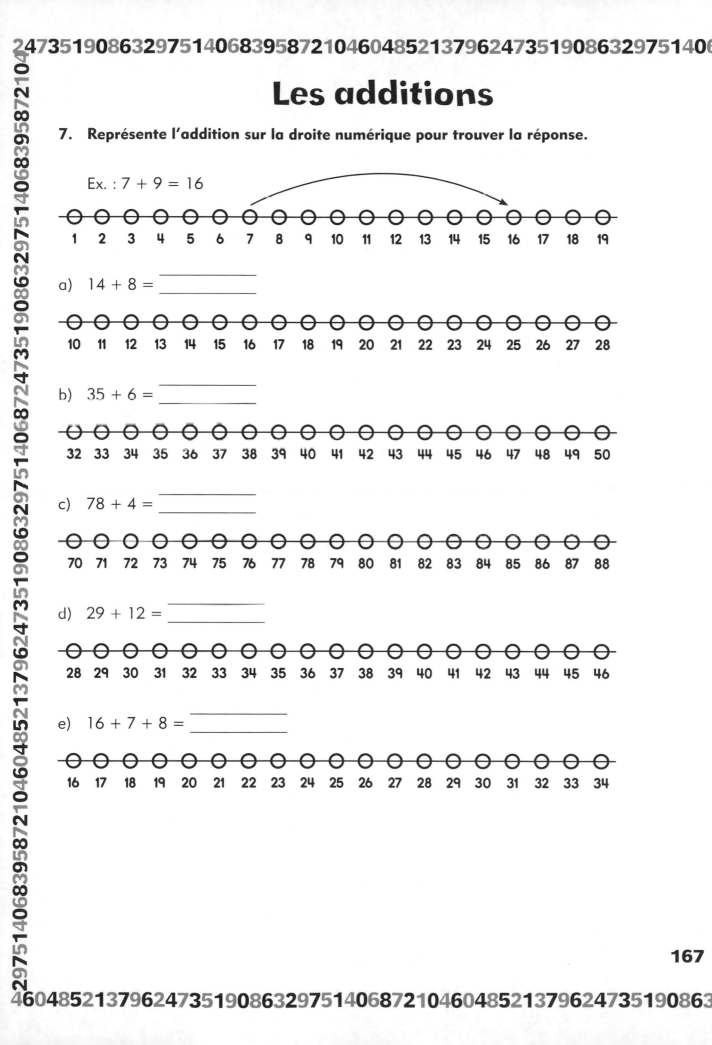

1 2 3 4 5 6 7 8 9 10 11 12 13 14 15 16 17 18 19

a) 14 + 8 = _____

10 11 12 13 14 15 16 17 18 19 20 21 22 23 24 25 26 27 28

b) 35 + 6 = _____

32 33 34 35 36 37 38 39 40 41 42 43 44 45 46 47 48 49 50

c) 78 + 4 = _____

70 71 72 73 74 75 76 77 78 79 80 81 82 83 84 85 86 87 88

d) 29 + 12 = _____

28 29 30 31 32 33 34 35 36 37 38 39 40 41 42 43 44 45 46

e) 16 + 7 + 8 = _____

16 17 18 19 20 21 22 23 24 25 26 27 28 29 30 31 32 33 34

Les additions

8. Observe les cartes à jouer et leur valeur, puis trouve la somme des additions en laissant des traces de tes calculs.

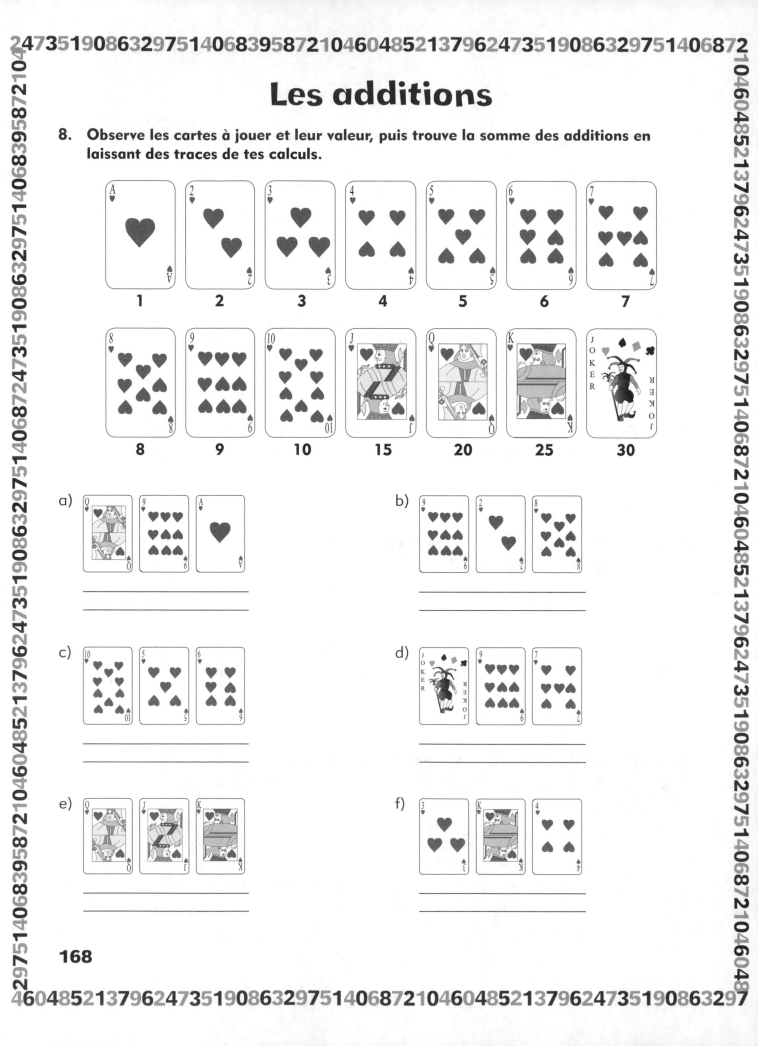

| 1 | 2 | 3 | 4 | 5 | 6 | 7 |
| 8 | 9 | 10 | 15 | 20 | 25 | 30 |

a)

_____

_____

b)

_____

_____

c)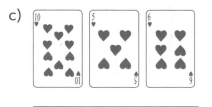

_____

_____

d)

_____

_____

e)

_____

_____

f)

_____

_____

168

Les additions

9. Résous les équations en les décomposant.

Ex. :
$$428 = 400 + 20 + 8$$
$$+ \underline{31} \quad + \quad \underline{30 + 1}$$
$$400 + 50 + 9 \; = \; 459$$

a)
$$253 = \underline{} + \underline{} + \underline{}$$
$$+ \underline{46} \quad + \quad \underline{} + \underline{} + \underline{}$$
$$\underline{} + \underline{} + \underline{} \; = \; \underline{}$$

b)
$$924 = \underline{} + \underline{} + \underline{}$$
$$+ \underline{55} \quad + \quad \underline{} + \underline{} + \underline{}$$
$$\underline{} + \underline{} + \underline{} \; = \; \underline{}$$

c)
$$735 = \underline{} + \underline{} + \underline{}$$
$$+ \underline{62} \quad + \quad \underline{} + \underline{} + \underline{}$$
$$\underline{} + \underline{} + \underline{} \; = \; \underline{}$$

d)
$$471 = \underline{} + \underline{} + \underline{}$$
$$+ \underline{218} \quad + \quad \underline{} + \underline{} + \underline{}$$
$$\underline{} + \underline{} + \underline{} \; = \; \underline{}$$

e)
$$362 = \underline{} + \underline{} + \underline{}$$
$$+ \underline{537} \quad + \quad \underline{} + \underline{} + \underline{}$$
$$\underline{} + \underline{} + \underline{} \; = \; \underline{}$$

f)
$$374 = \underline{} + \underline{} + \underline{}$$
$$+ \underline{303} \quad + \quad \underline{} + \underline{} + \underline{}$$
$$\underline{} + \underline{} + \underline{} \; = \; \underline{}$$

g)
$$560 = \underline{} + \underline{} + \underline{}$$
$$+ \underline{136} \quad + \quad \underline{} + \underline{} + \underline{}$$
$$\underline{} + \underline{} + \underline{} \; = \; \underline{}$$

169

Les additions

10. Résous les équations en les décomposant.

Ex. : $516 = 5c + 1d + 6u$
$+\ \underline{72} \quad + \quad \underline{7d + 2u}$
$5c + 8d + 8u \ = \ 588$

a) $249 =$ ___ + ___ + ___
$+\ \underline{50} \quad +$ ___ + ___ + ___
 ___ + ___ + ___ = ___

b) $768 =$ ___ + ___ + ___
$+\ \underline{31} \quad +$ ___ + ___ + ___
 ___ + ___ + ___ = ___

c) $617 =$ ___ + ___ + ___
$+\ \underline{162} \quad +$ ___ + ___ + ___
 ___ + ___ + ___ = ___

d) $555 =$ ___ + ___ + ___
$+\ \underline{234} \quad +$ ___ + ___ + ___
 ___ + ___ + ___ = ___

e) $404 =$ ___ + ___ + ___
$+\ \underline{583} \quad +$ ___ + ___ + ___
 ___ + ___ + ___ = ___

f) $193 =$ ___ + ___ + ___
$+\ \underline{805} \quad +$ ___ + ___ + ___
 ___ + ___ + ___ = ___

g) $271 =$ ___ + ___ + ___
$+\ \underline{618} \quad +$ ___ + ___ + ___
 ___ + ___ + ___ = ___

Les soustractions

1. Représente la soustraction sur la droite numérique pour trouver la réponse.

Ex. : 14 − 8 = 6

① ① ① ① ① ① ① ① ① ① ① ① ① ① ① ① ① ① ①
1 2 3 4 5 6 7 8 9 10 11 12 13 14 15 16 17 18 19

a) 23 − 9 = _____

① ① ① ① ① ① ① ① ① ① ① ① ① ① ① ① ① ① ①
10 11 12 13 14 15 16 17 18 19 20 21 22 23 24 25 26 27 28

b) 44 − 7 = _____

① ① ① ① ① ① ① ① ① ① ① ① ① ① ① ① ① ① ①
32 33 34 35 36 37 38 39 40 41 42 43 44 45 46 47 48 49 50

c) 81 − 6 = _____

① ① ① ① ① ① ① ① ① ① ① ① ① ① ① ① ① ① ①
70 71 72 73 74 75 76 77 78 79 80 81 82 83 84 85 86 87 88

d) 45 − 14 = _____

① ① ① ① ① ① ① ① ① ① ① ① ① ① ① ① ① ① ①
28 29 30 31 32 33 34 35 36 37 38 39 40 41 42 43 44 45 46

e) 33 − 5 − 6 = _____

① ① ① ① ① ① ① ① ① ① ① ① ① ① ① ① ① ① ①
16 17 18 19 20 21 22 23 24 25 26 27 28 29 30 31 32 33 34

Les soustractions

2. Trouve la différence de chaque soustraction le plus rapidement possible, et ce, une colonne à la fois. Demande à un adulte de te chronométrer, et inscris ton temps.

a) 9   b) 8   c) 5   d) 7   e) 6
   – 3   – 7   – 2   – 4   – 1

   17   14   12   10   18
   – 8   – 6   – 5   – 3   – 9

   15   17   11   13   16
   – 6   – 9   – 7   – 5   – 8

   14   13   17   15   10
   – 7   – 4   – 8   – 7   – 6

   21   25   29   23   22
   – 9   – 7   – 6   – 4   – 5

   28   20   24   26   27
   – 8   – 6   – 7   – 9   – 5

   35   39   33   37   34
   – 6   – 4   – 5   – 2   – 7

   32   38   31   36   30
   – 9   – 5   – 3   – 5   – 1

Temps : ____   Temps : ____   Temps : ____   Temps : ____   Temps : ____

172

Les soustractions

3. **Résous les équations en les décomposant.**

Ex. :
$$857 = 800 + 50 + 7$$
$$- \underline{34} \quad - \quad \underline{30 + 4}$$
$$800 + 20 + 3 = 823$$

a)
$$976 = \underline{} + \underline{} + \underline{}$$
$$- \underline{42} \quad - \quad \underline{} + \underline{} + \underline{}$$
$$\underline{} + \underline{} + \underline{} = \underline{}$$

b)
$$768 = \underline{} + \underline{} + \underline{}$$
$$- \underline{13} \quad - \quad \underline{} + \underline{} + \underline{}$$
$$\underline{} + \underline{} + \underline{} = \underline{}$$

c)
$$543 = \underline{} + \underline{} + \underline{}$$
$$- \underline{201} \quad - \quad \underline{} + \underline{} + \underline{}$$
$$\underline{} + \underline{} + \underline{} = \underline{}$$

d)
$$777 = \underline{} + \underline{} + \underline{}$$
$$- \underline{654} \quad - \quad \underline{} + \underline{} + \underline{}$$
$$\underline{} + \underline{} + \underline{} = \underline{}$$

e)
$$879 = \underline{} + \underline{} + \underline{}$$
$$- \underline{425} \quad - \quad \underline{} + \underline{} + \underline{}$$
$$\underline{} + \underline{} + \underline{} = \underline{}$$

f)
$$356 = \underline{} + \underline{} + \underline{}$$
$$- \underline{145} \quad - \quad \underline{} + \underline{} + \underline{}$$
$$\underline{} + \underline{} + \underline{} = \underline{}$$

g)
$$759 = \underline{} + \underline{} + \underline{}$$
$$- \underline{231} \quad - \quad \underline{} + \underline{} + \underline{}$$
$$\underline{} + \underline{} + \underline{} = \underline{}$$

173

Les soustractions

4. **Résous les équations en les décomposant.**

Ex. : 857 =   800 + 50 + 7
      − 34   −   30 + 4
             800 + 20 + 3 = 823

a) 976 = ____ + ____ + ____
   − 42 − ____ + ____ + ____
            ____ + ____ + ____ = ____

b) 768 = ____ + ____ + ____
   − 13 − ____ + ____ + ____
            ____ + ____ = ____

c) 543 = ____ + ____ + ____
   − 201 − ____ + ____ + ____
            ____ + ____ + ____ = ____

d) 777 = ____ + ____ + ____
   − 654 − ____ + ____ + ____
            ____ + ____ + ____ = ____

e) 879 = ____ + ____ + ____
   − 425 − ____ + ____ + ____
            ____ + ____ + ____ = ____

f) 356 = ____ + ____ + ____
   − 145 − ____ + ____ + ____
            ____ + ____ + ____ = ____

g) 759 = ____ + ____ + ____
   − 231 − ____ + ____ + ____
            ____ + ____ + ____ = ____

Les additions et les soustractions

1. Représente l'équation sur la droite numérique pour trouver la réponse.

a) 3 + 5 + 3 + 2 = _____

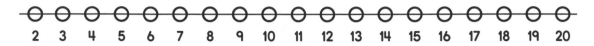

b) 20 – 4 + 7 = _____

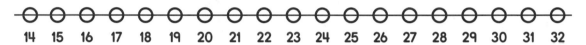

c) 63 + 14 – 6 = _____

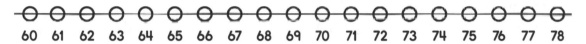

d) 32 – 6 – 3 = _____

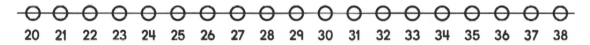

e) 82 + 9 – 15 = _____

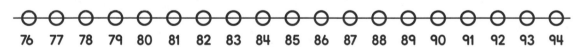

f) 18 – 1 + 8 = _____

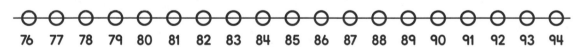

175

Les additions et les soustractions

2. Résous les équations.

a) 25
  + 46
  _____

b) 73
  + 17
  _____

c) 66
  + 29
  _____

d) 392
  + 443
  _____

e) 14
  + 587
  _____

f) 94
  − 27
  _____

g) 80
  − 45
  _____

h) 305
  − 68
  _____

i) 751
  − 127
  _____

j) 480
  − 379
  _____

k) 89
  + 26
  _____

l) 547
  − 365
  _____

m) 238
  + 537
  _____

n) 621
  − 408
  _____

o) 904
  + 76
  _____

3. Trouve le terme manquant dans chaque équation.

a) 3☐
  + 4 7
  8 3

b) 7 8
  + 1☐
  9 6

c) 2☐6
  + 3 6 9
  6 1 5

d) 7 0 7
  + 2☐5
  9 4 2

e) 5 8 2
  + 2 6☐
  8 4 5

f) 8 5
  − 3☐
  4 9

g) 9☐
  − 4 6
  5 2

h) 4 2 8
  − ☐8 5
  1 4 3

i) 7 8 9
  − 5☐3
  2 4 6

j) 8 6 5
  − 3☐7
  5 3 8

Les additions et les soustractions

4. **À partir des nombres qui sont dans la boîte de chaussures, trouve 6 paires dont la somme égale 100.**

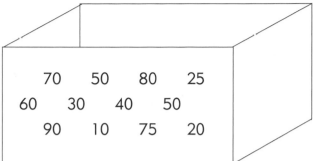

70   50   80   25
60   30   40   50
90   10   75   20

a) _____ + _____ = 100   b) _____ + _____ = 100

c) _____ + _____ = 100   d) _____ + _____ = 100

e) _____ + _____ = 100   f) _____ + _____ = 100

5. **À partir des nombres qui sont dans le coffre à bijoux, trouve 6 paires dont la différence égale 25.**

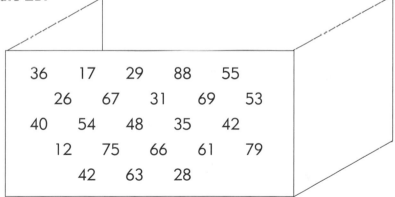

36   17   29   88   55
26   67   31   69   53
40   54   48   35   42
12   75   66   61   79
42   63   28

a) _____ – _____ = 25   b) _____ – _____ = 25

c) _____ – _____ = 25   d) _____ – _____ = 25

e) _____ – _____ = 25   f) _____ – _____ = 25

Les additions et les soustractions

6. Écris la réponse que donne chaque nombre après être passé dans la machine à transformer les nombres.

Ex. : 17   [+ 5 − 6]   16
        21   20
        34   33

a) 27   [+ 4 + 8]   _____
    35   _____
    16   _____

b) 49   [− 3 − 5]   _____
    52   _____
    68   _____

c) 75   [+ 7 − 4]   _____
    80   _____
    28   _____

d) 93   [− 9 + 2]   _____
    79   _____
    56   _____

e) 67   [+ 5 + 6 − 2]   _____
    48   _____
    23   _____

f) 15   [− 3 + 5 − 7]   _____
    37   _____
    24   _____

Les additions et les soustractions

7. Dans une animalerie, on vend différentes espèces d'oiseaux. Dans la première volière, on retrouve 24 pinsons. Dans la deuxième volière, on retrouve 37 serins. Combien y a-t-il d'oiseaux si on compte 65 perruches dans la troisième volière ?

Équation ou dessin

Réponse : _____

8. Dans la gare du centre-ville, 402 personnes attendent le train A, 393 attentent le train B et 128 attendent le train C. Combien de personnes attendent un train dans cette gare ?

Équation ou dessin

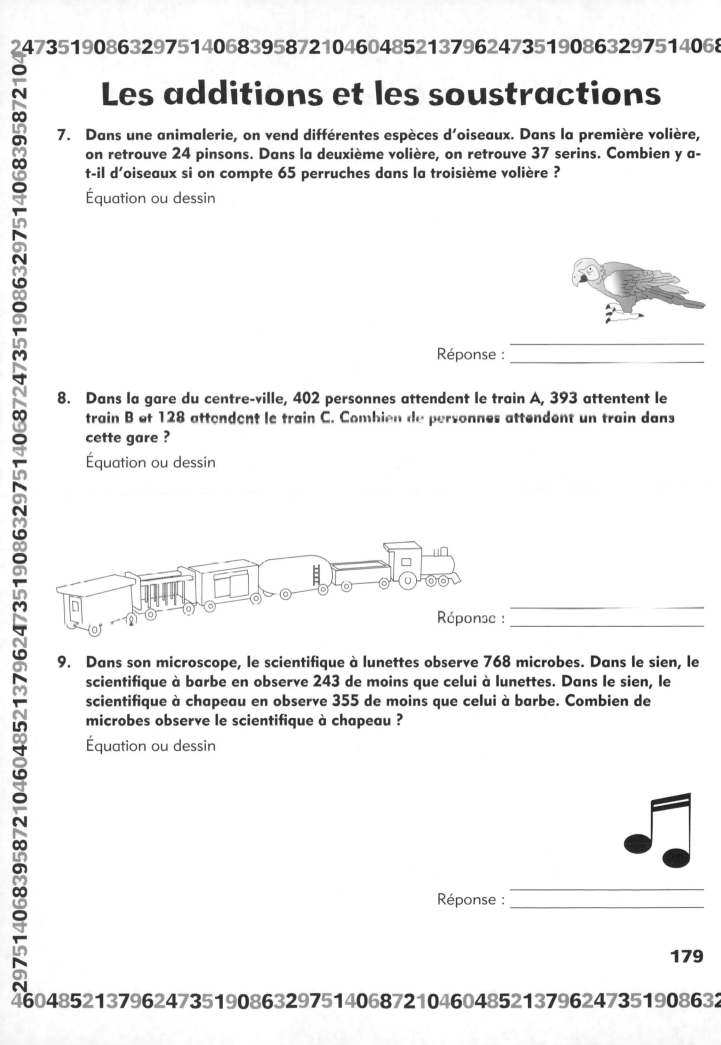

Réponse : _____

9. Dans son microscope, le scientifique à lunettes observe 768 microbes. Dans le sien, le scientifique à barbe en observe 243 de moins que celui à lunettes. Dans le sien, le scientifique à chapeau en observe 355 de moins que celui à barbe. Combien de microbes observe le scientifique à chapeau ?

Équation ou dessin

Réponse : _____

Les additions et les soustractions

10. Complète les suites en sachant que tu dois additionner en montant et soustraire en descendant.

a)

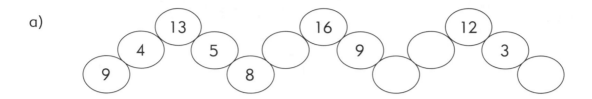

b)

c)

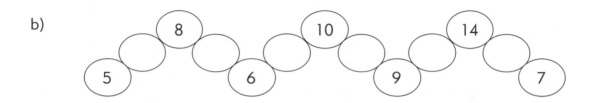

d)

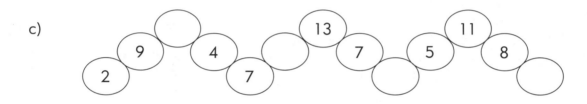

e)

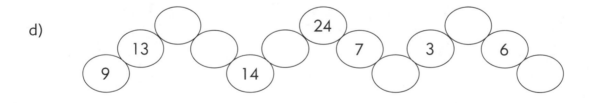

f)

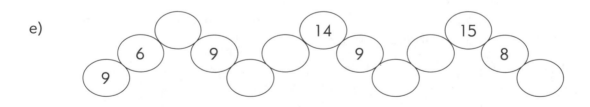

Les additions et les soustractions

11. Résous les équations.

a) 33 + 78

b) 49 + 36

c) 55 + 17

d) 246 + 245

e) 707 + 184

f) 88 − 43

g) 71 − 36

h) 970 − 58

i) 482 − 104

j) 663 − 181

k) 15 + 85

l) 634 − 278

m) 59 + 474

n) 305 − 11

o) 567 + 67

12. Trouve le terme manquant dans chaque équation.

a) 2☐ + 6 5 = 9 4

b) ☐9 + 3 6 = 7 5

c) 7☐4 + 1 5 8 = 9 2 2

d) 2 0☐ + 5 2 4 = 7 3 2

e) ☐9 1 + 3 5 6 = 6 4 7

f) 7 9 − 6☐ = 1 2

g) 8☐ − 7 4 = 1 5

h) 6 4 9 − ☐3 6 = 2 1 3

i) 8 9 5 − 4☐2 = 4 7 3

j) 7 8 6 − 5☐4 = 2 1 2

181

Les additions et les soustractions

13. Dans un jeu, on retrouve **52** cartes. Simon les échappe au sol, mais il en perd **19** lorsque le vent les souffle. Combien de cartes reste-t-il dans le jeu de Simon ?

Équation ou dessin

Réponse : _____

14. Mélodie collectionne les insectes. Dans une boîte, elle a **88** papillons ; dans l'autre, elle a **46** scarabées de plus que de papillons. Combien de scarabées Mélodie a-t-elle ?

Équation ou dessin

Réponse : _____

15. Dans un aquarium, on peut apercevoir **37** poissons rouges. On constate aussi qu'il y a **12** hippocampes de plus que de poissons rouges. Combien d'hippocampes y a-t-il dans l'aquarium ?

Équation ou dessin

Réponse : _____

16. Dans son muffin, Océane a trouvé **61** raisins secs. Dans le sien, son amie Alexia en a trouvé **15** de moins. Combien de raisins secs y avait-il dans le muffin d'Alexia ?

Équation ou dessin

Réponse : _____

Les additions et les soustractions

17. Dans son lecteur MP3, Jules a emmagasiné **459** chansons. Dans le sien, Gaël en a emmagasinés **238** de plus. Combien de chansons Gaël a-t-il emmagasinées dans son lecteur MP3 ?

Équation ou dessin

Réponse : _____

18. Au premier spectacle des élèves, **772** parents étaient dans l'assistance. À leur second, il y en avait **425** de moins. Combien de parents ont assisté au second spectacle des élèves ?

Équation ou dessin

Réponse : _____

19. Dans son champ, un fermier a récolté **506** concombres. Il a aussi récolté **167** tomates. Combien de légumes le fermier a-t-il récoltés en tout ?

Équation ou dessin

Réponse : _____

20. Dans une forêt, on a dénombré **690** sapins. On a aussi recensé **84** érables de moins que de sapins. Combien d'érables ont été dénombrés ?

Équation ou dessin

Réponse : _____

183

Les additions et les soustractions

21. Complète les suites en sachant que tu dois additionner 7 en montant et soustraire 4 en descendant.

a)
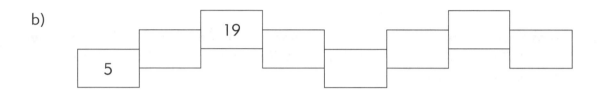

b)

c)
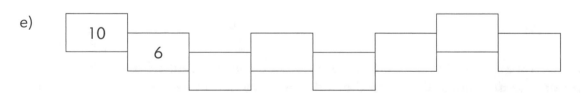

d)

e)
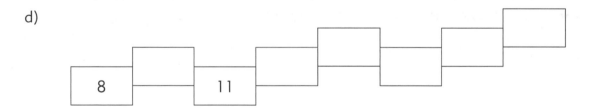

f)
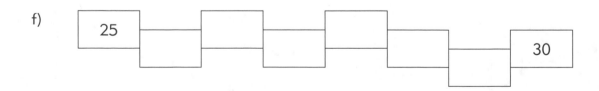

Les unités, les dizaines et les centaines

1. **Décompose chaque nombre de deux façons («c» = centaine; «d» = dizaine et «u» = unité).**

   Ex. : 468 = 400 + 60 + 8   ou   4c + 6d + 8u

   a) 572 = _____ ou _____

   b) 390 = _____ ou _____

   c) 746 = _____ ou _____

   d) 182 = _____ ou _____

   e) 935 = _____ ou _____

   f) 207 = _____ ou _____

   g) 451 = _____ ou _____

   h) 813 = _____ ou _____

2. **Trouve le nombre qui a été décomposé.**

   Ex. :   4d + 2u + 3c = 342

   a) 700 + 8 + 30 = _____

   b) 5u + 5c + 0d = _____

   c) 6d + 400 + 7 = _____

   d) 9 + 7c + 80 = _____

   e) 2 + 90 + 500 = _____

   f) 3d + 0u + 1c = _____

   g) 4u + 600 + 2d = _____

   h) 5d + 7 + 900 = _____

185

Les unités, les dizaines et les centaines

3. Observe les nombres suivants, puis fais ce qui est demandé.

269	358	745	923	807	492
450	126	639	562	913	767
215	735	923	449	537	620
671	821	192	389	726	543
940	375	836	418	244	111
568	652	267	347	996	835
708	103	954	585	419	270

a) Encercle tous les nombres qui ont un 7 à la position des dizaines.

b) Fais un x sur tous les nombres qui ont un 3 à la position des centaines.

c) Encadre tous les nombres qui ont un 5 à la position des unités.

d) Souligne tous les nombres impairs.

e) Quel nombre a été encerclé, marqué d'un x, encadré et souligné ?

_____

_____

4. Trouve la valeur du ou des chiffre(s) souligné(s).

Ex. : 9<u>63</u> = 63 unités   <u>74</u>1 = 74 dizaines   3<u>5</u>0 = 5 dizaines

a) <u>4</u>76 _____

b) <u>2</u>78 _____

c) 50<u>2</u> _____

d) 8<u>19</u> _____

e) 3<u>5</u>4 _____

f) 19<u>3</u> _____

g) 62<u>5</u> _____

h) <u>937</u> _____

i) 7<u>40</u> _____

Les unités, les dizaines et les centaines

5. Trouve la valeur du ou des chiffre(s) souligné(s).

Ex. :   <u>3</u>46 = 300

a) 6<u>2</u>8 ＿＿＿   b) <u>9</u>02 ＿＿＿   c) 45<u>9</u> ＿＿＿   d) <u>7</u>32 ＿＿＿   e) 1<u>7</u>5 ＿＿＿

f) 974 ＿＿＿   g) 7<u>8</u>8 ＿＿＿   h) <u>3</u>41 ＿＿＿   i) 5<u>6</u>3 ＿＿＿   j) 2<u>9</u>6 ＿＿＿

6. Pour chaque ensemble, trouve le nombre qui est décomposé.

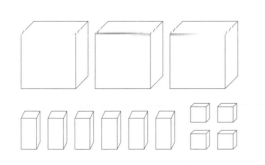

a) ＿＿ c + ＿＿ d + ＿＿ u = ＿＿

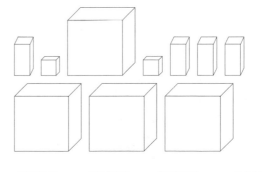

b) ＿＿ c + ＿＿ d + ＿＿ u = ＿＿

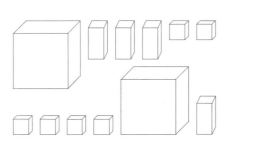

c) ＿＿ c + ＿＿ d + ＿＿ u = ＿＿

d) ＿＿ c + ＿＿ d + ＿＿ u = ＿＿

1 centaine   1 dizaine   1 unité

187

Les unités, les dizaines et les centaines

7. **Représente chaque nombre à l'aide de blocs (centaines), de barres (dizaines) et de cubes (unités).**

Ex. : 331

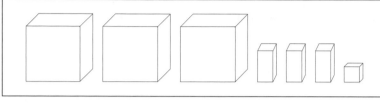

a) 506

b) 287

c) 654

d) 439

e) 192

Les unités, les dizaines et les centaines

8. **Trouve le nombre représenté par chaque abaque.**

Ex. :

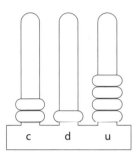

Réponse : 214

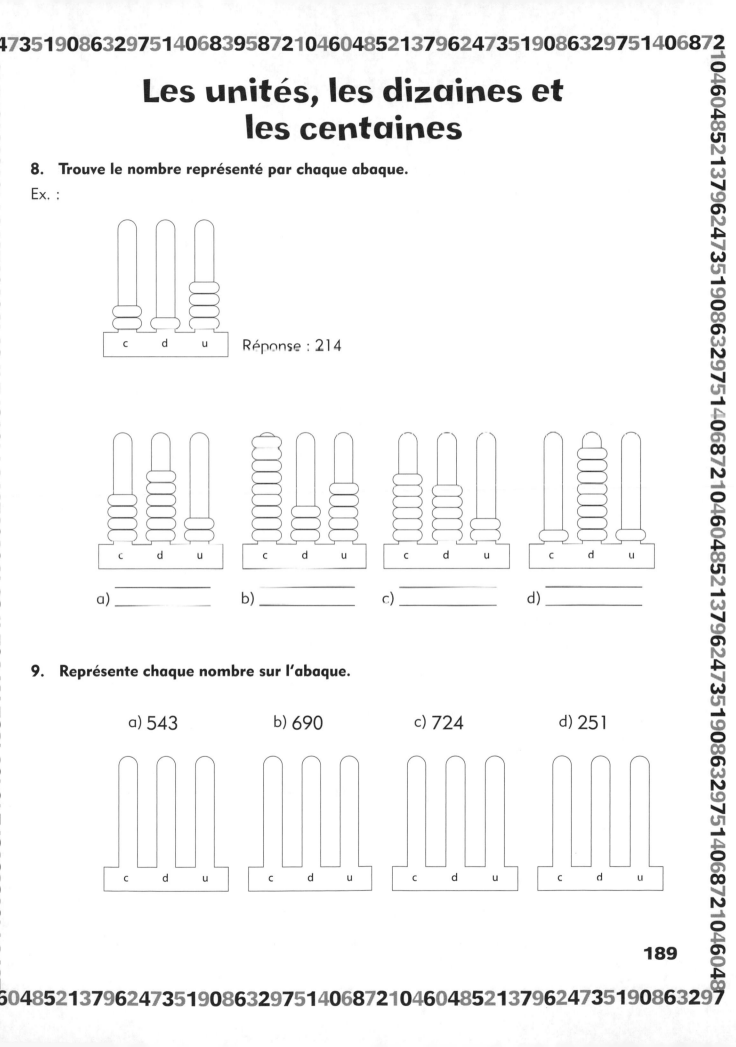

a) _____

b) _____

c) _____

d) _____

9. **Représente chaque nombre sur l'abaque.**

a) 543   b) 690   c) 724   d) 251

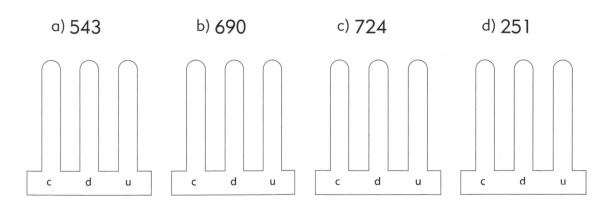

189

Les unités, les dizaines et les centaines

10. Écris le nombre qui est décomposé. Attention : les centaines, les dizaines et les unités ont parfois été mêlées.

c	d	u
5	6	5
	- 3	

a) _____

d	c	u
9	3	7
	+ 2	

b) _____

c	u	d
8	9	2
	- 4	

c) _____

d	u	c
6	8	8
+ 1	- 2	

d) _____

u	d	c
2	7	4
+ 4	- 5	+ 0

e) _____

u	c	d
9	4	8
- 6	+ 5	- 7

f) _____

11. Trouve le nombre que l'on cherche.

a) 2 dizaines + 7 centaines + 9 unités   _____

b) 5 unités + 0 dizaine + 8 centaines   _____

c) 6 centaines + 4 unités + 3 dizaines + 4 unités   _____

d) 1 dizaine + 0 centaine + 9 dizaines + 7 unités   _____

12. Complète chaque abaque en dessinant des jetons afin d'obtenir le nombre indiqué.

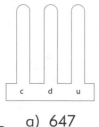

a) 647

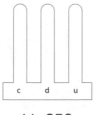

b) 958

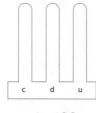

c) 403

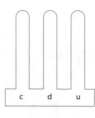

d) 782

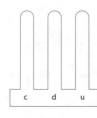

e) 576

190

Les nombres pairs et impairs

1. Colorie les cases qui contiennent des nombres pairs.

921	557	402	741	364	203	127	181	498	844
665	526	725	461	964	872	447	158	212	534
309	691	602	110	988	940	331	316	229	724
969	983	515	320	241	139	264	643	620	798
890	815	907	434	144	590	657	861	730	945
824	453	353	173	772	883	486	425	562	581
787	835	926	192	342	277	805	290	288	417
756	634	543	763	235	378	676	385	618	578
113	317	556	105	838	185	367	508	135	800
231	426	653	992	749	272	444	622	933	701

2. Écris tous les nombres impairs compris entre ces nombres.

a) 174 ... 194 : _____

b) 732 ... 748 : _____

c) 96 ... 114 : _____

d) 458 ... 472 : _____

e) 330 ... 350 : _____

Les nombres pairs et impairs

1. **Trouve la somme ou la différence. Indique ensuite si le nombre est pair (P) ou impair (I).**

Ex. : 8 + 2 = 10 (P)

a) 15 – 8 = _____ (___)

b) 9 + 4 = _____ (___)

c) 13 – 7 = _____ (___)

d) 8 + 5 = _____ (___)

e) 6 + 9 = _____ (___)

f) 18 – 9 = _____ (___)

g) 34 + 7 = _____ (___)

h) 50 – 6 = _____ (___)

i) 7 + 43 = _____ (___)

j) 83 – 5 = _____ (___)

k) 71 – 4 = _____ (___)

l) 62 + 9 = _____ (___)

m) 5 + 37 = _____ (___)

n) 30 – 1 = _____ (___)

o) 28 + 6 = _____ (___)

p) 92 – 5 = _____ (___)

2. **Écris tous les nombres pairs compris entre ces nombres.**

a) 237 ... 253 : _____

b) 390 ... 411 : _____

c) 701 ... 725 : _____

d) 54 ... 73 : _____

e) 981 ... 999 : _____

Compter par bonds de 5

1. **Relie les points par bonds de 5 afin de trouver l'image mystère.**

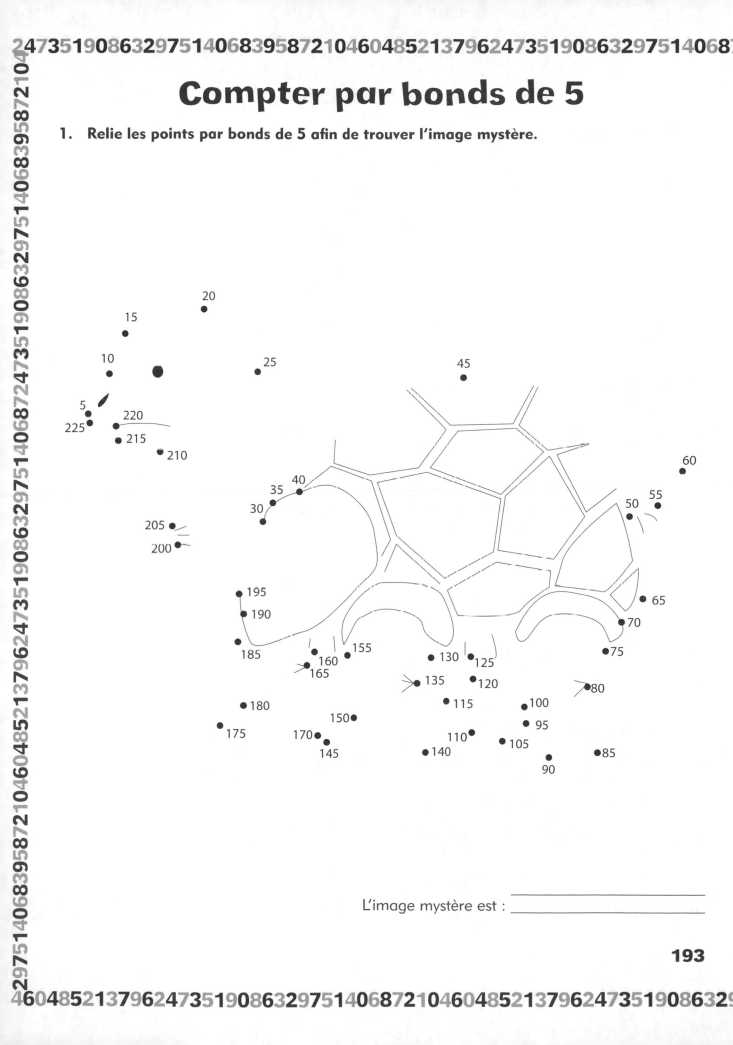

L'image mystère est : _____

Les suites

1. **Complète les suites de nombres.**

a) 0, 4, 8, 12, 16, _____, _____, _____, _____, 36

b) 3, 5, 4, 6, 5, _____, _____, _____, _____, 9

c) 80, 75, 70, 65, _____, _____, _____, _____, 40

d) 998, 887, 776, 665, _____, _____, _____, _____, 110

e) 50, 40, 60, 50, _____, _____, _____, _____, 90

f) 119, 228, 337, 446, _____, _____, _____, _____, 991

2. **Trouve la règle qui permet d'obtenir la suite de nombres.**

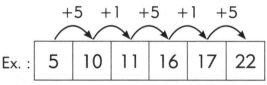

Ex. : | 5 | 10 | 11 | 16 | 17 | 22 | Réponse : +5 +1

a) | 2 | 1 | 4 | 3 | 6 | 5 | 8 | Réponse : _____

b) | 78 | 68 | 63 | 53 | 48 | 38 | 33 | Réponse : _____

c) | 37 | 38 | 40 | 43 | 47 | 52 | 58 | Réponse : _____

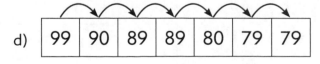

d) | 99 | 90 | 89 | 89 | 80 | 79 | 79 | Réponse : _____

194

Les suites

3. **Complète les suites de nombres.**

a) 3, 4, 5, 4, 5, 6, 5, 6, 7, _____, _____, _____, _____

b) 4, 8, 6, 12, 10, 20, 18, _____, _____, _____, _____

c) 390, 400, 410, 420, 430, _____, _____, _____, _____

d) 825, 820, 815, 810, 805, _____, _____, _____, _____

e) 291, 288, 289, 286, 287, _____, _____, _____, _____

f) 964, 864, 764, 664, 564, _____, _____, _____, _____

4. **Trouve la règle qui permet d'obtenir la suite de nombres.**

```
        +3   -1   +3   -1   +3
Ex. :  | 3 | 6 | 5 | 8 | 7 | 10 |        Réponse : +3 -1
```

a) | 18 | 24 | 30 | 36 | 42 | 48 | 54 | Réponse : _____

b) | 95 | 84 | 73 | 62 | 51 | 40 | 29 | Réponse : _____

c) | 50 | 52 | 54 | 57 | 60 | 62 | 64 | Réponse : _____

d) | 1 | 7 | 3 | 9 | 5 | 11 | 7 | Réponse : _____

195

Les suites

5. Relie les points par bonds de 10 afin trouver l'image mystère.

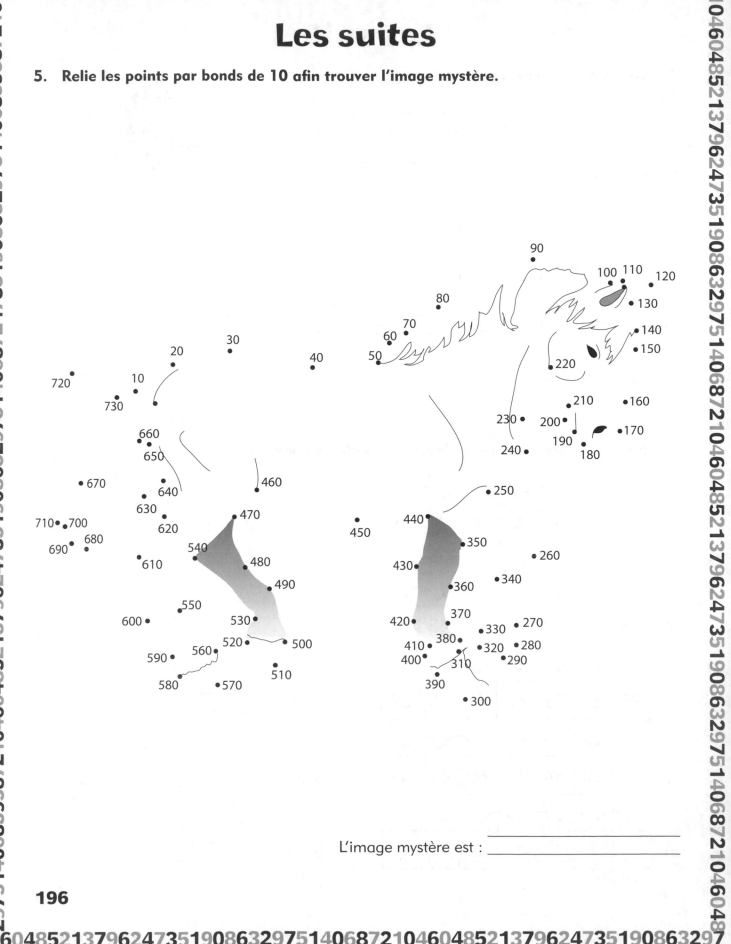

L'image mystère est : _____

L'ordre croissant et l'ordre décroissant

1. Encercle le symbole qui convient.

a) 459   <   >   =   594

b) 637   <   >   =   736

c) 800 – 10   <   >   =   790 + 10

d) 2d + 7u + 3c   <   >   =   3c + 1d + 9u

e) 543   <   >   =   3u + 5c + 4d

f) 45 + 32   <   >   =   61 + 18

g) 750 – 30   <   >   =   7c + 25

h) 4 + 4 + 4   <   >   =   3 + 3 + 3 + 3

i) 321 + 123   <   >   =   456 – 123

j) 8d + 9c + 7u   <   >   =   800 + 70 + 9

2. Place les nombres dans l'ordre décroissant. Encercle ensuite les nombres pairs et fais un x sur les nombres impairs.

348   965   720   217   89   198   354   702   956   543

3. Place les nombres dans l'ordre croissant. Encercle ensuite les nombres pairs et fais un x sur les nombres impairs.

607   428   59   352   325   97   482   760   670   235

197

L'orde croissant et l'ordre décroisssant

1. Place les nombres de chacun des ensembles dans l'ordre croissant.

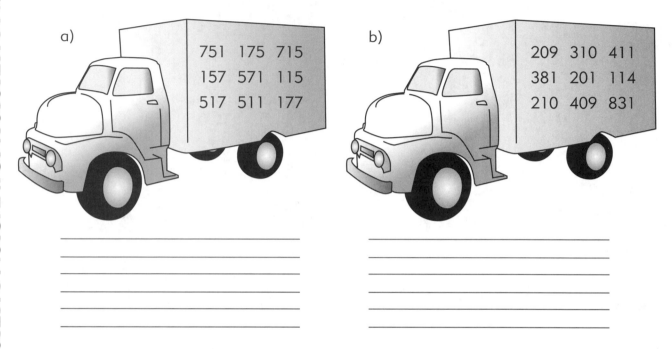

a)

751	175	715
157	571	115
517	511	177

b)

209	310	411
381	201	114
210	409	831

2. Place les nombres de chacun des ensembles dans l'ordre décroissant.

a)

525	747	636
774	366	255
363	447	225

b)

648	729	401
399	278	927
104	884	602

La comparaison

1. Compare les nombres ou les équations et écris <, > ou =.

a) 534 _____ 543

b) 709 + 4 _____ 699 + 9

c) 888 – 7 _____ 890 – 9

d) 2d + 4c + 7u _____ 8u + 3c + 4d

e) 910 _____ 901

f) 867 + 3 _____ 870 + 0

g) 292 ı 7 _____ 289 + 8

h) 6c + 2u + 0d _____ 0d + 6c + 2u

i) 645 – 3 _____ 627 + 9

j) 704 + 6 _____ 712 – 3

2. Écris le nombre qui vient...

	Juste avant		Entre		Juste après
a)	_____	799	_____	801	_____
b)	_____	566	_____	568	_____
c)	_____	430	_____	432	_____
d)	_____	673	_____	675	_____
e)	_____	851	_____	853	_____
f)	_____	200	_____	202	_____

199

La comparaison

1. **Compare les équations et écris <, > ou =. Tu peux utiliser l'espace à côté pour faire tes calculs.**

   Ex. : 4×2 = $3 + 5$

   a) $9 \div 3$ _____ $7 - 2$

   b) $4 + 6$ _____ $14 - 8$

   c) 5×4 _____ 3×8

   d) $8 + 9$ _____ $22 - 5$

   e) $16 \div 4$ _____ $15 \div 5$

   f) $25 - 7$ _____ 2×9

   g) 5×2 _____ $8 + 5$

   h) $17 - 8$ _____ 4×3

   i) $16 \div 2$ _____ 2×5

   j) $12 + 9$ _____ 5×4

   k) 7×4 _____ $14 + 14$

   l) $15 - 6$ _____ $20 \div 2$

   m) $24 \div 8$ _____ 2×2

   n) $11 + 11$ _____ 3×7

   o) 6×2 _____ $4 + 8$

Les multiplications

1. **Décompose chaque multiplication en additions répétées afin de trouver la réponse.**

Ex. : 4 x 3 = 4 + 4 + 4 = 12

a) 5 x 2 _____

b) 7 x 4 _____

c) 3 x 3 _____

d) 2 x 6 _____

e) 1 x 8 _____

2. **Décompose chaque multiplication en additions répétées en formant des ensembles afin de trouver la réponse.**

Ex. : 2 x 3 = ⬚⬚⬚ o o o o o   Rép. : 6

a) 4 x 5   o o o o o o o o o o o o   _____
            o o o o o o o o o o o o
            o o o o o o o o o o o o

b) 3 x 7   o o o o o o o o o o o o   _____
            o o o o o o o o o o o o
            o o o o o o o o o o o o

c) 6 x 3   o o o o o o o o o o o o   _____
            o o o o o o o o o o o o
            o o o o o o o o o o o o

d) 8 x 2   o o o o o o o o o o o o   _____
            o o o o o o o o o o o o
            o o o o o o o o o o o o

Les multiplications

3. Écris l'addition et la multiplication.

Ex. : ○ ○ ○   ○ ○ ○   ○ ○ ○

$3 + 3 + 3 = 9$

$3 \times 3 = 9$

a) ○ ○ ○ ○ ○   ○ ○ ○ ○ ○   ○ ○ ○ ○ ○   ○ ○ ○ ○ ○

___ + ___ + ___ + ___ = ___

___ x ___ = ___

b) ○ ○   ○ ○   ○ ○   ○ ○   ○ ○   ○ ○   ○ ○   ○ ○

___ + ___ + ___ + ___ + ___ + ___ + ___ + ___ = ___

___ x ___ = ___

c) ○ ○ ○ ○ ○ ○   ○ ○ ○ ○ ○ ○   ○ ○ ○ ○ ○ ○

___ + ___ + ___ = ___

___ x ___ = ___

d) ○ ○ ○ ○   ○ ○ ○ ○   ○ ○ ○ ○

___ + ___ + ___ = ___

___ x ___ = ___

e) ○ ○ ○ ○ ○ ○ ○ ○ ○

___ + ___ + ___ + ___ + ___ + ___ + ___ + ___ + ___ = ___

___ x ___ = ___

Les multiplications

4. **Combien de carrés ou de rectangles peut-on dessiner dans chaque rectangle ?**

a) Des carrés de 4 cases ?

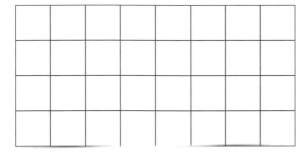

Complète l'équation : _____ x _____ = _____

b) Des rectangles de 6 cases ?

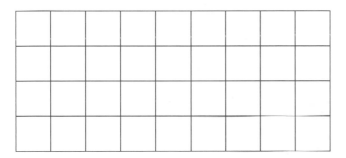

Complète l'équation : _____ x _____ = _____

c) Des rectangles de 8 cases ?

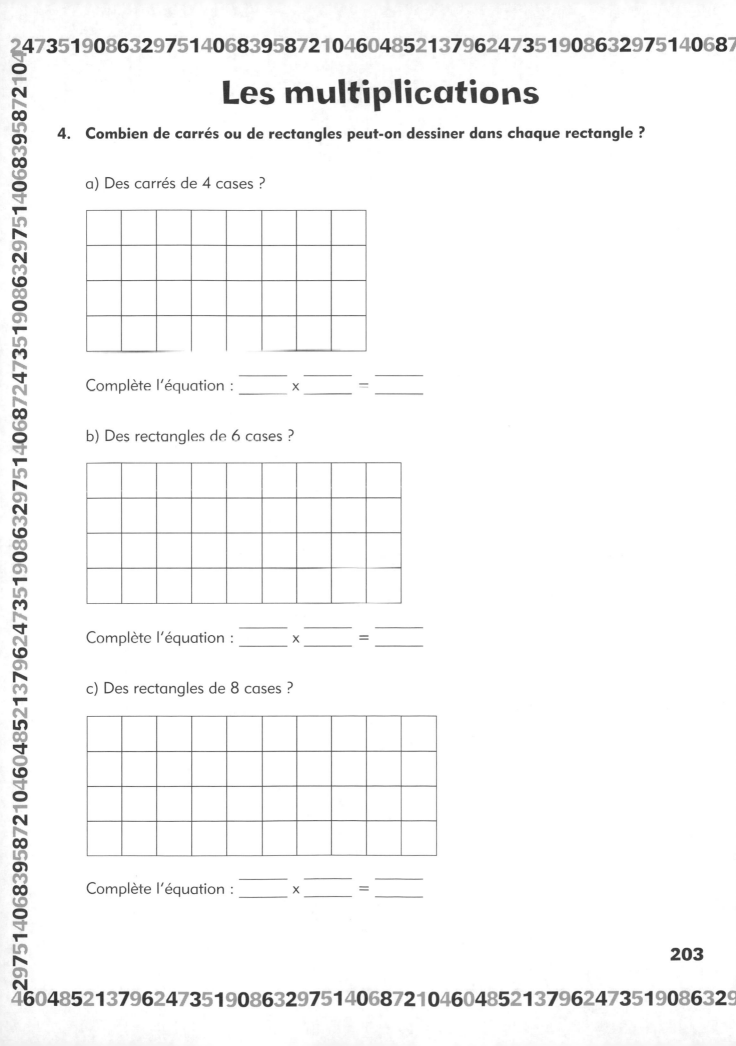

Complète l'équation : _____ x _____ = _____

203

Les multiplications

5. Écris la multiplication correspondant à l'addition.

Ex. : $8 + 8 + 8 = 8 \times 3 = 24$

a) $3 + 3 + 3 + 3 + 3 = $ _____

b) $4 + 4 + 4 + 4 = $ _____

c) $9 + 9 = $ _____

d) $2 + 2 + 2 + 2 + 2 + 2 = $ _____

e) $7 + 7 + 7 = $ _____

f) $5 + 5 + 5 + 5 = $ _____

6. Complète la multiplication en dessinant le nombre de cercles.

Ex. : $3 \times$ (o o) = (o o) (o o) (o o) = 6

a) $5 \times$ (o o o) = _____ = _____

b) $2 \times$ (o o o / o o o) = _____ = _____

c) $8 \times$ (o) = _____ = _____

d) $3 \times$ (o o o / o o o / o o o) = _____ = _____

Les multiplications

7. **Dessine 6 boîtes de 6 balles, complète la phrase mathématique, puis inscris le total.**

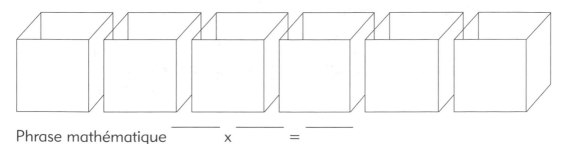

Phrase mathématique _____ x _____ = _____

8. **Dessine 5 boîtes de 9 balles, complète la phrase mathématique, puis inscris le total.**

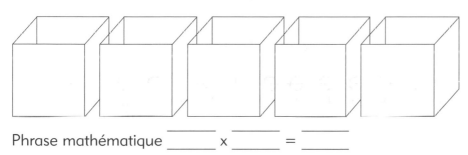

Phrase mathématique _____ x _____ = _____

9. **Dessine 4 boîtes de 8 balles, complète la phrase mathématique, puis inscris le total.**

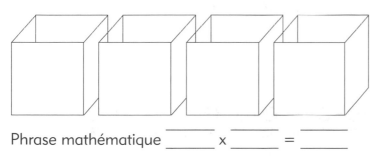

Phrase mathématique _____ x _____ = _____

10. Dessine 5 boîtes de 7 balles, complète la phrase mathématique, puis inscris le total.

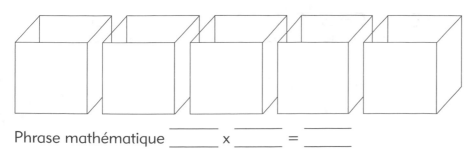

Phrase mathématique _____ x _____ = _____

Les multiplications

11. Représente la multiplication sur la droite numérique pour trouver la réponse.

Ex. : 4 x 3 = 12   (4 bonds de 3 cases)

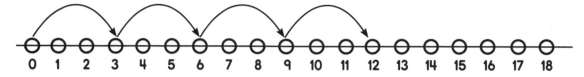

a)   2 x 8 = _____

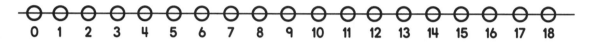

b)   5 x 3 = _____

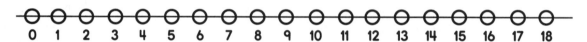

c)   6 x 2 = _____

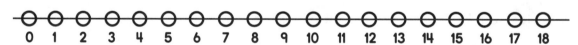

d)   4 x 4 = _____

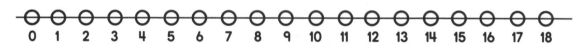

e)   2 x 9 = _____

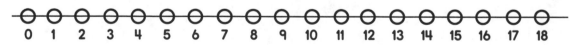

Les multiplications et la comparaison

1. **Illustre les équations et compare les réponses en utilisant les symboles <, > ou =.**

Ex. : 4 x 2 = 8   >   5 x 1 = 5

a)   7 x 2 = _____   _____   4 x 4 = _____

b)   3 x 5 = _____   _____   2 x 6 = _____

c)   4 x 5 = _____   _____   10 x 2 = _____

d)   4 x 7 = _____   _____   6 x 5 = _____

e)   6 x 3 = _____   _____   2 x 9 = _____

207

Les divisions

1. Complète la phrase mathématique à partir de l'illustration.

a)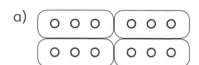

$12 \div 3 =$ _____

b)

$15 \div$ _____ $= 3$

c)

_____ $\div$ _____ $=$ _____

d)

_____ $\div$ _____ $=$ _____

e)

_____ $\div$ _____ $=$ _____

f)

_____ $\div$ _____ $=$ _____

g)

_____ $\div$ _____ $=$ _____

Les divisions

2. **Répartis également 84 bâtons dans 3 boîtes, complète la phrase mathématique, puis inscris le total.**

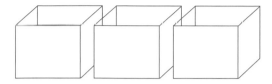

Phrase mathématique _____ ÷ _____ = _____

3. **Répartis également 76 bâtons dans 4 boîtes, complète la phrase mathématique, puis inscris le total.**

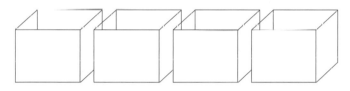

Phrase mathématique _____ ÷ _____ = _____

4. **Répartis également 75 bâtons dans 5 boîtes, complète la phrase mathématique, puis inscris le total.**

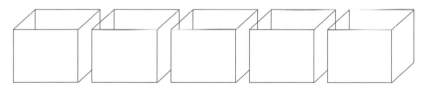

Phrase mathématique _____ ÷ _____ = _____

5. **Répartis également 72 bâtons dans 6 boîtes, complète la phrase mathématique, puis inscris le total.**

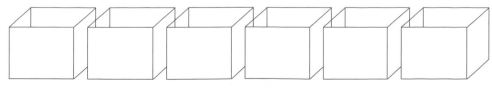

Phrase mathématique _____ ÷ _____ = _____

Les divisions

6. **Illustre l'équation pour trouver la réponse.**

a)
$18 \div 6 =$ _____

b)
$20 \div 4 =$ _____

c)
$24 \div 4 =$ _____

d)
$30 \div 5 =$ _____

e)
$32 \div 8 =$ _____

f)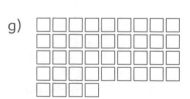
$35 \div 5 =$ _____

g)
$40 \div 8 =$ _____

210

Les divisions

7. Illustre les équations pour trouver la réponse, et ce, en utilisant des couleurs différentes pour chacune d'entre elles.

a) 12 ÷ 3 = _____

   12 ÷ 4 = _____

   12 ÷ 6 = _____

b) 16 ÷ 2 = _____

   16 ÷ 4 = _____

   16 ÷ 8 = _____

c) 18 ÷ 2 = _____

   18 ÷ 3 = _____

   18 ÷ 6 = _____

d) 24 ÷ 3 = _____

   24 ÷ 4 = _____

   24 ÷ 8 = _____

e) 30 ÷ 3 = _____

   30 ÷ 5 = _____

   30 ÷ 6 = _____

f) 36 ÷ 4 = _____

   36 ÷ 6 = _____

   36 ÷ 9 = _____

211

Les divisions

8. Représente la division sur la droite numérique pour trouver la réponse.

Ex. : 12 ÷ 3 = 4   (de 12 à 0 par bonds de 3 cases = 4 bonds)

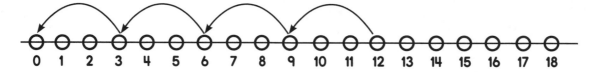

a) 18 ÷ 3 = _____

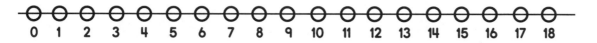

b) 14 ÷ 2 = _____

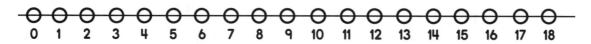

c) 10 ÷ 5 = _____

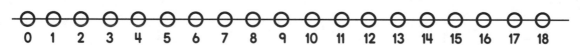

d) 16 ÷ 2 = _____

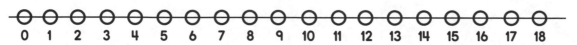

e) 15 ÷ 3 = _____

Les divisions et la comparaison

1. Illustre les équations et compare les réponses en utilisant les symboles <, > ou =.

Ex. : 6 ÷ 3 = 2   <   10 ÷ 2 = 5

a) 8 ÷ 2 = _____   _____   9 ÷ 3 = _____

b) 15 ÷ 5 = _____   _____   18 ÷ 6 = _____

c) 20 ÷ 5 = _____   _____   16 ÷ 4 = _____

d) 21 ÷ 7 = _____   _____   24 ÷ 3 = _____

Les multiplications et les divisions

1. **Dans sa tirelire, Didier a compté 6 pièces de 25 ¢. Il a aussi compté 3 fois plus de 10 ¢ que de 25 ¢. Combien de pièces de 10 ¢ Didier a-t-il dans sa tirelire ?**

Équation ou dessin

Réponse : _____

2. **Sur la plage, Franco a ramassé 8 coquillages. De son côté, Éliane en a ramassé 2 fois plus que Franco. Combien de coquillages a ramassés Éliane ?**

Équation ou dessin

Réponse : _____

3. **Sur la corde à linge de Paula, on compte 20 pantalons. Chez sa voisine Andréa, on en compte 4 fois moins. Combien de pantalons sont accrochés à la corde à linge d'Andréa ?**

Équation ou dessin

Réponse : _____

4. **Sur une branche, Henri aperçoit 16 oiseaux. Soudain, il entend un bruit. Lorsqu'il regarde la branche, il remarque qu'il y a 4 fois moins d'oiseaux. Combien y a-t-il d'oiseaux maintenant ?**

Équation ou dessin

Réponse : _____

Le choix d'opération

1. **Le lundi, Lina compte 9 biscuits dans une boîte. Le mardi, elle en compte 3 fois moins. Combien de biscuits sont dans la boîte le mardi ?**

Équation ou dessin

Réponse : _____

2. **Cédric range 6 crayons dans son étui. Dans le sien, son jumeau Étienne en range 2 fois plus. Combien de crayons sont rangés dans l'étui d'Étienne ?**

Équation ou dessin

Réponse : _____

3. **Dans la bergerie, on retrouve 36 moutons. Dans l'étable, on compte 19 vaches de moins que de moutons dans la bergerie. Combien de vaches y a-t-il dans l'étable ?**

Équation ou dessin

Réponse : _____

4. **Sur son gâteau d'anniversaire, la mère de Jérôme doit souffler 39 bougies. Si la grand-mère de Jérôme doit souffler 27 bougies de plus que sa mère, quel âge a la grand-mère de Jérôme ?**

Équation ou dessin

Réponse : _____

215

Le choix d'opération

5. Pour son spectacle, le bouffon Kiri doit gonfler 8 ballons. Pour le sien, le bouffon Riki doit en gonfler 3 fois plus que le bouffon Kiri. Combien de ballons les bouffons Kiri et Riki ont-ils gonflés ensemble ?

Équation ou dessin

Réponse : _____

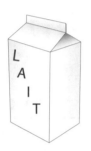

6. Ce matin, le laitier a livré 4 caisses de 5 contenants de 1 litre de lait. De son côté, le boulanger a livré 5 caisses de 4 baguettes de pain. Entre le laitier et le boulanger, lequel a livré le plus de marchandise ?

Équation ou dessin

Réponse : _____

7. En 4 jours, le postier de Saint-Glinglin a vendu 24 timbres. En 3 jours, celui de Haute-Côte en a vendu 21. Enfin, celui de Belle-Montée en a vendu 8 dans une journée. Lequel des trois postiers a vendu le plus de timbres en une journée ?

Équation ou dessin

Réponse : _____

216

Les régularités

1. **Complète les suites en sachant que tu dois multiplier par 2 en montant et soustraire 3 en descendant.**

a)
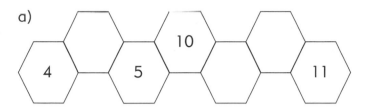

b)
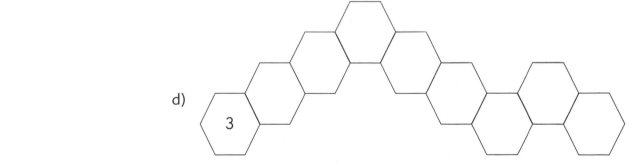

c)

d)
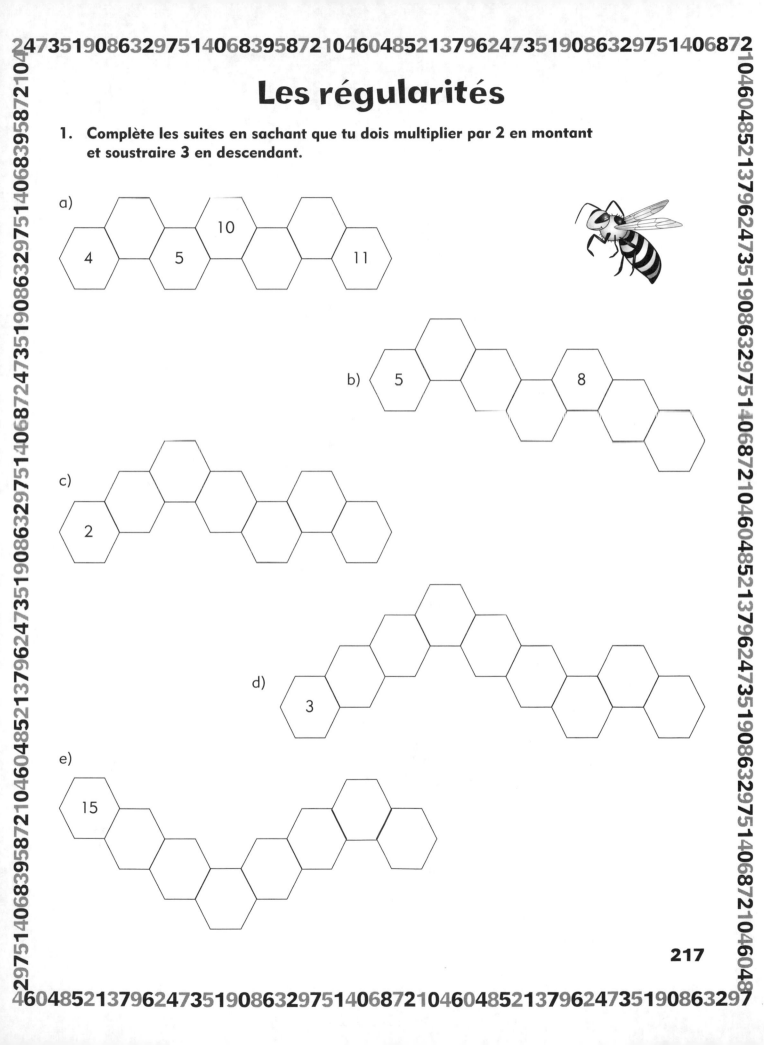

e)
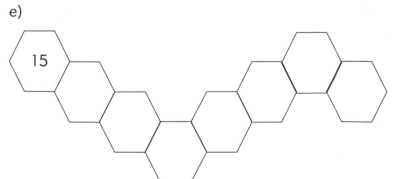

217

L'argent

1. Trouve la combinaison qui permet d'obtenir le montant qui est indiqué avec le moins de pièces possible.

	1¢	5¢	10¢	25¢
65 ¢	0	1	1	2
43 ¢				
79 ¢				
55 ¢				
26 ¢				
88 ¢				
19 ¢				
34 ¢				
90 ¢				
61 ¢				
99 ¢				

2. Trouve le montant que contient chaque sac.

a)

Total : _____ ¢

b)

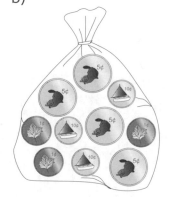

Total : _____ ¢

c)

Total : _____ ¢

218

L'argent

3. **Illustre la combinaison de 8 pièces de monnaie qui permet d'obtenir le montant qui est indiqué en complétant les pièces dessinées.**

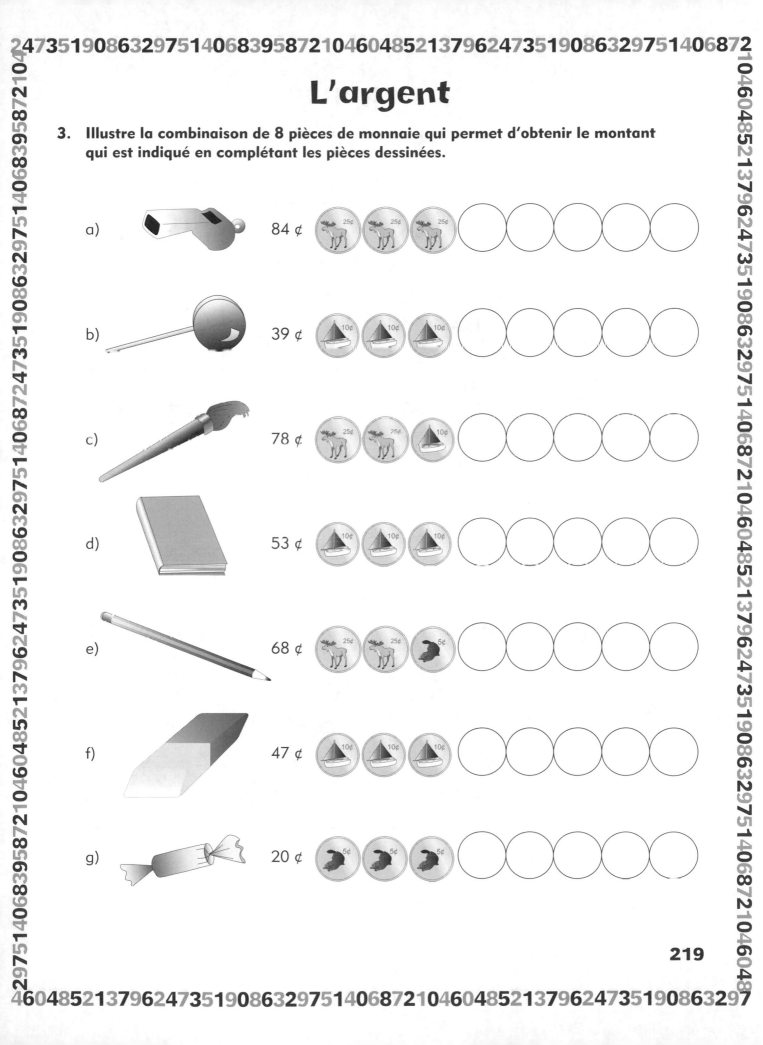

L'argent

4. Relie le contenu de chaque porte-monnaie à l'ensemble d'objets qu'il peut acheter.

a)

b)

c)

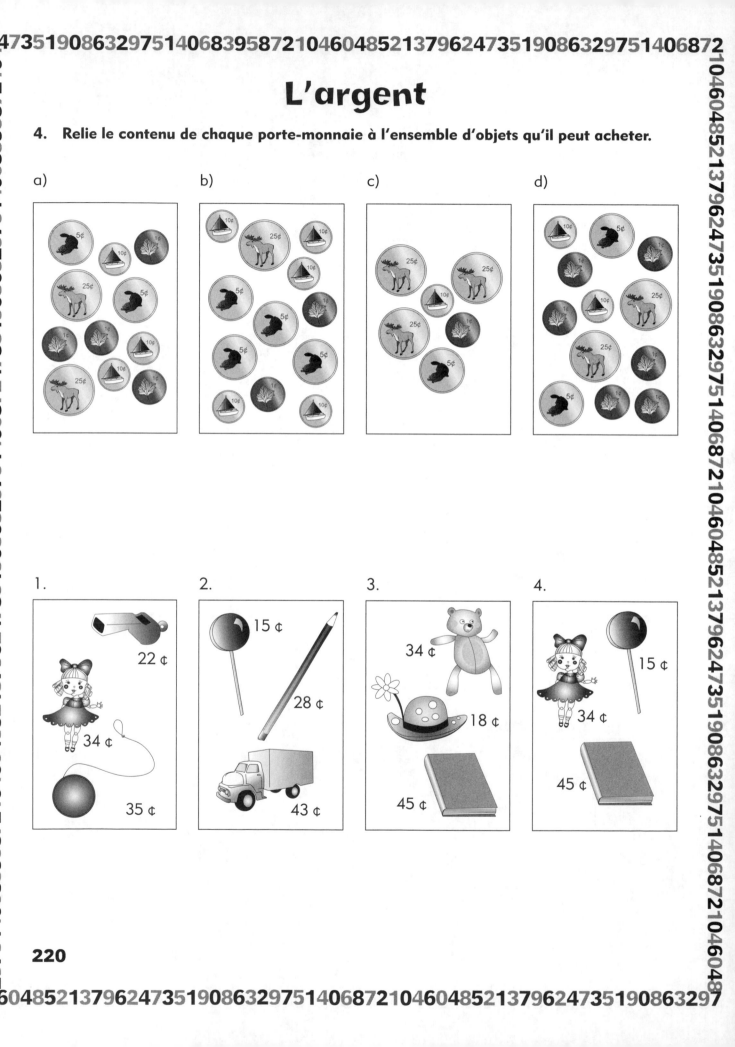

d)

1.

22 ¢

34 ¢

35 ¢

2.

15 ¢

28 ¢

43 ¢

3.

34 ¢

18 ¢

45 ¢

4.

15 ¢

34 ¢

45 ¢

L'argent

5. Trouve la combinaison qui permet d'obtenir le montant qui est indiqué avec le moins de billets possible.

	1$	2$	5$	10$	20$	50$
72 $	0	1	0	0	1	1
65 $						
39 $						
18 $						
57 $						
44 $						
120 $						
235 $						
348 $						
451 $						
500 $						

6. Trouve le montant d'argent que contient chaque portefeuille.

a)

Total : _____ $

b)

Total : _____ $

c)

Total : _____ $

221

L'argent

7. Illustre et dessine la combinaison de 2 pièces et de 4 billets qui permet d'obtenir le montant qui est indiqué.

a) 23 $

b) 32 $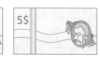

c) 44 $

d) 67 $

e) 133 $

f) 58 $

g) 97 $

222

L'argent

8. Relie le contenu de chaque portefeuille à l'ensemble de vêtements qu'il peut acheter.

a)

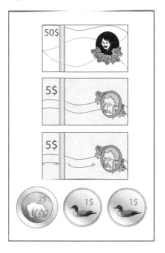

b)

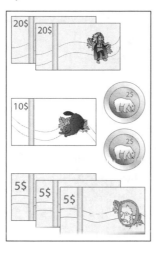

c)

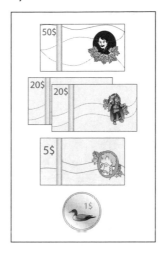

d)

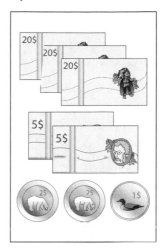

1.

28 $

26 $

21 $

2.

14 $

24 $

26 $

3.

29 $

25 $

15 $

4.

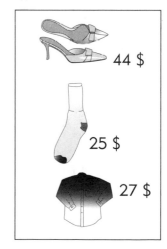

44 $

25 $

27 $

223

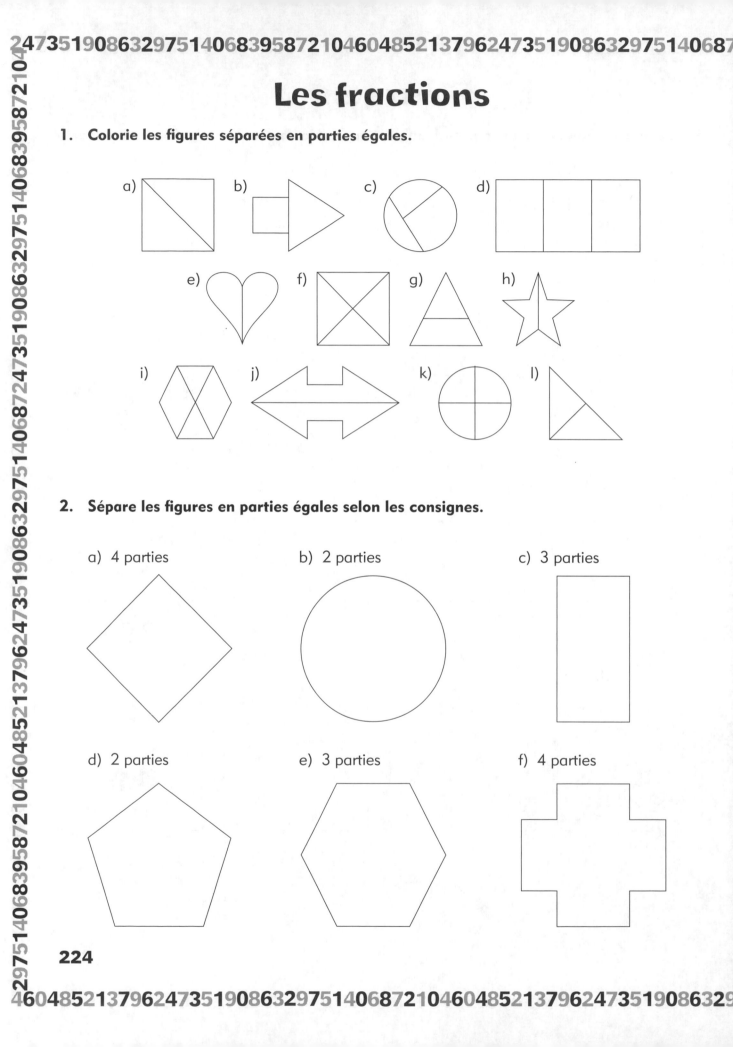

Les fractions

1. Colorie les figures séparées en parties égales.

a) 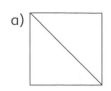   b) 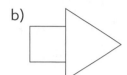   c) 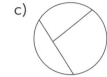   d)

e) 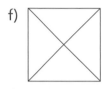   f) 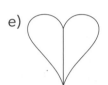   g)   h)

i)   j) 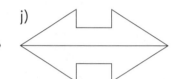   k)    l)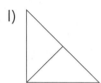

2. Sépare les figures en parties égales selon les consignes.

a) 4 parties   b) 2 parties   c) 3 parties

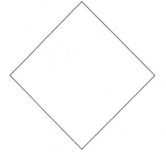   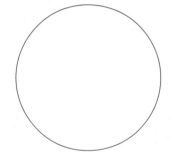

d) 2 parties   e) 3 parties   f) 4 parties

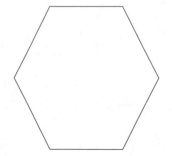   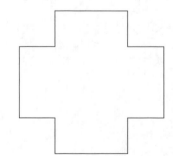   

Les fractions

3. **Colorie la quantité de bonbons indiquée.**

Ex. : $\frac{1}{2}$ de 10 =

$(\frac{1}{2}$ ➜ 1 sur 2)

= 5

a) $\frac{1}{4}$ de 12 =

$(\frac{1}{4}$ ➜ 1 sur 4)

= ____

b) $\frac{1}{2}$ de 18 =

$(\frac{1}{2}$ ➜ 1 sur 2)

= ____

c) $\frac{1}{3}$ de 15 =

$(\frac{1}{3}$ ➜ 1 sur 3)

= ____

d) $\frac{1}{2}$ de 16 =

$(\frac{1}{2}$ ➜ 1 sur 2)

= ____

e) $\frac{1}{4}$ de 20 =

$(\frac{1}{4}$ ➜ 1 sur 4)

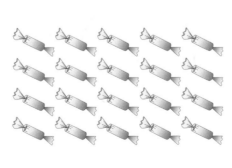

= ____

225

Les fractions

4. Colorie la quantité de pointes de pizza indiquée.

Ex. : $\frac{1}{4}$ de 8

$(\frac{1}{4} \rightarrow$ 1 sur 4)

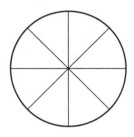

$= 2$

a) $\frac{1}{2}$ de 4

$(\frac{1}{2} \rightarrow$ 1 sur 2)

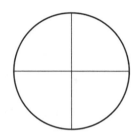

$= \overline{\quad\quad}$

b) $\frac{1}{4}$ de 12 =

$(\frac{1}{4} \rightarrow$ 1 sur 4)

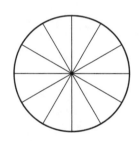

$= \overline{\quad\quad}$

c) $\frac{1}{2}$ de 8 =

$(\frac{1}{2} \rightarrow$ 1 sur 2)

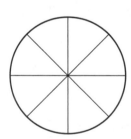

$= \overline{\quad\quad}$

d) $\frac{1}{3}$ de 6 =

$(\frac{1}{3} \rightarrow$ 1 sur 3)

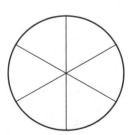

$= \overline{\quad\quad}$

Les fractions

5. **Pour chaque ensemble, colorie la fraction d'objets demandée, puis indique le nombre d'objets que tu as coloriés.**

a) $\frac{1}{3}$  Réponse : _____

b) $\frac{1}{2}$  Réponse : _____

c) $\frac{1}{4}$ 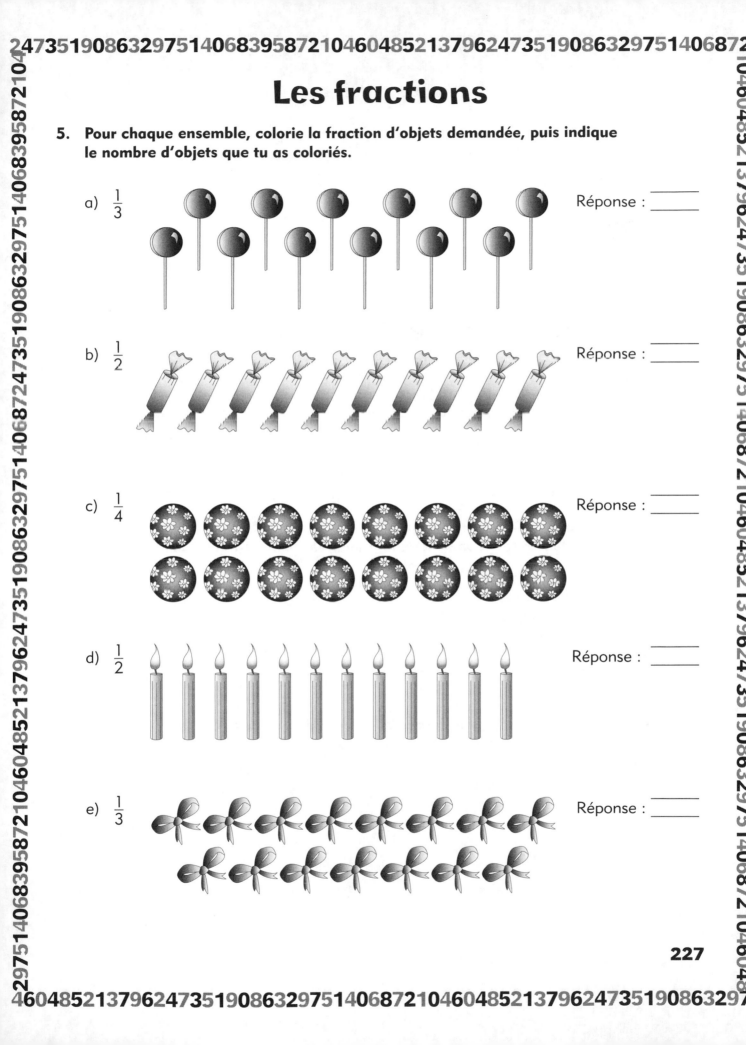 Réponse : _____

d) $\frac{1}{2}$  Réponse : _____

e) $\frac{1}{3}$  Réponse : _____

227

Les fractions

6. **La mère d'Olivier a préparé une tarte aux pommes qu'elle coupe en 9 morceaux. Si Olivier en mange $\frac{1}{3}$, combien de morceaux de tarte a-t-il mangés ?**

Équation ou dessin

Réponse : _____

7. **Dans son sac, Sara a caché 16 billes. Si sa sœur lui en prend $\frac{1}{4}$, combien de billes a-t-elle prises ?**

Équation ou dessin

Réponse : _____

8. **Nathan et Sophie cueillent des marguerites. Nathan en cueille 12 et Sophie en cueille $\frac{1}{2}$ du nombre de Nathan. Combien de marguerites Sophie a-t-elle cueillies ?**

Équation ou dessin

Réponse : _____

9. **Dans la classe de 2ᵉ année, on compte 20 élèves. Si $\frac{1}{4}$ de ceux-ci sont absents, combien y a-t-il d'élèves présents dans cette classe ?**

Équation ou dessin

Réponse : _____

Les régions, les lignes courbes et les lignes brisées

1. Indique le nombre de régions.

Ex. : [1 | 2]   Réponse : 2

a) Réponse : _____

b) Réponse : _____

c) Réponse : _____

d) Réponse : _____

e) Réponse : _____

f) Réponse : _____

2. Fais un x dans la bonne case.

	Ligne courbe	Ligne brisée	Ligne ouverte	Ligne fermée
a)				
b)				
c)				
d)				
e)				

229

Les régions, les lignes courbes et les lignes brisées

3. Colorie les cases qui contiennent des lignes courbes ouvertes pour trouver le chiffre mystère.

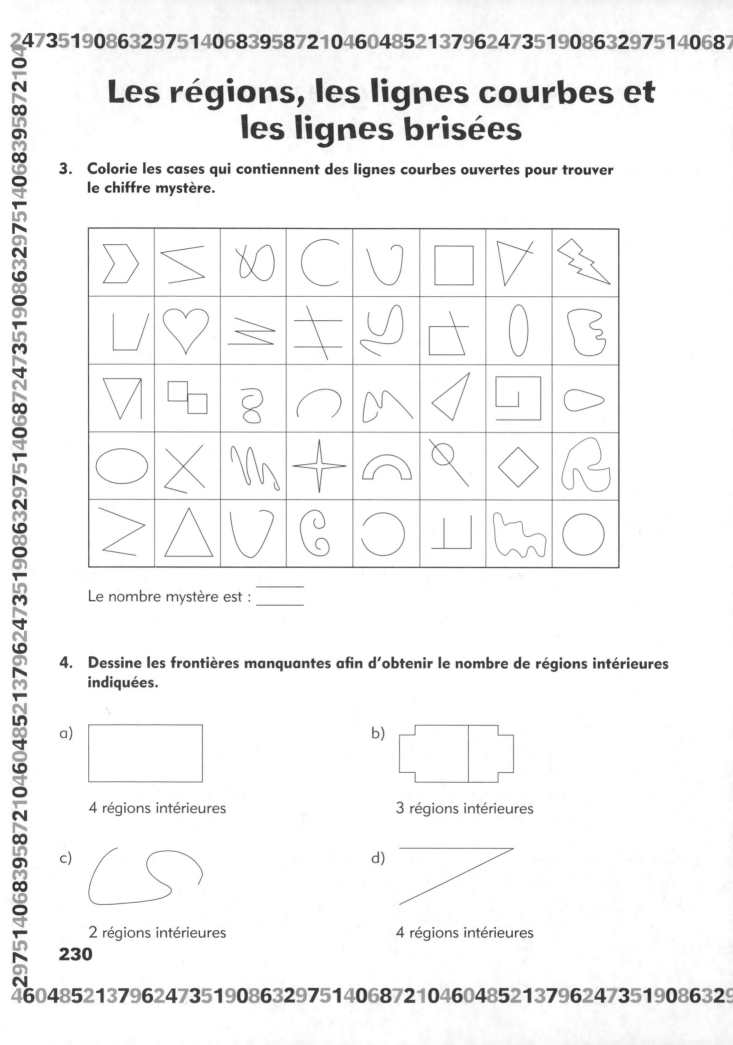

Le nombre mystère est : _____

4. Dessine les frontières manquantes afin d'obtenir le nombre de régions intérieures indiquées.

a)

4 régions intérieures

b)

3 régions intérieures

c)

2 régions intérieures

d)

4 régions intérieures

230

Les figures planes

1. **Fais un x sur tous les objets qui ont la forme d'un carré.**

2. **Fais un x sur tous les objets qui ont la forme d'un rectangle.**

3. **Fais un x sur tous les objets qui ont la forme d'un losange.**

4. **Fais un x sur tous les objets qui ont la forme d'un triangle.**

5. **Fais un x sur tous les objets qui ont la forme d'un cercle.**

231

Les figures planes

6.   Complète les figures planes afin d'obtenir…

a) un carré

b) un losange

c) un rectangle

d) un cercle

e) un triangle

f) un rectangle

g) un triangle

h) un losange

7.   Indique combien de côtés chaque figure plane comporte.

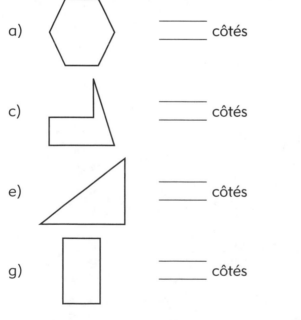

a) _____ côtés

c) _____ côtés

e) _____ côtés

g) _____ côtés

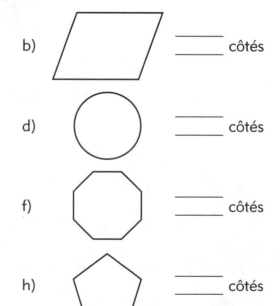

b) _____ côtés

d) _____ côtés

f) _____ côtés

h) _____ côtés

Les figures planes

8. Indique combien d'angles chaque figure plane comporte.

a)   _____ angles

b)   _____ angles

c)   _____ angles

d) _____ angles

e) 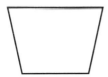 _____ angles

f) _____ angles

g) 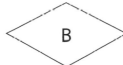 _____ angles

h) _____ angles

9. Classe chaque figure dans le tableau ci-dessous en l'identifiant par sa lettre.

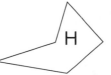

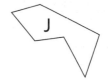
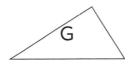

1 côté	2 côtés	3 côtés	4 côtés	5 côtés	6 côtés

233

Les figures planes

10. Classe chaque figure dans le tableau ci-dessous en l'identifiant par sa lettre.

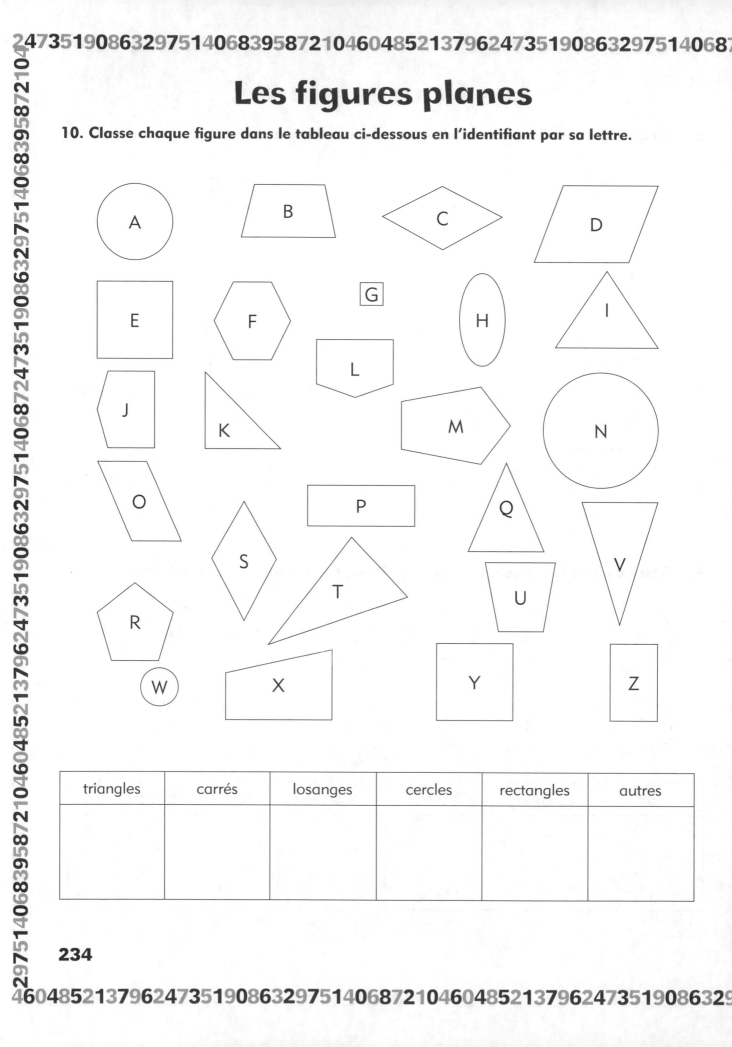

triangles	carrés	losanges	cercles	rectangles	autres

Les figures planes

11. Dessine un point dans chaque angle et trace un x sur chaque côté.

Ex.: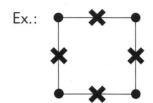

a)

b)

c)

d)

e)

f)

g)

h)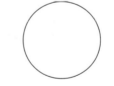

i)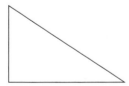

j)

k)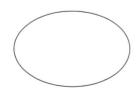

l)

Les figures planes

12. Colorie en respectant les consignes puis compte les figures.

a) Les cercles en bleu.　　　　　　Nombre de cercles : ＿＿＿＿

b) Les losanges en rouge.　　　　　Nombre de losanges : ＿＿＿＿

c) Les carrés en vert.　　　　　　　Nombre de carrés : ＿＿＿＿

d) Les triangles en orangé.　　　　Nombre de triangles : ＿＿＿＿

e) Les rectangles en mauve.　　　　Nombre de rectangles : ＿＿＿＿

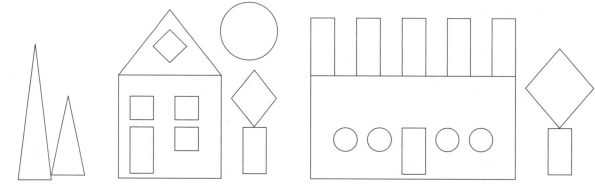

13. Dessine les figures demandées.

a) deux rectangles différents

c) deux triangles différents

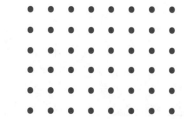

b) un carré et un losange

d) un losange et un rectangle

Les solides

1. Encercle les solides et fais un x sur les autres figures.

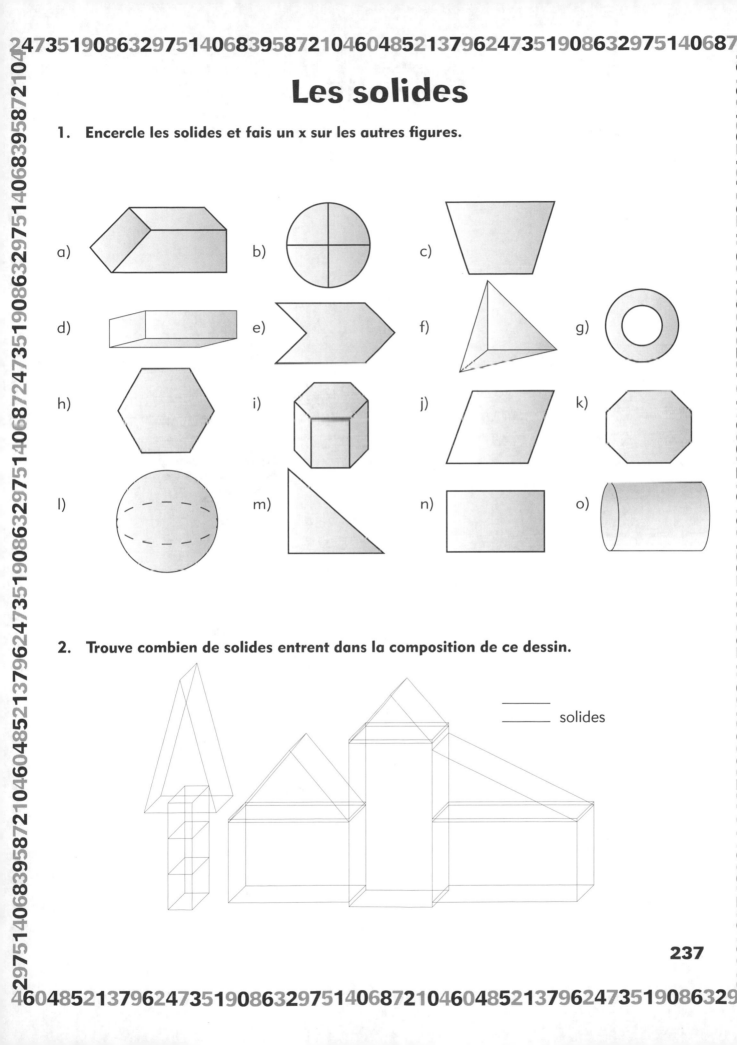

a)

b)

c)

d)

e)

f)

g)

h)

i)

j)

k)

l)

m)

n)

o)

2. Trouve combien de solides entrent dans la composition de ce dessin.

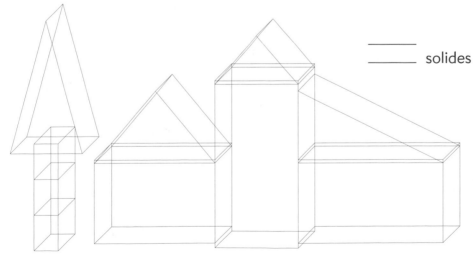

_____ solides

Les solides

3. Relie chaque solide à l'objet qui lui ressemble à l'aide d'une flèche.

a)

b)

c)

d)

e)

f)

g)

h)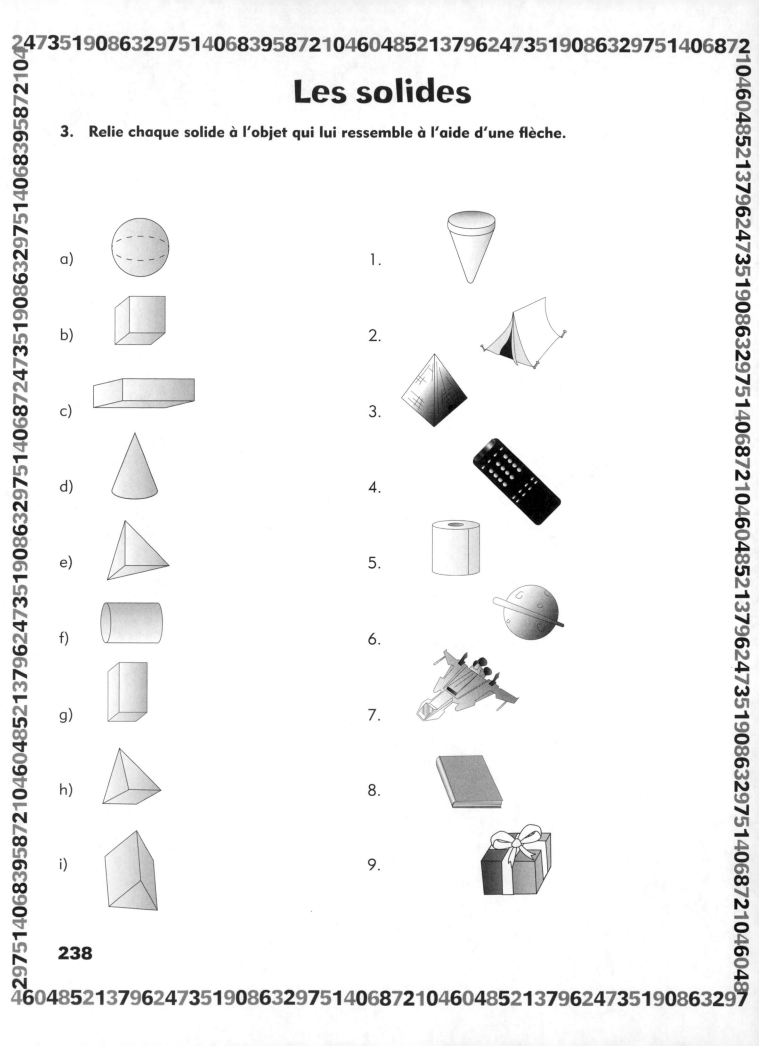

i)

1.

2.

3.

4.

5.

6.

7.

8.

9.

Les solides

4. **Colorie les figures planes qui ont été utilisées pour construire chaque solide.**

a)

b)

c)

d)

e)

f)

g)

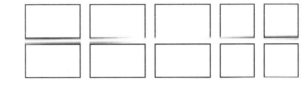

Les solides

5. Complète le tableau suivant.

	a) 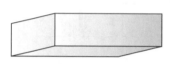	b)	c) 	d)	e)	f)	g)
Nombre de faces courbes							
Nombre de faces planes							

6. Colorie en bleu les solides qui glissent seulement, en rouge ceux qui roulent seulement, et en mauve ceux qui glissent et qui roulent.

a)   b)   c)   d)

e)   f)   g)    h)   i)

7. Vrai ou faux ?

a) Le prisme à base carrée est composé de 2 carrés et de 4 rectangles. _____

b) Le cylindre est composé de 1 cercle et de 2 rectangles. _____

c) La pyramide à base triangulaire est composée de 4 triangles. _____

d) Le cône peut seulement rouler. _____

e) Le cube peut seulement glisser. _____

Les solides

8. Relie chaque développement au bon solide et au bon nom.

a)

1. 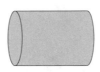   pyramide à base triangulaire

b)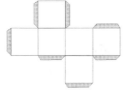

2.   prisme à base carrée

c)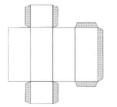

3. 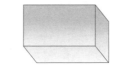   pyramide à base carrée

d)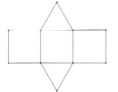

4.   prisme à base triangulaire

e)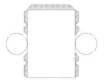

5.   cylindre

f)

6.    cube

241

Les solides

9. Dessine les faces qui manquent pour obtenir les solides.

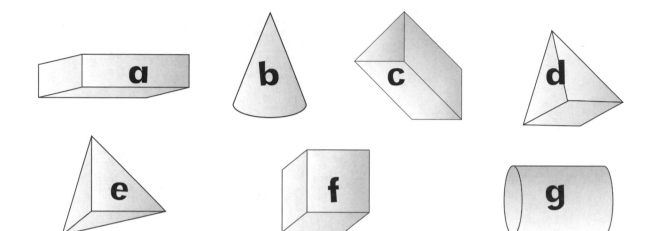

a)

b)

c)

d)

e)

f)

g)

L'heure

1. **Relie chaque horloge analogique au réveil-matin numérique qui affiche la même heure.**

a)

 21 h00

b)

 6 h15

c)

 11 h 50

d)

 00 h10

e)

 6 h 45

f)

 15 h 20

L'heure

2. Trouve l'heure indiquée sur chaque horloge.

matinée

a) __ h __

matinée

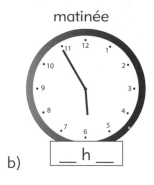

b) __ h __

après-midi

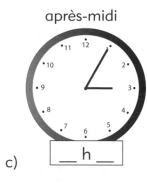

c) __ h __

après-midi

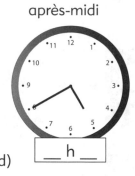

d) __ h __

après-midi

e) __ h __

matinée

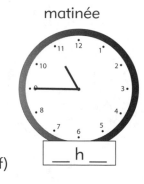

f) __ h __

3. Dessine les horloges afin d'obtenir l'heure indiquée.

10 h 20

17 h 45

8 h 30

7 h 35

14 h 15

00 h 50

244

L'heure

4. Voici 6 horloges qui indiquent 6 heures différentes. Écris l'heure puis associe chacune des activités à l'heure qui convient : se coucher, déjeuner, jouer dehors, être à l'école, se brosser les dents, souper.

matinée

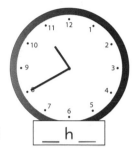

a) ☐ __ h __ ☐

activité

_____

_____

soir

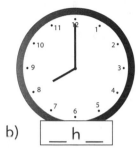

b) ☐ __ h __ ☐

activité

_____

_____

après-midi

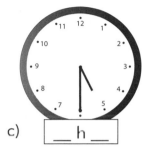

c) ☐ __ h __ ☐

activité

_____

_____

après-midi

d) ☐ __ h __ ☐

activité

_____

_____

matinée

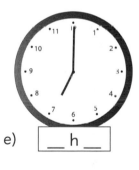

e) ☐ __ h __ ☐

activité

_____

_____

soir

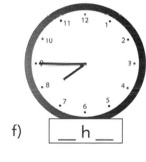

f) ☐ __ h __ ☐

activité

_____

_____

5. S'il est 9 h 15 en matinée, quelle heure est-il en soirée lorsque les aiguilles sont placées de la même façon sur l'horloge ? _____

6. S'il est 18 h 30 en soirée, quelle heure est-il en matinée lorsque les aiguilles sont placées de la même façon sur l'horloge ? _____

Les cycles du temps

1. Écris les noms des mois qui manquent au calendrier.

janvier

Di	Lu	Ma	Me	Je	Ve	Sa
		1	2	3	4	5
6	7	8	9	10	11	12
13	14	15	16	17	18	19
20	21	22	23	24	25	26
27	28	29	30	31		

Di	Lu	Ma	Me	Je	Ve	Sa
					1	2
3	4	5	6	7	8	9
10	11	12	13	14	15	16
17	18	19	20	21	22	23
24	25	26	27	28	29	

mars

Di	Lu	Ma	Me	Je	Ve	Sa
						1
2	3	4	5	6	7	8
9	10	11	12	13	14	15
16	17	18	19	20	21	22
23	24	25	26	27	28	29
30	31					

Di	Lu	Ma	Me	Je	Ve	Sa
		1	2	3	4	5
6	7	8	9	10	11	12
13	14	15	16	17	18	19
20	21	22	23	24	25	26
27	28	29	30			

mai

Di	Lu	Ma	Me	Je	Ve	Sa
				1	2	3
4	5	6	7	8	9	10
11	12	13	14	15	16	17
18	19	20	21	22	23	24
25	26	27	28	29	30	31

Di	Lu	Ma	Me	Je	Ve	Sa
1	2	3	4	5	6	7
8	9	10	11	12	13	14
15	16	17	18	19	20	21
22	23	24	25	26	27	28
29	30					

juillet

Di	Lu	Ma	Me	Je	Ve	Sa
		1	2	3	4	5
6	7	8	9	10	11	12
13	14	15	16	17	18	19
20	21	22	23	24	25	26
27	28	29	30	31		

Di	Lu	Ma	Me	Je	Ve	Sa
					1	2
3	4	5	6	7	8	9
10	11	12	13	14	15	16
17	18	19	20	21	22	23
24	25	26	27	28	29	30
31						

septembre

Di	Lu	Ma	Me	Je	Ve	Sa
	1	2	3	4	5	6
7	8	9	10	11	12	13
14	15	16	17	18	19	20
21	22	23	24	25	26	27
28	29	30				

Di	Lu	Ma	Me	Je	Ve	Sa
		1	2	3	4	5
5	6	7	8	9	10	11
12	13	14	15	16	17	18
19	20	21	22	23	24	25
26	27	28	29	30	31	

novembre

Di	Lu	Ma	Me	Je	Ve	Sa
						1
2	3	4	5	6	7	8
9	10	11	12	13	14	15
16	17	18	19	20	21	22
23	24	25	26	27	28	29
30						

Di	Lu	Ma	Me	Je	Ve	Sa
	1	2	3	4	5	6
7	8	9	10	11	12	13
14	15	16	17	18	19	20
21	22	23	24	25	26	27
28	29	30	31			

a) Entoure en rouge la date de ton anniversaire de naissance.

b) Entoure en vert foncé la date de la fête de Noël.

c) Entoure en bleu marine la première journée d'école.

d) Entoure en violet la dernière journée d'école.

e) Colorie en jaune les mois de printemps.

f) Colorie en vert pâle les mois d'été.

g) Colorie en orangé les mois d'automne.

h) Colorie en bleu pâle les mois d'hiver.

Les cycles du temps

2. **Place les unités de mesure du temps dans l'ordre croissant selon leur durée.**

journée   année   seconde   semaine saison   heure   mois   minute

_____

_____

_____

_____

3. **Relie chaque unité de mesure à sa durée équivalente. Attention : il y a deux réponses de trop.**

			12 mois
saison			24 heures
minute			60 minutes
journée			3 mois
année			10 jours
heure			60 secondes
mois			7 jours
semaine			28, 30, 31 jours
			5 mois

247

Les cycles du temps

4.   Replace les mots en ordre.

a)   automne – printemps – hiver – été

_____

_____

b)   mars – septembre – janvier – août – novembre – février – mai – octobre –
         décembre – juillet – avril – juin

_____

_____

_____

_____

_____

_____

c)   jeudi – lundi – samedi – mercredi – dimanche – mardi – vendredi

_____

_____

5.   Colorie l'image qui représente une activité qui peut se faire en...

a) janvier

b) automne

c) mars

d) été

Les statistiques

1. Observe le tableau puis réponds aux questions.

Les élèves et leur instrument de musique préféré

	1ʳᵉ année	2ᵉ année	3ᵉ année	4ᵉ année	5ᵉ année	6ᵉ année
trompette	3	2	2	4	1	3
flûte	5	4	5	4	3	3
xylophone	4	7	6	5	3	6
violon	3	1	2	4	3	5
guitare	6	8	7	9	5	8
piano	1	4	3	0	6	2
saxophone	2	1	0	0	4	1
maracas	0	1	2	0	2	1

a) Combien d'élèves de 3ᵉ année préfèrent le piano ? _____

b) Le saxophone est le plus populaire à quel niveau ? _____

c) Le xylophone est le moins populaire à quel niveau ? _____

d) Combien d'élèves en tout préfèrent le violon ? _____

e) Combien d'élèves en tout sont en 4ᵉ année ? _____

f) Quel instrument de musique est le plus populaire ? _____

g) Quelle est la différence entre le nombre d'élèves qui préfèrent la flûte et ceux

qui préfèrent la trompette ? _____

249

Les statistiques

2. **Observe le diagramme à pictogrammes, puis réponds aux questions.**

Les animaux du zoo

éléphants	🐘	🐘	🐘	🐘	🐘	🐘	🐘		
hippopotames	🦛	🦛	🦛	🦛					
alligators	🐊	🐊							
zèbres	🦓	🦓	🦓	🦓					
lions	🦁	🦁	🦁	🦁	🦁				
ours polaires	🐻	🐻	🐻	🐻	🐻				
manchots	🐧	🐧	🐧	🐧	🐧	🐧	🐧	🐧	🐧
singes	🐒	🐒	🐒						
serpents	🐍	🐍	🐍	🐍	🐍	🐍			

ATTENTION : CHAQUE PICTOGRAMME = 3 ANIMAUX

a) Combien de lions vivent dans ce zoo ? _____

b) Combien de singes vivent dans ce zoo ? _____

c) Combien de zèbres et d'éléphants y a-t-il en tout ? _____

d) Quelle est l'espèce animale la moins nombreuse ? _____

e) Combien de singes y a-t-il de moins que de manchots ? _____

f) Combien de lions y a-t-il de plus que d'alligators ? _____

g) Il y a autant d'hippopotames que de… _____

Les statistiques

3. **Observe le diagramme à bandes, puis réponds aux questions qui suivent.**

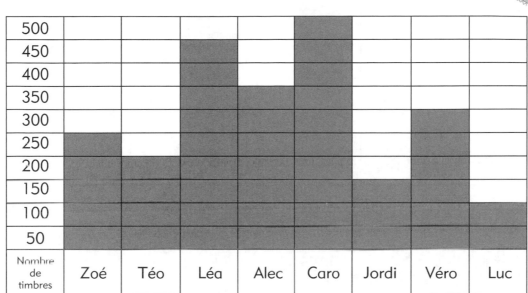

Les collections de timbres

a) Quel enfant a le plus de timbres dans sa collection ? _____

b) Quel enfant a le moins de timbres dans sa collection ? _____

c) Combien de timbres possède Alec ? _____

d) Combien de timbres possède Véro ? _____

e) Combien de timbres possèdent Zoé et Jordi ensemble ? _____

f) Combien de timbres de moins que Léa possède Téo ? _____

g) Combien de timbres de plus que Jordi possède Véro ? _____

h) Place les noms des enfants dans l'ordre décroissant selon le nombre de timbres qu'ils possèdent.

_____

_____

_____

251

Les statistiques

4. **Observe le tableau puis, réponds aux questions.**

Gestation et longévité des mammifères

gestation	150 jours	28 jours	21 jours	60 jours	650 jours	345 jours
longévité	16 ans	7 ans	2 ans	15 ans	70 ans	25 ans

Gestation : période pendant laquelle la maman garde son bébé dans son ventre.

Longévité : durée de la vie.

a) Quel mammifère vit le plus longtemps ?

_____

_____

b) Quel mammifère porte ses bébés le moins longtemps ?

_____

_____

c) Quelle est la différence entre le temps de gestation de la jument et celui de la brebis ?

_____

_____

d) Quelle est la différence entre la durée de vie d'un cheval et celle d'un lapin ?

_____

_____

e) Place les durées de gestation des mammifères dans l'ordre croissant en écrivant leur nom.

_____

_____

f) Place les durées de vie des mammifères dans l'ordre décroissant en écrivant leur nom.

_____

_____

Les statistiques

5. Observe le diagramme à pictogrammes, puis réponds aux questions.

Résultats du sondage

Endroits les plus fréquentés pendant les week-ends

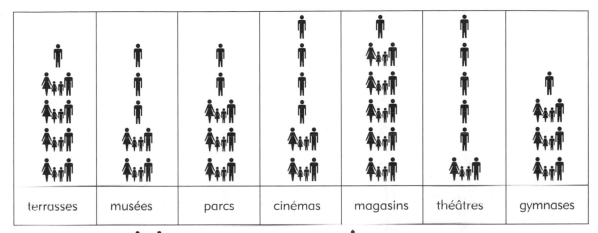

| terrasses | musées | parcs | cinémas | magasins | théâtres | gymnases |

Attention : = 4 personnes   = 1 personne

a) Combien de personnes fréquentent les musées ? _____

b) Combien de personnes fréquentent les cinémas ? _____

c) Quel endroit est le moins populaire ? _____

d) Combien de personnes de plus fréquentent les magasins
comparativement aux terrasses ? _____

e) Combien de personnes ont répondu au sondage ? _____

Les statistiques

6. **Observe le diagramme à bandes puis, réponds aux questions qui suivent.**

janvier						
Di	Lu	Ma	Me	Je	Ve	Sa
		1	2	3	4	5
6	7	8	9	10	11	12
13	14	15	16	17	18	19
20	21	22	23	24	25	26
27	28	29	30	31		

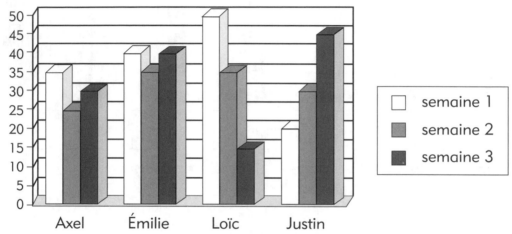

Vente de calendriers pour une campagne de financement

a) Dans quelle semaine Loïc a-t-il vendu le plus de calendriers ? _____

b) Émilie a vendu combien de calendriers dans la 3e semaine ? _____

c) Justin a vendu combien de calendriers dans la 1re semaine ? _____

d) Dans quelle semaine Axel a-t-il vendu le moins de calendriers ? _____

e) Qui a vendu le plus de calendriers en tout ? _____

f) Qui a vendu le moins de calendriers en tout ? _____

Les statistiques

7. **À partir des indices, complète le diagramme à pictogrammes.**

Dans mon sac d'épicerie…

a) J'ai 8 carottes.

b) J'ai 4 oranges de plus que de carottes.

c) J'ai 2 brocolis de moins que d'oranges.

d) J'ai 2 fois plus de champignons que de carottes.

e) J'ai 6 aubergines de moins que de champignons.

f) J'ai 2 tomates de plus que de brocolis.

g) Si j'additionne le nombre d'oranges et de carottes, j'obtiens le nombre de pommes.

h) Si je soustrais le nombre de brocolis au nombre de champignons, j'obtiens le nombre d'ananas.

i) J'ai 6 bananes de moins que de carottes.

j) J'ai autant d'aubergines que de brocolis.

pommes										
oranges										
ananas										
bananes										
carottes										
champignons										
tomates										
aubergines										
brocolis										

ATTENTION : CHAQUE PICTOGRAMME = 2 ALIMENTS

255

Les statistiques

8. À partir des indices, complète le diagramme à bandes.

Dans un sondage portant sur les émissions préférées des téléspectateurs, on a obtenu les résultats suivants :

a) Quinze personnes préfèrent les variétés.

b) Trois personnes de moins préfèrent les comédies comparativement aux variétés.

c) Neuf personnes de plus préfèrent les nouvelles comparativement aux comédies.

d) Deux fois plus de personnes préfèrent les dessins animés comparativement aux variétés.

e) Six personnes de moins préfèrent les films comparativement aux dessins animés.

f) Trois personnes préfèrent les débats et discussions.

g) Cinq fois plus de personnes préfèrent les téléromans comparativement aux débats et discussions.

h) Dix fois moins de personnes préfèrent les arts et spectacles comparativement aux dessins animés.

	téléromans	nouvelles	variétés	films	dessins animés	comédies	arts et spectacles	débats er discussions
30								
27								
24								
21								
18								
15								
12								
9								
6								
3								

Les statistiques

9. À partir des indices, complète le tableau en inscrivant 1er, 2e ou 3e.

On a demandé aux élèves de la classe de 2e année d'énumérer les trois disciplines qu'ils préféraient.

a) Diego aime la mathématique mais ce n'est pas son 2e choix.

b) Maya aime le français mais ce n'est pas son 3e choix.

c) Le 1er choix de Lucas est la science.

d) Le 2e choix de Nadia est la musique.

e) Le 3e choix de Bruno est l'anglais.

f) Diego n'aime ni l'anglais ni le français.

g) Maya n'aime ni la science ni la mathématique.

h) Lucas aime l'anglais mais ce n'est pas son 2e choix.

i) Nadia n'aime ni la mathématique ni le français.

j) Le 2e choix de Maya est la musique.

k) Lucas n'aime ni le français ni la musique.

l) La musique est la matière préférée de Diego.

m) Nadia aime la science mais ce n'est pas son 1er choix.

n) Bruno aime le français mais ce n'est pas son 1er choix.

o) Bruno n'aime ni la musique ni la science.

	français	math	science	anglais	musique
Diego					
Maya					
Lucas					
Nadia					
Bruno					

La logique

1. **À partir des indices, trouve la clé de chaque énigme en faisant un x dans les bonnes cases du tableau.**

a) Les quatre enfants ont les cheveux de couleurs différentes.

Vincent a les cheveux bruns.

Lélia n'a pas les cheveux blonds.

L'un des deux garçons a les cheveux noirs.

	blonds	châtains	bruns	noirs
Vincent				
Justine				
Lélia				
Mathieu				

b) Les quatre personnages ont des métiers différents.

L'un des hommes est secrétaire.

Sophie n'est pas journaliste.

Antoine a un bon tuyau pour toi.

	journaliste	plombier	secrétaire	vétérinaire
Antoine				
Sophie				
Benjamin				
Nadia				

c) Aujourd'hui il pleut, et les quatre membres d'une même famille s'occupent à des activités différentes.

Jonathan doit tailler ses crayons à colorier.

Son frère n'aime pas lire.

Kathia dépense beaucoup d'énergie.

	lecture	sport	dessin	télévision
Kathia				
Ophélie				
Hugo				
Jonathan				

Les mesures et l'estimation

1. **Observe chaque crayon. À partir du trombone au bas de la page, estime la longueur de chacun en trombones. Mesure ensuite chaque image à l'aide du trombone que tu auras découpé.**

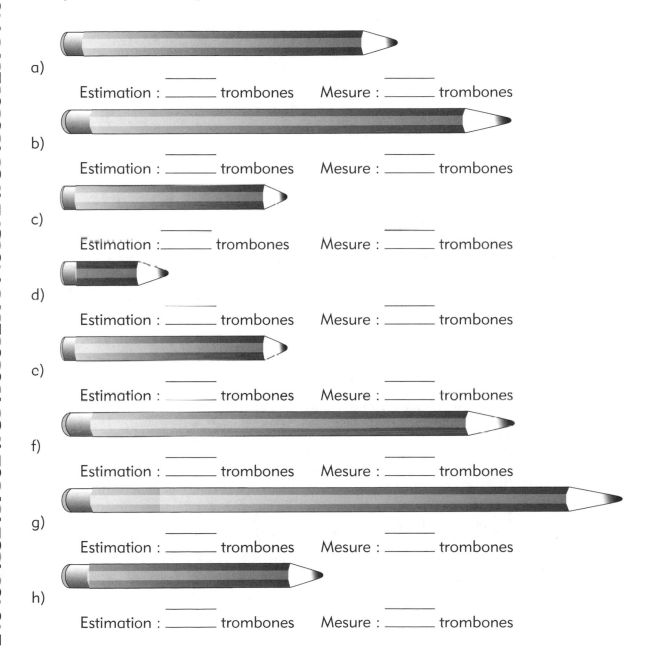

a)

Estimation : _____ trombones   Mesure : _____ trombones

b)

Estimation : _____ trombones   Mesure : _____ trombones

c)

Estimation : _____ trombones   Mesure : _____ trombones

d)

Estimation : _____ trombones   Mesure : _____ trombones

c)

Estimation : _____ trombones   Mesure : _____ trombones

f)

Estimation : _____ trombones   Mesure : _____ trombones

g)

Estimation : _____ trombones   Mesure : _____ trombones

h)

Estimation : _____ trombones   Mesure : _____ trombones

2. **Quels crayons ont la même longueur ?** _____

Les mesures et l'estimation

3. **Observe chaque bout de corde. Estime la longueur de chacune. Mesure ensuite chacun à l'aide d'une règle graduée en centimètres.**

a)

Estimation : _____ cm   Mesure : _____ cm

b)

Estimation : _____ cm   Mesure : _____ cm

c)

Estimation : _____ cm   Mesure : _____ cm

d)

Estimation : _____ cm   Mesure : _____ cm

e)

Estimation : _____ cm   Mesure : _____ cm

f)

Estimation : _____ cm   Mesure : _____ cm

g)

Estimation : _____ cm   Mesure : _____ cm

h)

Estimation : _____ cm   Mesure : _____ cm

4. **Quel bout de corde est le plus long ?** _____

5. **Quel bout de corde est le plus court ?** _____

Les mesures et l'estimation

6. Indique l'unité de mesure appropriée : cm (centimètre), dm (décimètre) ou m (mètre).

Ex. :  = 3 cm

a) = 12 _____

b) = 20 _____

c) = 3 _____

d) = 8 _____

e) = 15 _____

f) = 1 _____

g) = 5 _____

h) = 90 _____

i) = 10 _____

j) = 2 _____

k) = 2 _____

l) = 12 _____

261

Les mesures et l'estimation

7. **Observe les clous. Estime la longueur de chacun puis encercle la réponse la plus près de ton estimation. À l'aide d'une règle graduée en centimètres, mesure ensuite chaque clou puis encercle la bonne réponse.**

a)

Estimation :   6 cm   10 cm   14 cm

Mesure :   6 cm   10 cm   14 cm

b)

Estimation :   4 cm   8 cm   12 cm

Mesure :   4 cm   8 cm   12 cm

c)

Estimation :   4 cm   6 cm   8 cm

Mesure :   4 cm   6 cm   8 cm

d)

Estimation :   10 cm   11 cm   12 cm

Mesure :   10 cm   11 cm   12 cm

e)

Estimation :   7 cm   9 cm   11 cm

Mesure :   7 cm   9 cm   11 cm

f)

Estimation :   2 cm   3 cm   4 cm

Mesure :   2 cm   3 cm   4 cm

g)

Estimation :   9 cm   10 cm   11 cm

Mesure :   9 cm   10 cm   11 cm

Les mesures et l'estimation

8. À l'aide d'une règle graduée en centimètres, mesure chaque bâton de baseball. Colorie ensuite chaque bâton selon la couleur associée à sa mesure.

Bleu : 8 cm   Rouge : 9 cm   Vert : 11 cm   Mauve : 4 cm   Jaune : 5 cm

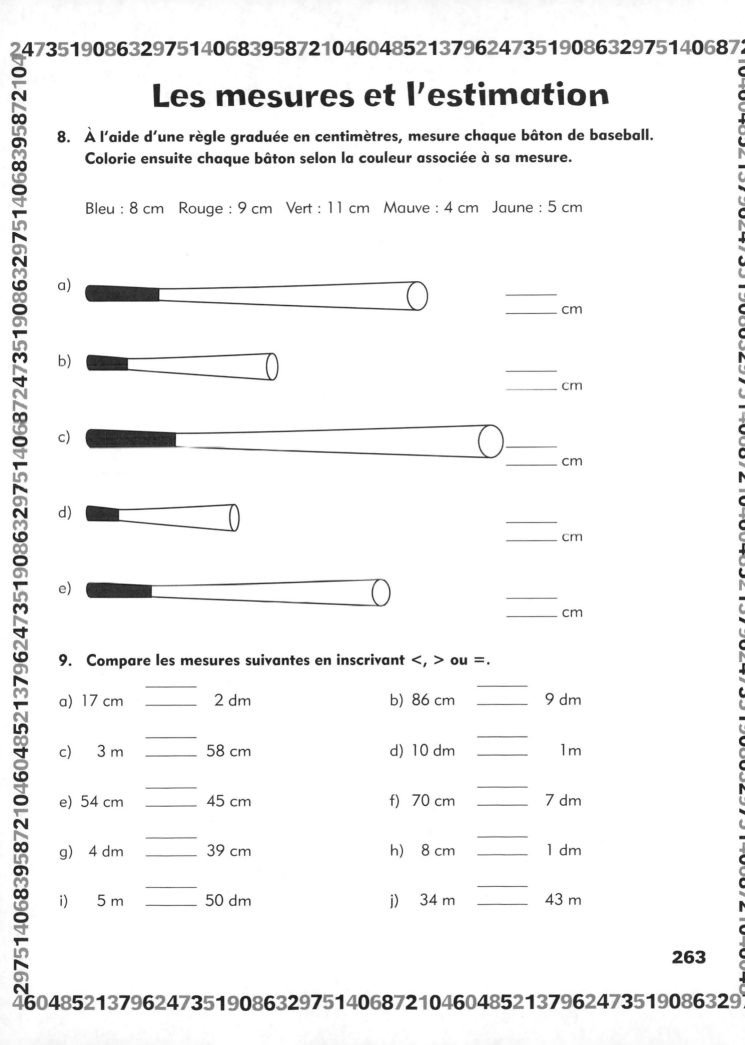

a) _____ cm

b) _____ cm

c) _____ cm

d) _____ cm

e) _____ cm

9. Compare les mesures suivantes en inscrivant <, > ou =.

a) 17 cm _____ 2 dm

b) 86 cm _____ 9 dm

c) 3 m _____ 58 cm

d) 10 dm _____ 1m

e) 54 cm _____ 45 cm

f) 70 cm _____ 7 dm

g) 4 dm _____ 39 cm

h) 8 cm _____ 1 dm

i) 5 m _____ 50 dm

j) 34 m _____ 43 m

Les mesures et l'estimation

10. Colorie la mesure indiquée. Attention : les unités de mesure ne sont pas toujours les mêmes...

Ex. :   6 cm =

| 1 cm | 2 cm | 3 cm | 4 cm | 5 cm | 6 cm | 7 cm | 8 cm | 9 cm | 10 cm | 11 cm | 12 cm | 13 cm | 14 cm | 15 cm |

a)   13 cm =

| 1 cm | 2 cm | 3 cm | 4 cm | 5 cm | 6 cm | 7 cm | 8 cm | 9 cm | 10 cm | 11 cm | 12 cm | 13 cm | 14 cm | 15 cm |

b)   1 dm =

| 1 cm | 2 cm | 3 cm | 4 cm | 5 cm | 6 cm | 7 cm | 8 cm | 9 cm | 10 cm | 11 cm | 12 cm | 13 cm | 14 cm | 15 cm |

c)   5 dm =

| 1 dm | 2 dm | 3 dm | 4 dm | 5 dm | 6 dm | 7 dm | 8 dm | 9 dm | 10 dm | 11 dm | 12 dm | 13 dm | 14 dm | 15 dm |

d)   70 cm =

| 1 dm | 2 dm | 3 dm | 4 dm | 5 dm | 6 dm | 7 dm | 8 dm | 9 dm | 10 dm | 11 dm | 12 dm | 13 dm | 14 dm | 15 dm |

e)   9 dm =

| 1 dm | 2 dm | 3 dm | 4 dm | 5 dm | 6 dm | 7 dm | 8 dm | 9 dm | 10 dm | 11 dm | 12 dm | 13 dm | 14 dm | 15 dm |

f)   10 m =

| 1 m | 2 m | 3 m | 4 m | 5 m | 6 m | 7 m | 8 m | 9 m | 10 m | 11 m | 12 m | 13 m | 14 m | 15 m |

g)   80 dm =

| 1 m | 2 m | 3 m | 4 m | 5 m | 6 m | 7 m | 8 m | 9 m | 10 m | 11 m | 12 m | 13 m | 14 m | 15 m |

h)   1 m =

| 1 m | 2 m | 3 m | 4 m | 5 m | 6 m | 7 m | 8 m | 9 m | 10 m | 11 m | 12 m | 13 m | 14 m | 15 m |

i)   2 cm =

| 1 cm | 2 cm | 3 cm | 4 cm | 5 cm | 6 cm | 7 cm | 8 cm | 9 cm | 10 cm | 11 cm | 12 cm | 13 cm | 14 cm | 15 cm |

Les mesures et l'estimation

11. À l'aide d'un bout de ficelle qui mesure exactement **2 centimètres**, mesure chaque ligne courbe en donnant ta réponse en bouts de ficelle.

a)

_____ bouts de ficelle

b)

_____ bouts de ficelle

c)

_____ bouts de ficelle

d)

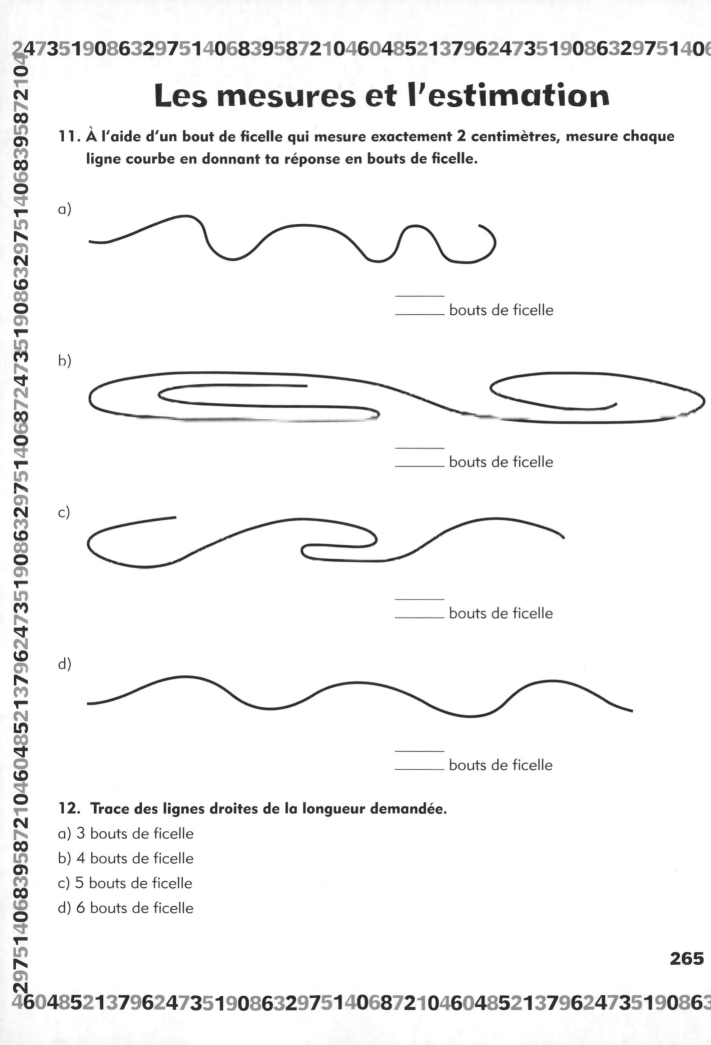

_____ bouts de ficelle

12. **Trace des lignes droites de la longueur demandée.**

a) 3 bouts de ficelle

b) 4 bouts de ficelle

c) 5 bouts de ficelle

d) 6 bouts de ficelle

265

Les mesures et l'estimation

13. À l'aide d'une règle graduée en centimètres, mesure les lignes suivantes.

a)

_____
_____ cm

b)

_____
_____ cm

c)

_____
_____ cm

d)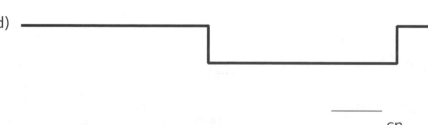

_____
_____ cn

14. Traces des lignes droites de la longueur demandée.

a) 8 cm

b) 3 cm

c) 14 cm

d) 9 cm

e) 5 cm

266

Les mesures et l'estimation

15. Trouve la mesure qui a été coloriée. Attention : les unités de mesure ne sont pas toujours les même.

Ex. : 30 dm =

a) ____ cm =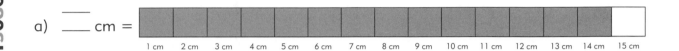

b) ____ cm =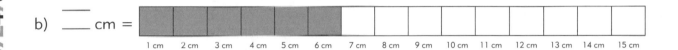

c) ____ cm =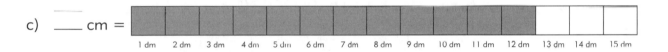

d) ____ dm =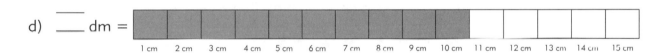

e) ____ m =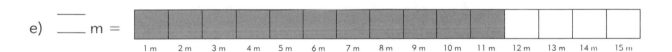

f) ____ dm =

g) ____ m =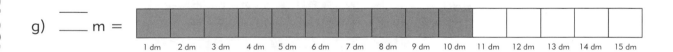

h) ____ cm =

i) ____ dm =

267

Les mesures et l'estimation

16. Observe l'illustration puis encercle la mesure la plus appropriée.

a)   1 cm   1 dm   1 m

b)   1 dm   1 m   1 cm

c)   2 m   2 cm   2 dm

d)   10 cm   10 dm   10 m

e)   8 dm   8 cm   8 m

f)   7 cm   7 m   7 dm

g)   2 m   2 dm   2 cm

h)   1 dm   1 m   1 cm

i)   30 m   30 cm   30 dm

La situation dans l'espace

1. Observe l'armoire et son contenu puis réponds aux questions.

robe	sac à dos	chaussette	casquette	jupe
foulard	pantalon	chemise	tuque	pantoufle
short	manteau	sandale	gants de boxe	lunettes
soulier	quille	salopette	serviette	patin
mitaine	chapeau	botte	boucle	gant

a) Quel objet est au-dessus de la sandale ? _____

b) Quel objet est à droite du soulier ? _____

c) Quel objet est entre la robe et le short ? _____

d) Quel objet est à gauche du manteau ? _____

e) Quel objet est au-dessous de la serviette ? _____

f) Quel objet est au bas de la colonne du sac à dos ? _____

g) Quel objet est à l'opposé de la mitaine ? _____

h) Quel objet est entre la chemise et la pantoufle ? _____

i) Quel objet est au bout de la rangée du soulier ? _____

269

La situation dans l'espace

2. Dans la classe de 2e année, les élèves sont disposés en 7 rangs de 5 pupitres.

	1	2	3	4	5	6	7
A	Hugo	Alice	Elsa	Noah	Maxime	Flavie	Léo
B	Clara	Célia	Yanis	Simon	Loïc	Marina	Pedro
C	Louis	Enzo	Kim	Giani	David	Chanel	Éric
D	Tom	Lola	Fatima	Rémi	Anna	Logan	Chloé
E	Jade	Paul	Axel	Lina	Sacha	Sabine	Andréa

a) Qui est à la coordonnée (C,5) ? _____

b) À quelle coordonnée est Rémi ? _____

c) Qui est à la coordonnée (D,2) ? _____

d) À quelle coordonnée est Pedro ? _____

e) Qui est à la coordonnée (B,3) ? _____

f) À quelle coordonnée est Axel ? _____

g) Qui est à la coordonnée (A,1) ? _____

h) À quelle coordonnée est Elsa ? _____

i) Qui est à la coordonnée (E,6) ? _____

j) À quelle coordonnée est Lina ? _____

3. Devine de qui on parle…

a) Je suis entre Rémi et Logan. _____

b) Je suis entre Clara et Tom. _____

c) Je suis à côté de Loïc mais pas de Pedro. _____

d) Je suis à côté de Sacha mais pas de Axel. _____

e) Je suis dans un coin de la classe, loin de Flavie, de Célia et de Tom. _____

La situation dans l'espace

4. Observe le plan de la classe de 3e année puis complète chaque phrase par :
au nord, au sud, à l'ouest ou à l'est.

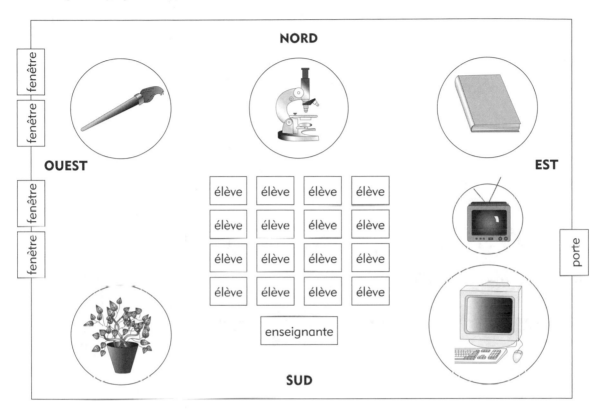

a) Le bureau de l'enseignante est _____ .

b) Les fenêtres sont situées _____ .

c) Le coin science est situé _____ du coin lecture.

d) Le téléviseur est situé _____ de l'ordinateur.

e) La porte est située _____ .

f) L'enseignante est située _____ des élèves.

g) La plante est située _____ de l'enseignante et _____ du coin
d'arts plastiques.

La situation dans l'espace

5. Trace le chemin qui va du chien à sa niche en suivant les os.

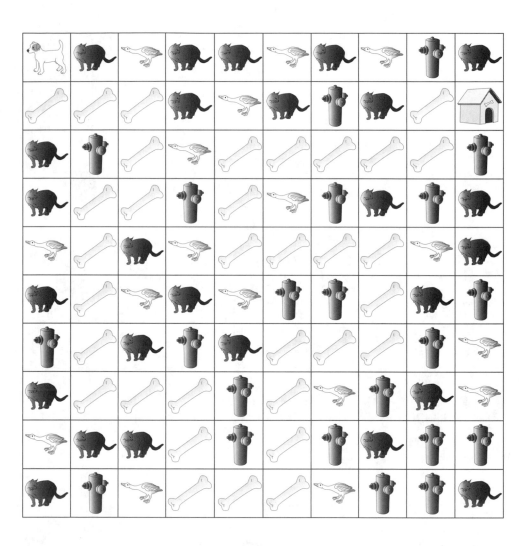

a) Combien d'os le chien a-t-il trouvés sur son chemin ? _____

b) Combien de bornes d'incendie y a-t-il de moins que d'os ? _____

c) Combien de chats y a-t-il de plus que d'oiseaux ? _____

272

La situation dans l'espace

6. Observe le plan du zoo, et écris le nom de l'animal au bon endroit.

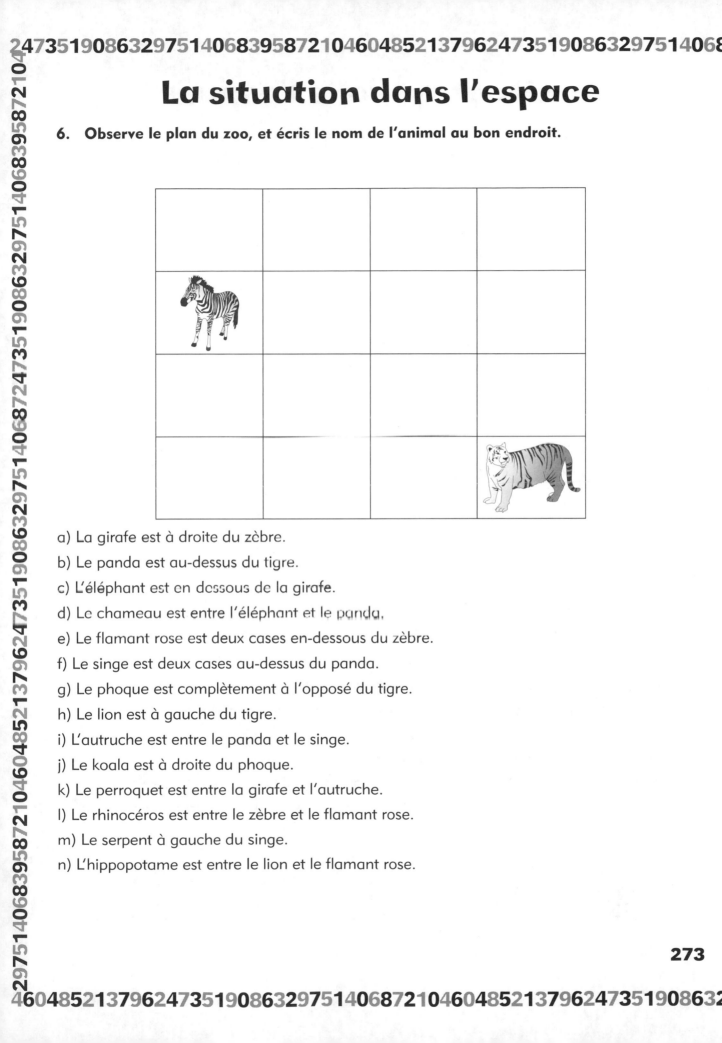

a) La girafe est à droite du zèbre.

b) Le panda est au-dessus du tigre.

c) L'éléphant est en dessous de la girafe.

d) Le chameau est entre l'éléphant et le panda.

e) Le flamant rose est deux cases en-dessous du zèbre.

f) Le singe est deux cases au-dessus du panda.

g) Le phoque est complètement à l'opposé du tigre.

h) Le lion est à gauche du tigre.

i) L'autruche est entre le panda et le singe.

j) Le koala est à droite du phoque.

k) Le perroquet est entre la girafe et l'autruche.

l) Le rhinocéros est entre le zèbre et le flamant rose.

m) Le serpent à gauche du singe.

n) L'hippopotame est entre le lion et le flamant rose.

La situation dans l'espace

7. Trouve le nom de chaque personnage à l'aide des indices.

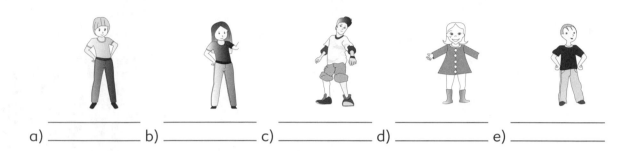

a) _____ b) _____ c) _____ d) _____ e) _____

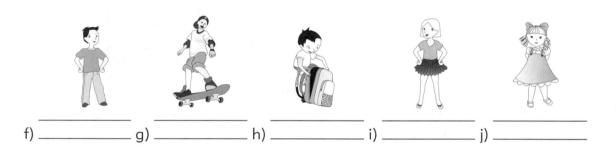

f) _____ g) _____ h) _____ i) _____ j) _____

Indices – Attention, ils sont mêlés…

Lisa est à gauche de Chloé.

Jacob est entre Chloé et Tina.

Paolo est en-dessous de Lisa.

Étienne est à droite de Tina.

Marina est en-dessous d'Étienne.

Chloé est au-dessus de David.

Jonathan est à droite de David.

Fanny est entre Jonathan et Marina.

8. Trouve le sac de Chloé à partir des indices…

Celui de Jonathan est complètement à gauche. Celui de Paolo est entre celui de Fanny et celui de Jonathan. Celui de Tina n'est pas à côté de celui de Fanny. Encercle le sac d'école de Chloé.

La situation dans l'espace

9. Trace le chemin qui va de l'oiseau à son nid en coloriant des cases qui se suivent et en évitant les gouttes de pluie.

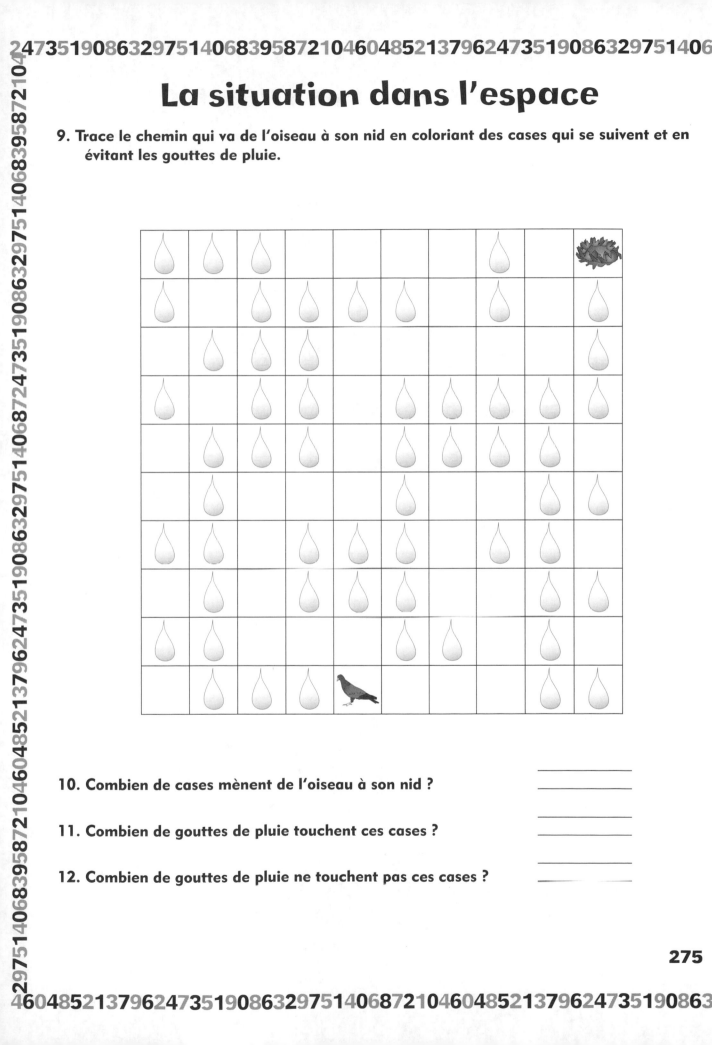

10. Combien de cases mènent de l'oiseau à son nid ? _____

11. Combien de gouttes de pluie touchent ces cases ? _____

12. Combien de gouttes de pluie ne touchent pas ces cases ? _____

275

La situation dans l'espace

13. Écris le bon nombre et la bonne direction pour décrire le chemin que la fillette doit emprunter pour se rendre à sa maison.

a) Elle avance de _____ cases vers le _____ .

b) Elle avance de _____ cases vers la _____ .

c) Elle avance de _____ cases vers le _____ .

d) Elle avance de _____ cases vers la _____ .

e) Elle avance de _____ cases vers le _____ .

f) Elle avance de _____ cases vers la _____ .

g) Elle avance de _____ cases vers le _____ .

h) Elle avance de _____ cases vers la _____ .

i) Elle avance de _____ cases vers le _____ .

j) Elle avance de _____ cases vers la _____ .

k) Elle avance de _____ cases vers le _____ .

Les points cardinaux

1. Place les points cardinaux sur la rose des vents.

2. Trace le chemin selon les consignes.

Départ

Arrivée

Déplace-toi de 6 cases vers l'est.

Déplace-toi de 5 cases vers le sud.

Déplace-toi de 2 cases vers l'ouest.

Déplace-toi de 3 cases vers le sud.

Déplace-toi de 3 cases vers l'est.

Déplace-toi de 8 cases vers le nord.

Déplace-toi de 3 cases vers l'est.

Les points cardinaux

Voici quelques informations pour t'aider.

Le soleil se lève à l'est et se couche à l'ouest.

Le soleil est au sud à midi.

On ne voit jamais le soleil au nord.

3. Trace le chemin parcouru par le soleil.

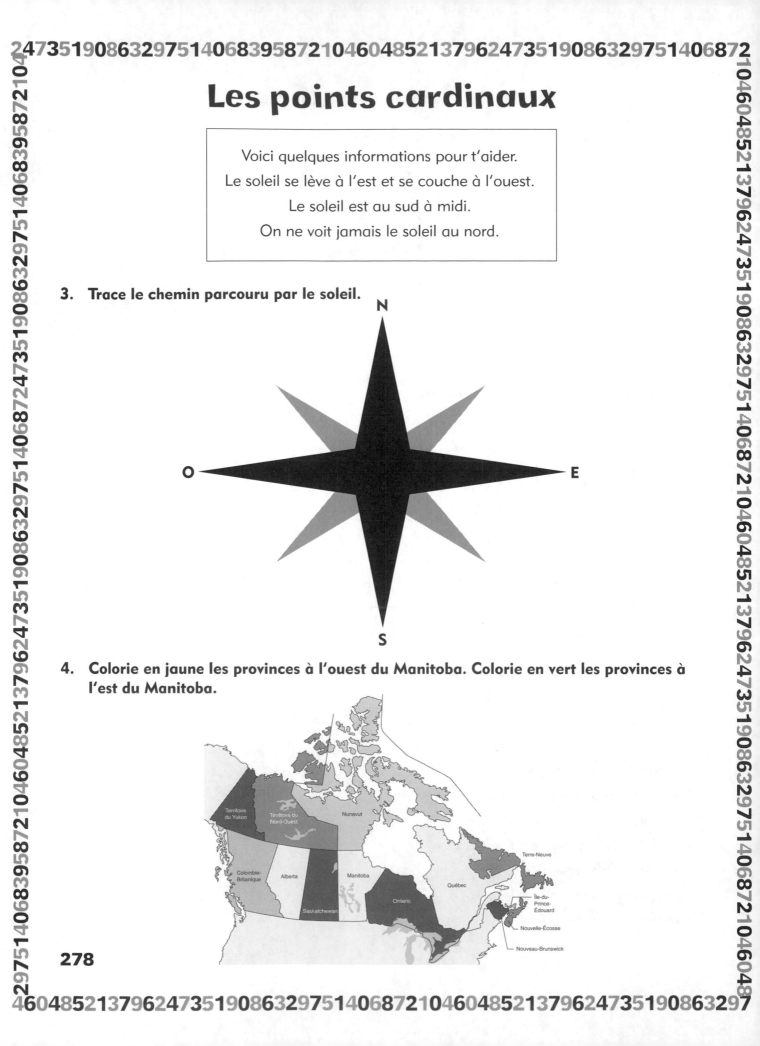

4. Colorie en jaune les provinces à l'ouest du Manitoba. Colorie en vert les provinces à l'est du Manitoba.

Les coordonnées

1. Colorie les cases des coordonnées indiquées pour trouver la lettre mystère.

a)

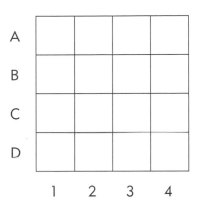

(A,1) (A,2) (A,3)
(B,2) (C,2) (D,2)

Lettre mystère : _____

b)

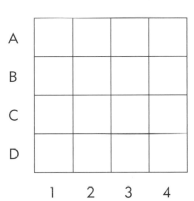

(C,1) (B,2) (A,3)
(A,1) (C,3)

Lettre mystère : _____

c)

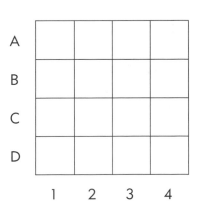

(A,2) (B,2) (C,2)
(B,3) (A,4) (B,4)
(C,4)

Lettre mystère : _____

279

Les coordonnées

2. Colorie les cases en suivant les consignes.

	1	2	3	4	5	6	7	8	9	10
A										
B										
C										
D										
E										
F										
G										
H										
I										

a) Colorie en rouge les cases (B,3), (B,4), (C,5), (D,5), (E,3), (E,4), (C,2) et (D,2).

b) Colorie en vert foncé les cases (E,5), (F,6), (G,7), (H,8) et (I,9).

c) Colorie en jaune les cases (C,3), (C,4), (D,3) et (D,4).

d) Colorie en vert pâle les cases (D,8), (E,7), (E,8), (F,7) et (F,8).

e) Quelle image obtiens-tu ? _____

Les coordonnées

3. **Complète le tableau à partir des indices et des coordonnées.**

Les figures et les couleurs

	1	2	3	4	5	6
A						
B						
C						
D						

a) Dessine un triangle bleu en (C,5)

b) Dessine un carré vert en (B,2).

c) Dessine un cercle rouge en (A,4).

d) Dessine un rectangle mauve en (D,3).

e) Dessine un triangle vert juste à droite du cercle rouge.

f) Dessine un carré bleu juste à gauche du rectangle mauve.

g) Dessine un cercle mauve juste en-dessous du carré vert.

h) Dessine un rectangle rouge juste au-dessus du triangle bleu.

i) Dessine un triangle mauve en (B,1).

j) Dessine un carré rouge en (C,3).

k) Dessine un cercle vert en (D,1).

l) Dessine un rectangle bleu en (A,6).

m) Dessine un triangle rouge entre le triangle mauve et le cercle vert.

n) Dessine un carré mauve juste en-dessous du rectangle bleu.

o) Dessine un cercle bleu dans la case restante de la colonne 5.

p) Dessine un rectangle vert entre le carré rouge et le triangle bleu.

q) Énumère les huit coordonnées qui restent.

_____

_____

_____

_____

Les coordonnées

4. Complète les trajets en suivant les consignes.

	1	2	3	4	5	6	7	8	9	10
A										
B										
C										
D										
E										
F										
G										
H										
I										

a) Chemin en bleu au départ de (H,2)

→ ↑↑ → → → ↓ → ↑↑↑↑ ← ←

b) Chemin en rouge au départ de (A,7)

← ← ← ← ← ↓↓↓ → → ↑↑ →

c) Chemin en vert au départ de (E,3)

← ← ↓↓↓↓ → → → ↑↑

282

Les frises et les dallages

1. **Complète les frises.**

a)

b)

c)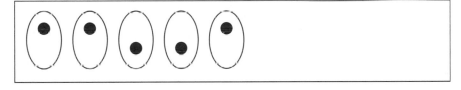

d)

e)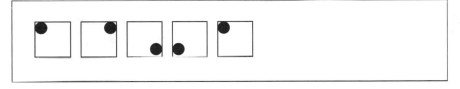

f)

g)

283

Les frises et les dallages

2. Dans chaque frise, fais un x sur l'intrus.

a)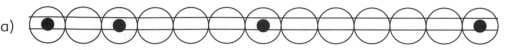

b)

c)

d)

e)

f)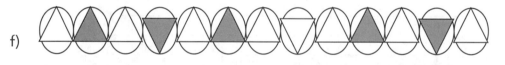

g)

h)

i)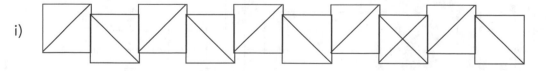

j)

Les frises et les dallages

1. **Julien et Ophélie aident leur père à poser des carreaux de céramique dans la cuisine. Aide-les à compléter le dallage en dessinant les formes manquantes.**

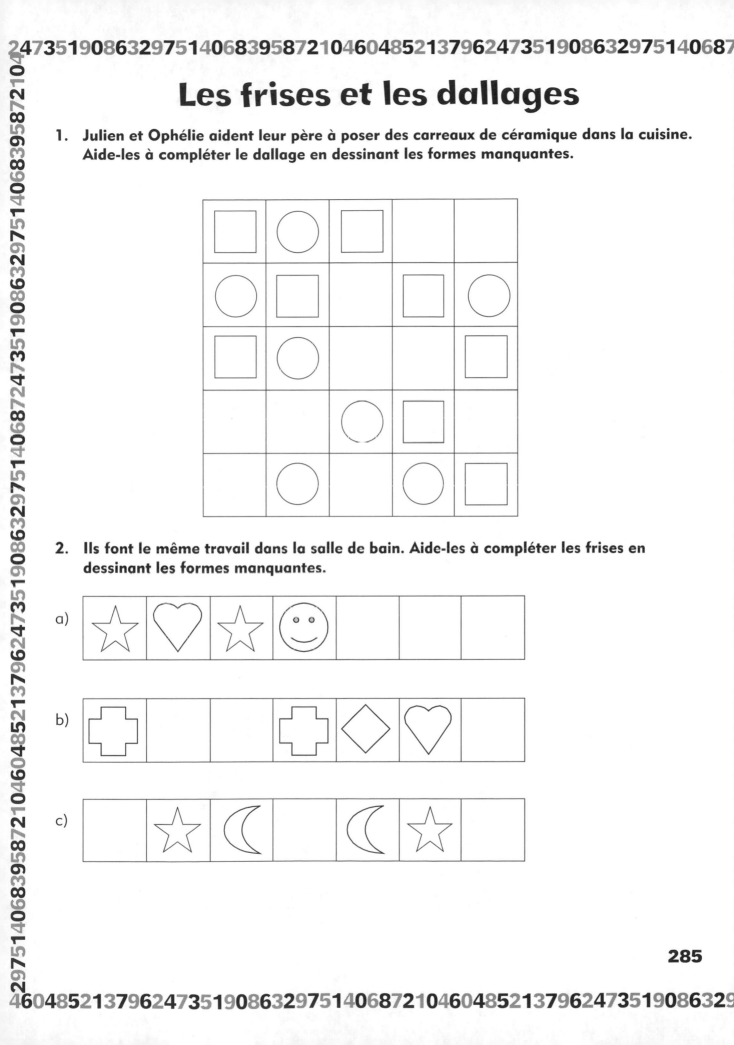

2. **Ils font le même travail dans la salle de bain. Aide-les à compléter les frises en dessinant les formes manquantes.**

a)

b)

c)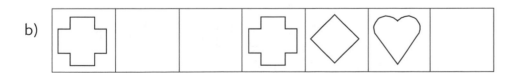

Les frises et les dallages

3. Aide l'ouvrier à compléter les dallages de carreaux de céramique.

a)

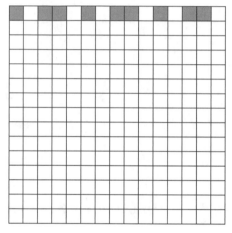

b)

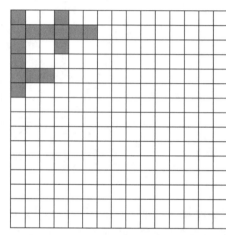

c)

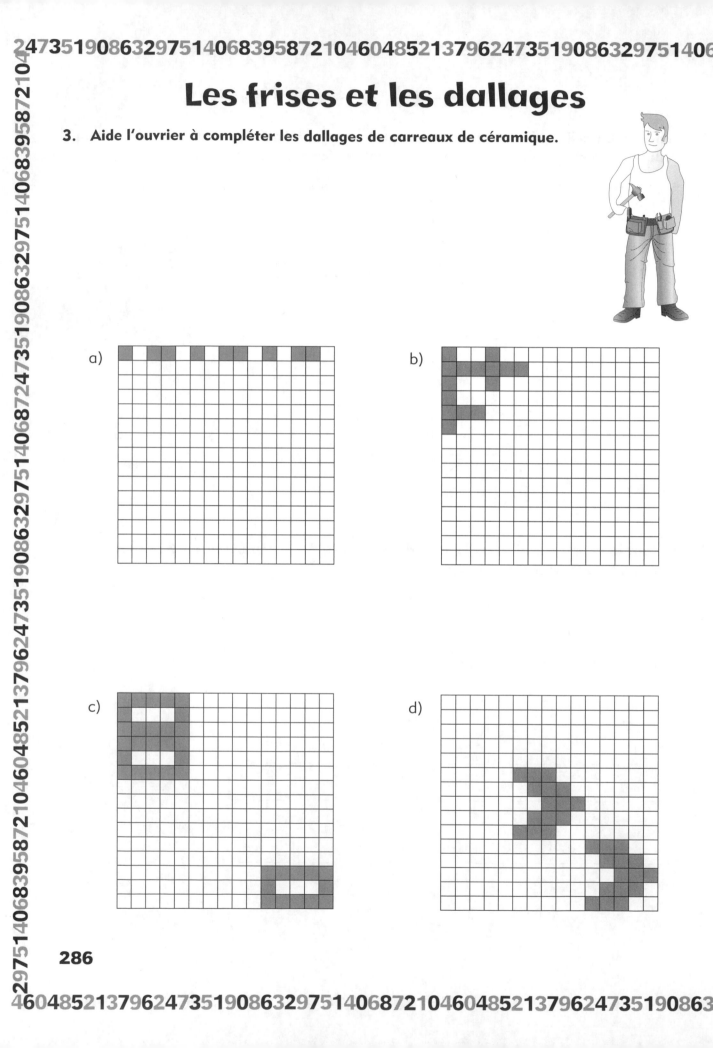

d)

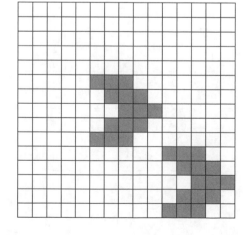

La symétrie

1. Trace les axes de symétrie lorsque c'est possible. Fais un x sur les images pour lesquelles c'est impossible.

a)

b)

c)

d)

e)

f)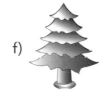

g)

h)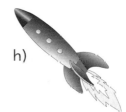

2. Complète les illustrations de façon symétrique.

a)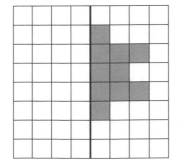

b)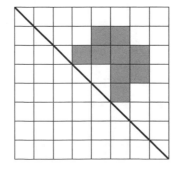

c)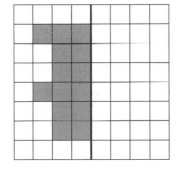

d)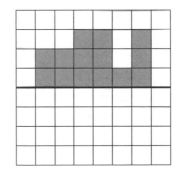

287

La symétrie

3. Colorie chaque illustration dont l'axe de symétrie est convenable.

a)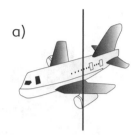

b)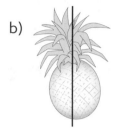

c)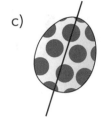

d)

e)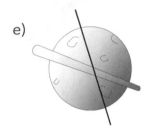

f)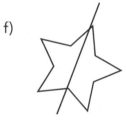

g)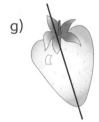

h)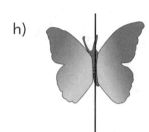

4. Complète les illustrations de façon symétrique.

a)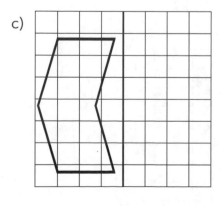

b)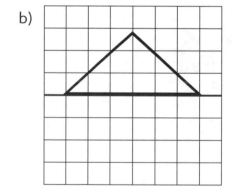

c)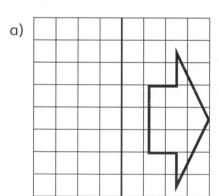

d)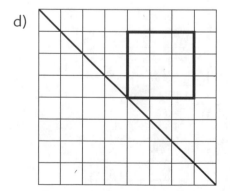

288

Les probabilités

1. **Noémie et Carlos joue à « Roche-Papier-Ciseau ». Dans les rectangles, illustre toutes les combinaisons possibles.**

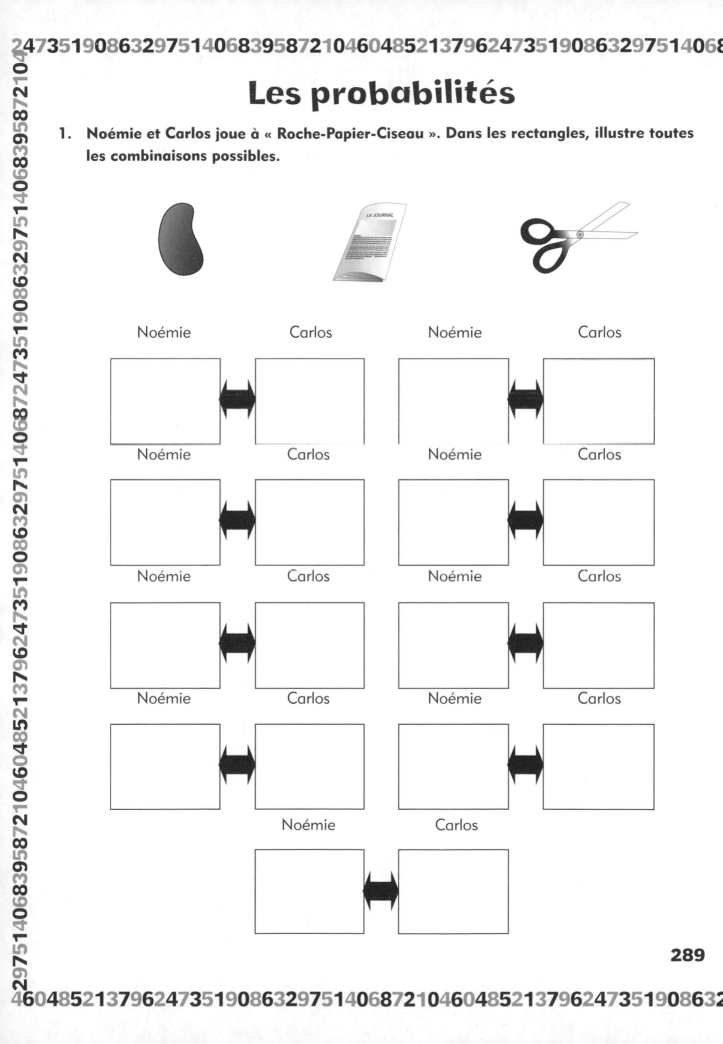

Les probabilités

2. **Dans sa poche, Tristan a quatre pièces de monnaie. S'il prend deux pièces à la fois, quelles sont toutes les combinaisons possibles ? Calcule ensuite le montant obtenu avec chaque combinaison.**

Montant : _____ cents

Montant : _____ cents

Montant : _____ cents

Montant : _____ cents

Montant : _____ cents

Montant : _____ cents

290

Les probabilités

3. Observe les journaux et les bacs de recyclage, puis complète le tableau ci-dessous en mettant des crochets aux bons endroits.

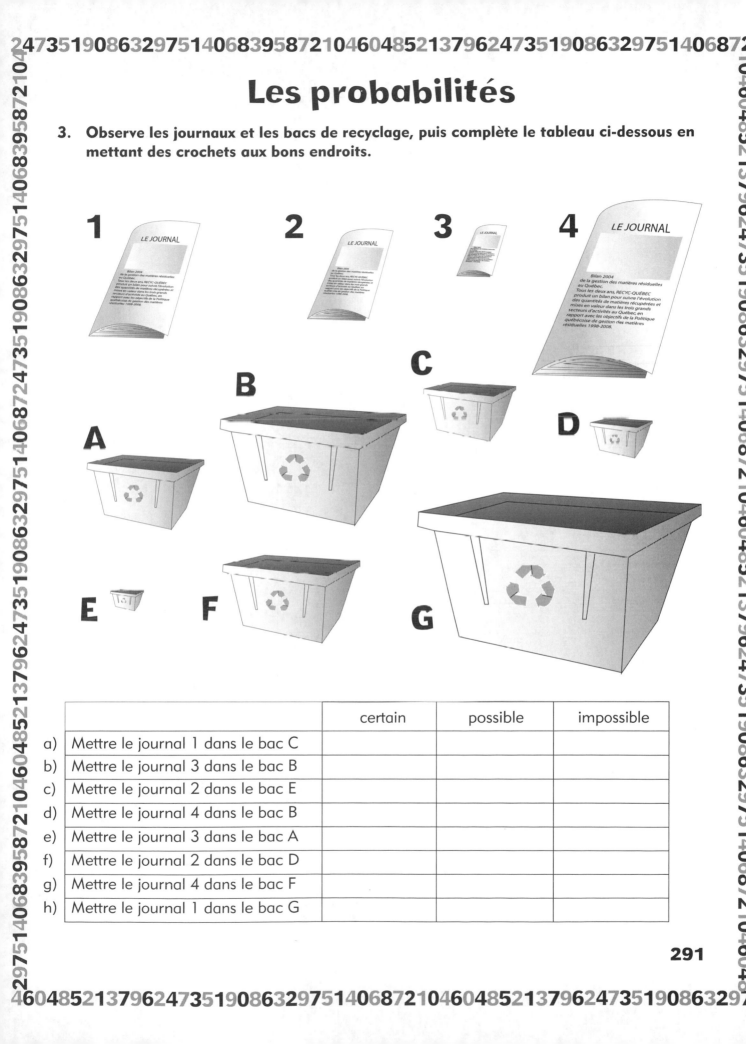

		certain	possible	impossible
a)	Mettre le journal 1 dans le bac C			
b)	Mettre le journal 3 dans le bac B			
c)	Mettre le journal 2 dans le bac E			
d)	Mettre le journal 4 dans le bac B			
e)	Mettre le journal 3 dans le bac A			
f)	Mettre le journal 2 dans le bac D			
g)	Mettre le journal 4 dans le bac F			
h)	Mettre le journal 1 dans le bac G			

Les probabilités

4. **Cécilia doit dresser la table, mais elle ne se souvient plus de quelle façon placer le couvert. Aide-la en illustrant six combinaisons possibles en sachant que tu dois avoir entre un et deux ustensiles de chaque côté de l'assiette.**

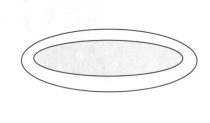 

a)

b)

c)

d)

e)

f)

Les probabilités

5. Fais un x sur les situations qui sont impossibles.

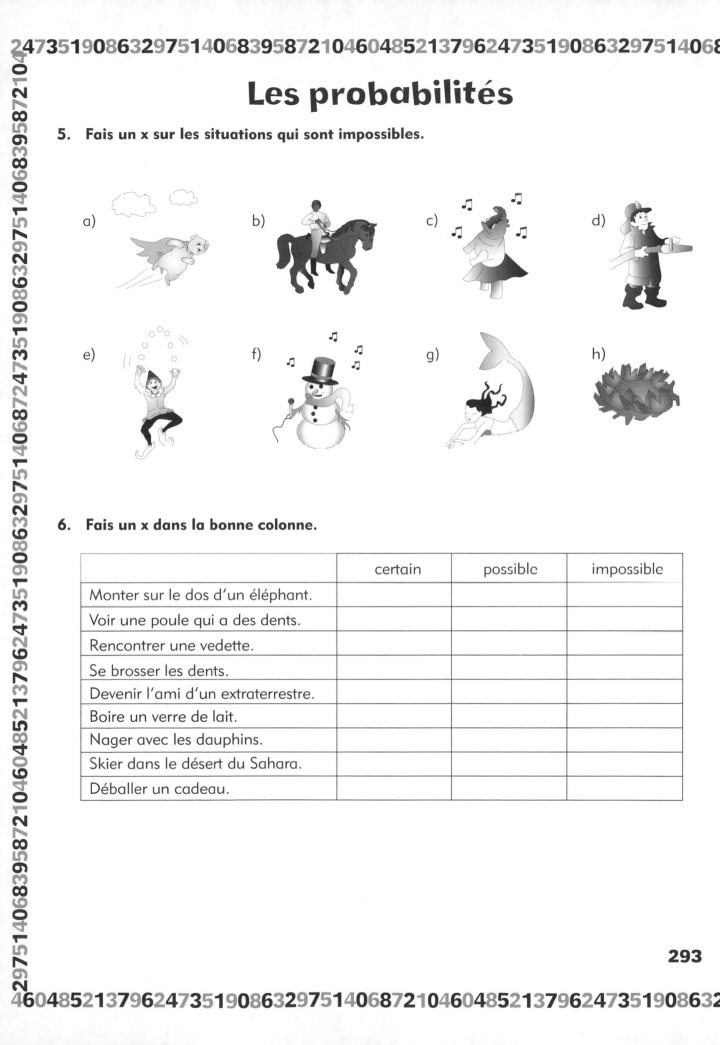

a)

b)

c)

d)

e)

f)

g)

h)

6. Fais un x dans la bonne colonne.

	certain	possible	impossible
Monter sur le dos d'un éléphant.			
Voir une poule qui a des dents.			
Rencontrer une vedette.			
Se brosser les dents.			
Devenir l'ami d'un extraterrestre.			
Boire un verre de lait.			
Nager avec les dauphins.			
Skier dans le désert du Sahara.			
Déballer un cadeau.			

Les probabilités

7. Yoan et Jorge jouent aux dés. Ils tentent d'obtenir le même résultat. Aide-les en illustrant toutes les combinaisons possibles. Ils ont combien de chances d'y arriver ?

Yoan	Jorge		Yoan	Jorge		Yoan	Jorge

294

Les probabilités

Suite ...

Yoan	Jorge		Yoan	Jorge		Yoan	Jorge

Réponse : Yoan et Jorge ont _____ chances sur _____ d'obtenir le même résultat.

Les probabilités

8. Encercle les situations qui sont possibles.

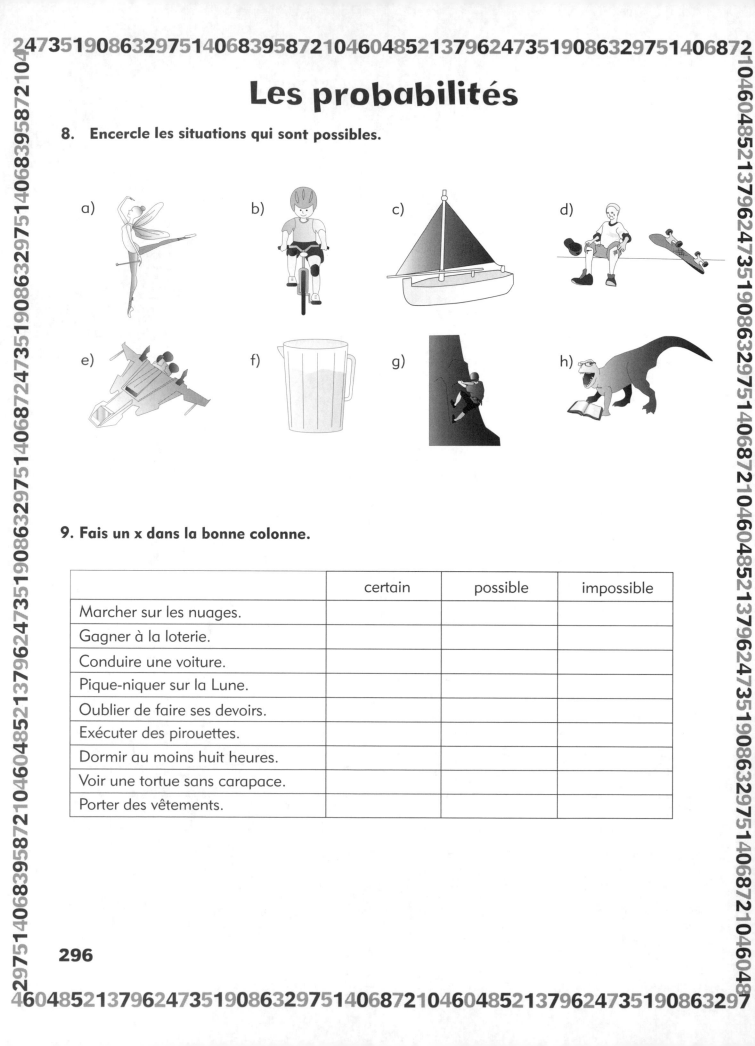

a)

b)

c)

d)

e)

f)

g)

h)

9. Fais un x dans la bonne colonne.

	certain	possible	impossible
Marcher sur les nuages.			
Gagner à la loterie.			
Conduire une voiture.			
Pique-niquer sur la Lune.			
Oublier de faire ses devoirs.			
Exécuter des pirouettes.			
Dormir au moins huit heures.			
Voir une tortue sans carapace.			
Porter des vêtements.			

La résolution de problèmes

1. Les parents de ton ami sont propriétaires d'une animalerie, et ils te demandent de leur donner un coup de main pour prendre soin des animaux.

a) Pour ta première tâche, tu dois séparer les 24 lapins dans différentes cages.
Tu peux faire des groupes de 2, 3, 4 ou 6.

Choisis le nombre des lapins qui composera chaque groupe : _____

Trouve combien de cages tu auras besoin.

Dessins ou calculs :

Réponse : _____

b) Lorsque les lapins sont mis dans leur cage, tu te rends compte qu'ils ont besoin de cabanes pour dormir. Pour ce faire, choisis deux des cabanes ci-dessous et colorie-les en rouge.

Inscris le nom de chacun des solides qui représente tes cabanes :

_____   _____

297

La résolution de problèmes

Suite ...

c) Trouve le nombre de côtés et de sommets au total pour ces deux solides.

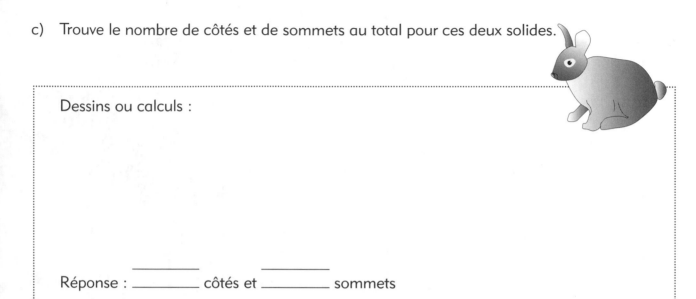

Dessins ou calculs :

Réponse : _____ côtés et _____ sommets

2. Les propriétaires de l'animalerie te demandent d'organiser ton horaire.

a) Choisis la durée de ton quart de travail : 20, 40 ou 60 minutes. Inscris-la dans le rectangle prévu à cet effet.

b) Choisis ensuite l'heure à laquelle tu souhaites que ton quart de travail commence, et indique ensuite l'heure à laquelle il se terminera. Enfin, dessine les aiguilles des heures et des minutes sur chacune des horloges ci-dessous.

| Durée du quart de travail : |
| _____ minutes |

Début du quart de travail

_____ h _____

Fin du quart de travail

_____ h _____

La résolution de problèmes

Suite ...

3. Après t'être occupé des lapins, les propriétaires de l'animalerie veulent que tu effectues la tournée des aquariums pour mesurer les poissons et créatures marines, et ce, afin de compléter les fiches personnalisées de ceux-ci.

Observe bien chacun des poissons et créatures marines ci-dessous.

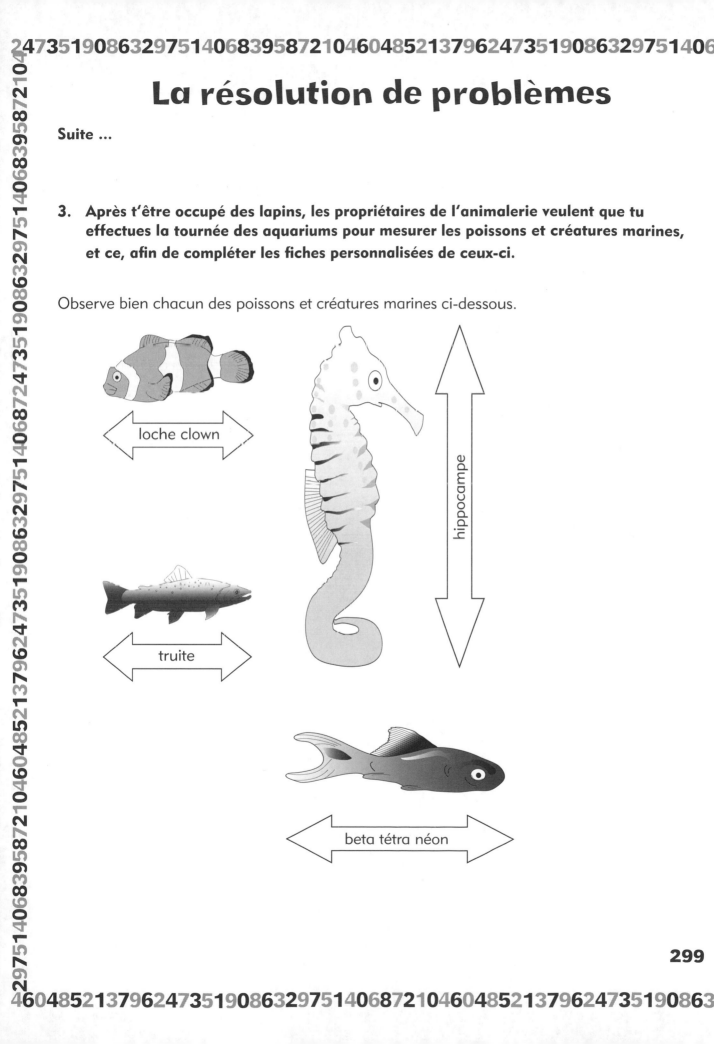

loche clown

hippocampe

truite

beta tétra néon

La résolution de problèmes

Suite ...

a) Estime, puis mesure chacun des poissons et créatures marines à l'aide d'une règle graduée.

	Estimation	Mesure
Loche clown	_____ cm	_____ cm
Hippocampe	_____ cm	_____ cm
Truite	_____ cm	_____ cm
Beta tétra néon	_____ cm	_____ cm

b) Calcule la différence de longueur entre le plus long et le plus court de ces poissons et créatures marines.

Dessins ou calculs :

Réponse : _____

c) Identifie les trois poissons ou créatures marines que tu préfères.

_____   _____   _____

_____   _____   _____

La résolution de problèmes

Suite ...

En plaçant bout à bout les trois poissons ou créatures marines que tu as choisis, quelle longueur obtiens-tu ?

Dessins ou calculs :

Réponse : _____

4. **Les propriétaires de l'animalerie veulent que tu vérifies les prix sur les étiquettes qui accompagnent chacun des animaux. Pour ce faire, observe le diagramme à bandes. La première bande indique combien coûte chaque animal, et la deuxième, combien coûte sa nourriture pour un mois.**

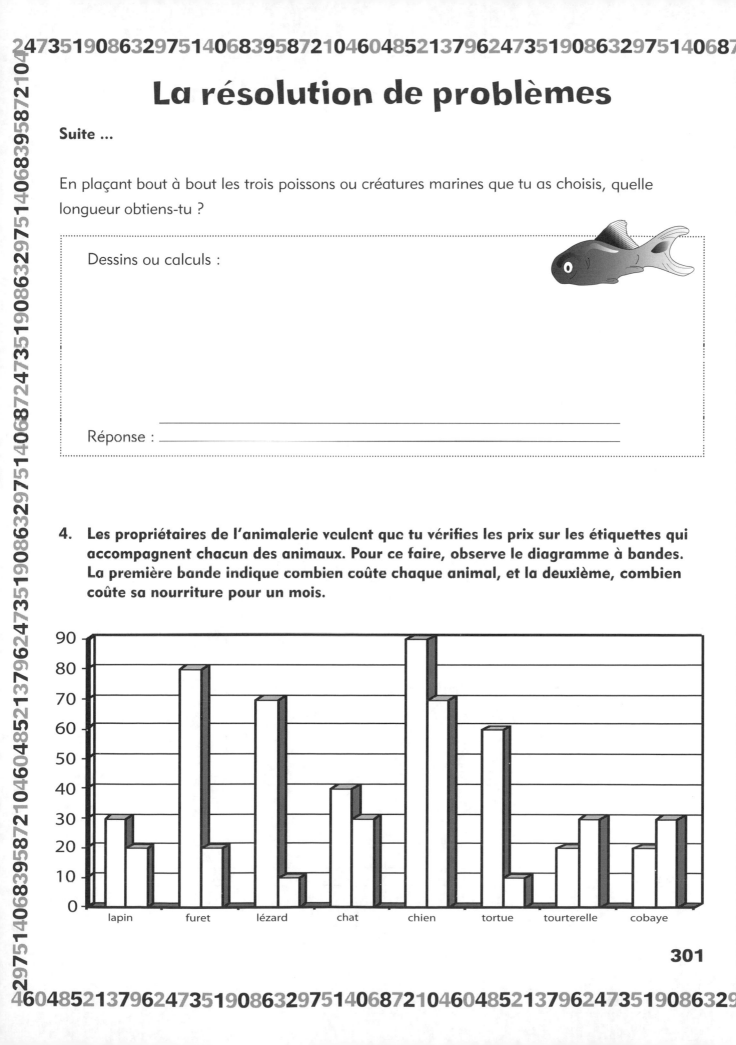

La résolution de problèmes

Suite ...

a) Un client te demande alors de lui suggérer deux espèces animales qui plairaient à ses enfants. Lesquelles lui suggères-tu ?

_____   _____

_____   _____

S'il veut acheter trois spécimens de la première espèce et deux spécimens de la deuxième espèce, combien cela va-t-il lui coûter ?

Dessins ou calculs :

Réponse : _____

b) Combien le client déboursera-t-il chaque mois en nourriture pour les animaux qu'il a achetés ?

Dessins ou calculs :

Réponse : _____

La résolution de problèmes

Suite ...

c) Place les huit animaux du diagramme à bandes dans l'ordre décroissant selon leur prix.

_____   _____   _____   _____
_____   _____   _____   _____
_____   _____   _____   _____

5. **Les propriétaires de l'animalerie disent que les souris femelles ont besoin de nids pour accoucher de leurs souriceaux et en prendre soin. Ils te demandent de choisir trois nids parmi ceux qui suivent.**

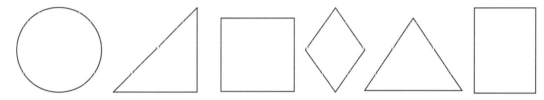

a) Lesquels prends-tu ? Nomme les figures.

_____   _____   _____
_____   _____   _____

b) Combien de côtés et d'angles comporte chaque figure ?

	Côtés	Angles
Figure 1	_____	_____
Figure 2	_____	_____
Figure 3	_____	_____

c) Réalise une frise avec ces trois figures en les répétant au moins deux fois chacune.

La résolution de problèmes

Suite ...

d) Réalise un dallage avec deux de ces figures en les répétant au moins quatre fois chacune.

e) Un autre employé peu expérimenté vient te donner un coup de main et il sélectionne les nids suivants.

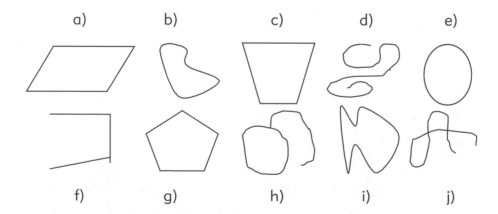

Écris la lettre associée à chacun des nids qui n'est pas sécuritaire pour les souriceaux.

_____

_____

La résolution de problèmes

Suite ...

f) Décris chaque nid à l'aide des expressions suivantes : ligne courbe, ligne brisée, ligne ouverte, ligne fermée.

a) _____

b) _____

c) _____

d) _____

e) _____

f) _____

g) _____

h) _____

ı) _____

j) _____

g) Les propriétaires de l'animalerie te demandent de séparer les 24 souriceaux dans 3 cages différentes. Dans la 1re cage, ils veulent qu'on retrouve $\frac{1}{4}$ des souriceaux ; dans la 2e, $\frac{1}{2}$ des souriceaux ; dans la 3e cage, le reste des souriceaux. Combien de souriceaux retrouve-t-on dans chaque cage ?

Dessins ou calculs :

Réponse: Cage 1 : _____   Cage 2 : _____   Cage 3: _____

La résolution de problèmes

Suite ...

6. Les propriétaires t'assignent ensuite la tâche de placer les oiseaux de volière dans des cages superposées. Écris le nom des 16 espèces d'oiseaux à l'endroit que tu désires dans le tableau ci-dessous : pinsons, serins, colombes, mandarins, amarantes, canaris, grenadins, cordons-bleus, damiers, capucins, cacatoès, perruches, inséparables, sittelles, tourterelles, loriquets.

	1	2	3	4
A				
B				
C				
D				

a) À quelles coordonnées as-tu placé les capucins ? _____

b) À quelles coordonnées as-tu placé les sittelles ? _____

c) Quels oiseaux sont à gauche des amarantes ? _____

d) Quels oiseaux sont à droite des loriquets ? _____

e) Quels oiseaux se retrouvent en (B,3) ? _____

f) Quels oiseaux se retrouvent en (C,1) ? _____

La résolution de problèmes

Suite ...

g) Compte le nombre d'oiseaux qui appartiennent aux espèces suivantes à l'aide des indices :
pinsons, serins, colombes, mandarins, amarantes, canaris et grenadins.

Choisis un nombre au hasard, entre 4 et 8 : _____
C'est le nombre de pinsons.

Il y a 5 serins de plus que de pinsons.

```
Dessins ou calculs :



Réponse : _____
```

Il y a 3 colombes de moins que de serins.

```
Dessins ou calculs :



Réponse : _____
```

Il y a 2 fois plus de mandarins que de colombes.

```
Dessins ou calculs :



Réponse : _____
```

La résolution de problèmes

Suite ...

Il y a 4 amarantes de plus que de mandarins.

Dessins ou calculs :

_____

Réponse : _____

Il y a 2 fois moins de canaris que d'amarantes.

Dessins ou calculs :

_____

Réponse : _____

Il y a 3 grenadins de moins que de canaris.

Dessins ou calculs :

_____

Réponse : _____

h) Écris le nom des oiseaux dont le nombre est impair :

_____
_____
_____
_____

Anglais

Les jours de la semaine

1. Relie les jours de la semaine à leur nom anglais.

Dimanche   Wednesday

Lundi   Saturday

Mardi   Monday

Mercredi   Thursday

Jeudi   Sunday

Vendredi   Friday

Samedi   Tuesday

2. François a un loisir chaque jour. À côté de chacun, écris la journée de la semaine où il fera cette activité. Choisi les journées, mais utilise chaque jour une seule fois.

a) Faire du vélo. _____

b) Rouler avec sa planche à roulettes. _____

c) Cours de plongeon. _____

d) Jouer au ballon avec Sophie _____

e) Jouer au soccer. _____

f) Écouter la television. _____

g) Cours de piano. _____

Sunday Monday Tuesday Wednesday Thursday Friday Saturday Sunday

311

Les jours de la semaine

3. Regarde le calendrier et réponds aux questions.

	Monday	Tuesday	Wednesday	Thursday	Friday	Saturday	Sunday
9 h 30							
12 h 00		Dentist				Go to the movies with my friend	Spanish courses
15 h 00						Annie's birthday party	
18 h 00	Game of soccer			Spanish courses			Special diner with grandma

a) Quel jour as-tu ton rendez-vous chez le dentiste ? _____

b) Quels jours suis-tu des cours d'espagnol ? _____

c) Quel jour vas-tu aller au cinéma avec ton ami ou ton amie ? _____

d) Quel jour iras-tu manger avec ta grand-mère ? _____

e) Quel jour joues-tu au soccer ? _____

4. Écris en anglais les jours de la semaine à partir de Sunday.

_____

_____

_____

_____

312

Les couleurs

1. **Colorie les cercles suivants selon la couleur demandée.**

blue	black	green	yellow	red
purple	pink	brown	grey	white

2. **Écris en anglais le nom de la couleur de chacun des objets suivants. Sers-toi de la banque de mots.**

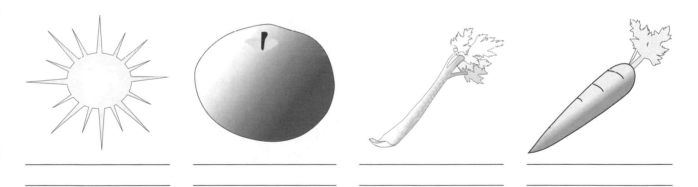

| white | orange | brown | red | pink | yellow | green |

_____   _____   _____   _____

_____   _____   _____

Les couleurs

3. Colorie le paysage selon les couleurs indiquées.

   1) blue   2) yellow   3) green   4) red   5) brown   6) orange

314

Les couleurs

4. Lis le texte suivant. Écris en anglais le nom des couleurs mentionnées.

Madame Tremblay se promenait dans le centre commercial. Elle s'est acheté

un chandail vert _____, des souliers bruns _____ et un ruban

rose _____. Elle se préparait à retourner chez elle quand elle est passée

devant la vitrine d'une animalerie. Elle y a vu d'adorables chatons.

Elle voulait en acheter un. Elle avait le choix entre un chaton blanc _____,

un gris _____ ou un noir _____. Elle les aimait tous les trois !

Elle a donc décidé de tous les prendre ! Pour la remercier, le vendeur lui

a gentiment offert des jouets pour chatons : une souris mauve _____,

un fromage jaune _____ et une bulle rose _____. Il a déposé

le tout dans une grosse boîte bleue _____. Madame Tremblay a donc

pu facilement les transporter jusque dans son auto noire _____.

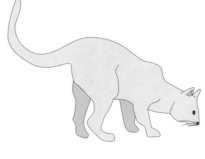

315

Les parties du corps

1. À l'aide d'un trait, relie la partie du corps à son vêtement.

neck

feet

hand

head

Les parties du corps

2. À côté de chaque image, écris en anglais la partie du corps avec laquelle tu peux voir, entendre, toucher, goûter ou sentir pour chaque objet suivant.

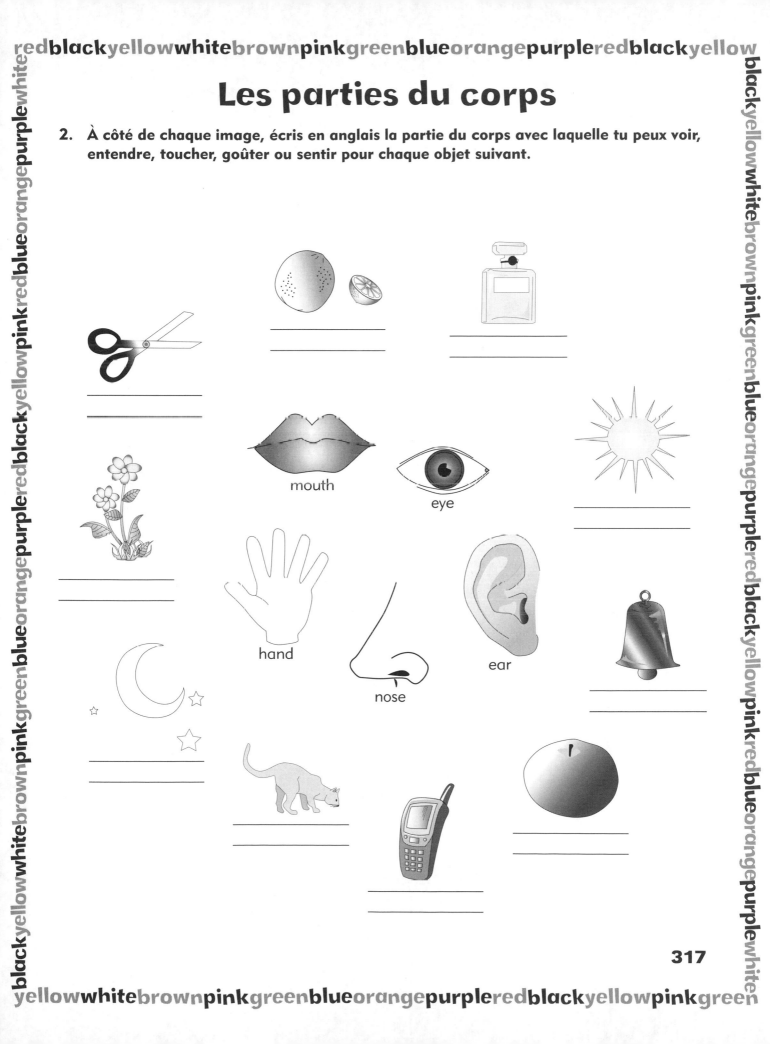

mouth

eye

hand

nose

ear

Les fruits et les légumes

1. À l'aide de traits, relie chaque légume à son nom anglais.

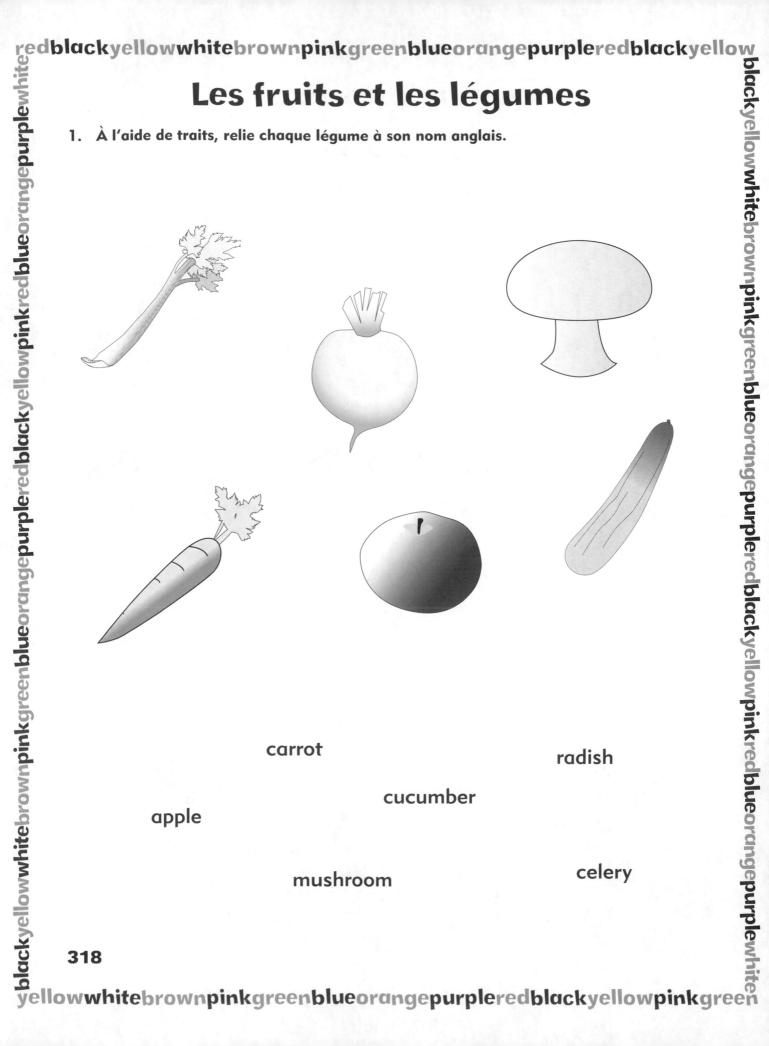

carrot

radish

cucumber

apple

mushroom

celery

318

Les fruits et les légumes

2. **Complète le texte troué en écrivant en anglais le nom des aliments manquants. Pour t'aider, regarde dans l'encadré sous le texte. Attention ! Chaque nom ne revient qu'une seule fois.**

Catherine désire faire un pique-nique. Elle met dans son panier plusieurs fruits.

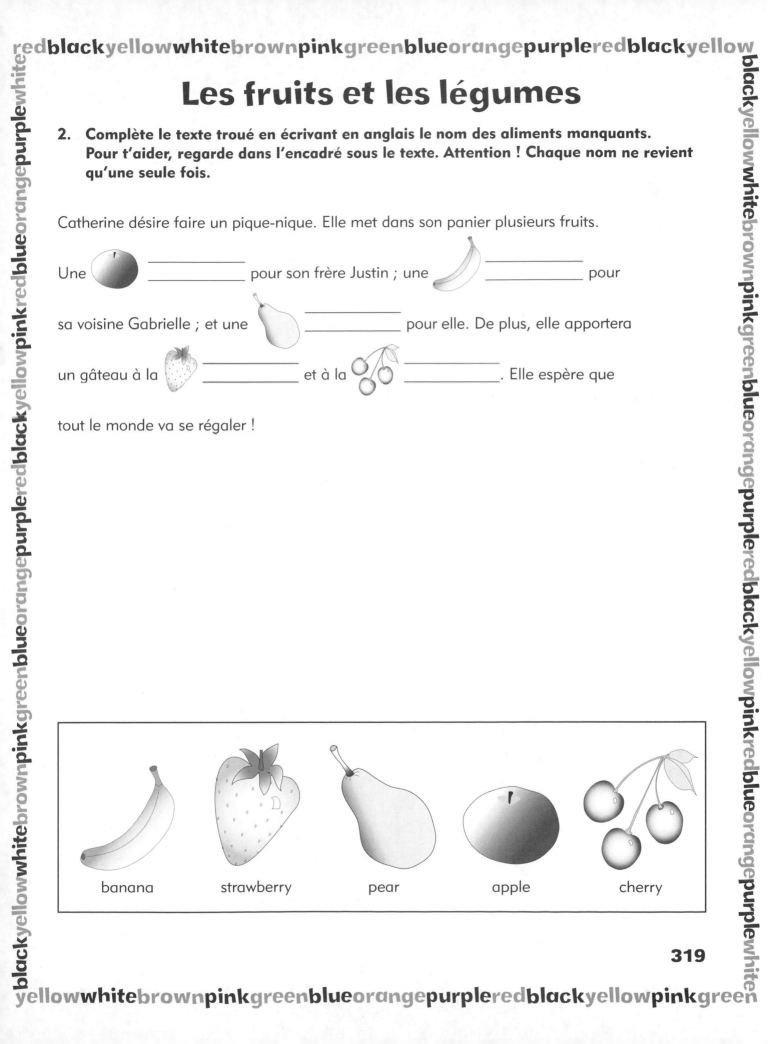

Une _____ pour son frère Justin ; une _____ pour

sa voisine Gabrielle ; et une _____ pour elle. De plus, elle apportera

un gâteau à la _____ et à la _____. Elle espère que

tout le monde va se régaler !

| banana | strawberry | pear | apple | cherry |

Les animaux

1. **Trouve la maison de chaque animal. Écris la réponse sur les traits. Aide-toi des dessins de droite.**

beaver

fish

bee

hen

bird

dog

a) Il vit dans une niche : _____

b) Il fait un nid dans un arbre : _____

c) Il construit un barrage dans l'eau : _____

d) Elle vit dans une ruche : _____

e) Elle vit dans un poulailler : _____

f) Il vit dans l'eau : _____

320

Les animaux

2. Peux-tu relier chaque nom d'animal à l'image correspondante ?

horse	sheep	bird	cow	dog	hen	cat

3. Écris le nom des animaux que Luc a vus lors de sa visite à la ferme. Écris tes réponses sur les lignes, à côté des images. Aide-toi des mots qui se trouvent au bas du texte.

Luc est allé à la ferme. Il a vu beaucoup d'animaux : un _____ ,

une _____ , un _____ ,

un _____ , une _____ et un _____ .

cow	horse	sheep	hen	cat	bird

321

Les vêtements

1. **Regarde ce qu'avait Lucy dans son sac à dos. Écris le nom anglais des vêtements. Sers-toi de la banque de mots pour t'aider.**

a) _____

b) _____

c) _____

d) _____

e) _____

f) _____

g) _____

h) _____

i) _____

| mitten | hat | skirt | coat | scarf | dress | boot | pants | sock |

Une fiche de présentation

1. Complète la fiche de présentation personnalisée.

My name is _____.

I am _____ years old.

1 2 3 4 5 6 7 8

My eyes are _____.

My hair is _____.

My mother's name is _____.

My father's name is _____.

I have _____ sister(s) and _____ brother(s).

My best friend is _____.

My favorite animal is _____.

My favorite toy is _____.

I like wachting TV : | yes | no |

I like apples: | yes | no |

I like candies : | yes | no |

323

Les mots pour se situer

1. Trouve le mot anglais qui correspond au mot en caractères gras. Encercle les bonnes réponses.

Il y a 10 pommes **sous** l'arbre.   under   in   on   next

Il y a 8 pommes **dans** l'arbre.   under   in   on   next

324

Les mots pour se situer

1. Il y a 3 œufs **dans** le nid.

under   in   on   next

2. Il y a 1 œuf à **côté** du nid.

under   in   on   next

3. L'oiseau est **sur** la branche.

under   in   on   next

4. Le bonbon est à **gauche** du bol.

left   right   center

5. Sophie est à **droite** des fleurs.

left   right   center

6. Jean est à **gauche** du bonhomme de neige.

left   right   center

7. La pomme est **entre** les bananes.

left   right   middle

325

Les nombres

1. **Peux-tu écrire les nombres en anglais de 1 à 20 ?**
Les réponses se trouvent dans l'encadré de droite.

1) _____
2) _____
3) _____
4) _____
5) _____
6) _____
7) _____
8) _____
9) _____
10) _____
11) _____
12) _____
13) _____
14) _____
15) _____
16) _____
17) _____
18) _____
19) _____
20) _____

twelve
eleven
one
nine
fifteen
nineteen
five
seventeen
three
twenty
four
seven
ten
eighteen
six
thirteen
two
eight
sixteen
fourteen

Les nombres

2. Découvre ce qui se cache en reliant les nombres dans le bon ordre.

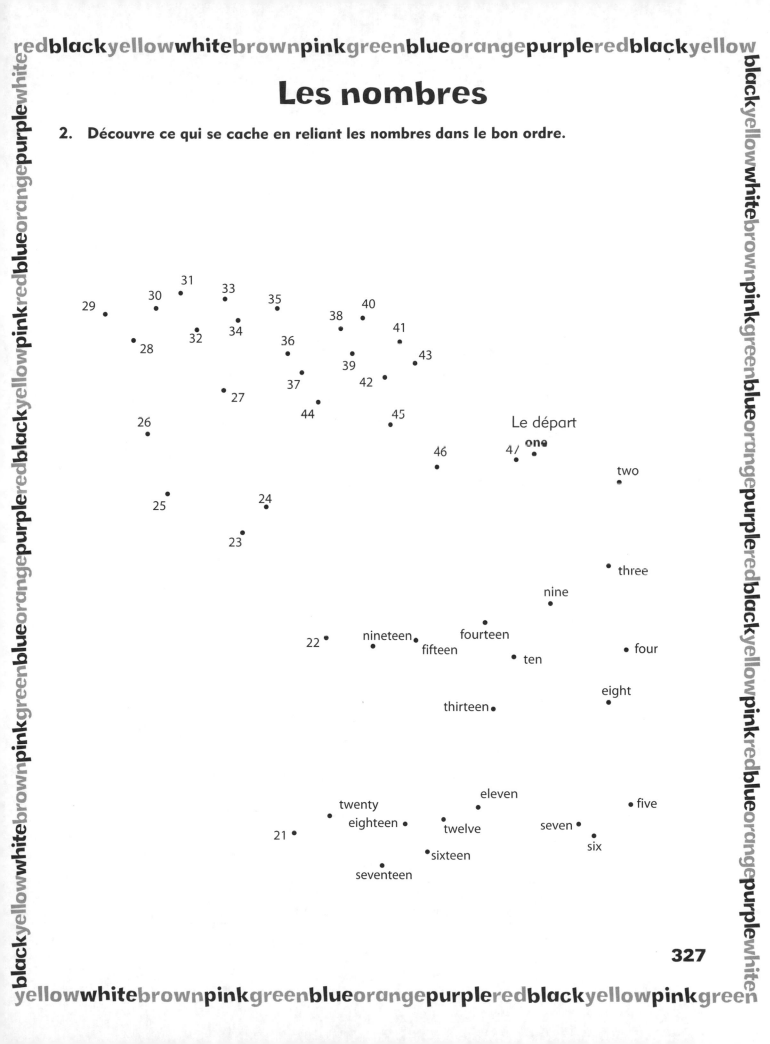

327

Les nombres

3. **Trouve le chemin secret dans le labyrinthe. Pour le trouver, tu dois suivre les nombres de 1 à 20 dans l'ordre croissant.**

Départ						
one	two	six	nine	eleven	three	one
two	six	five	seven	ten	six	seventeen
three	four	three	two	four	five	sixteen
six	five	six	seven	eight	twelve	twelve
nine	eleven	seventeen	fourteen	nine	fifteen	eight
nineteen	eighteen	twelve	eleven	ten	seven	six
twelve	eight	thirteen	eight	one	two	five
three	two	fourteen	eleven	ten	three	four
four	three	fifteen	sixteen	seventeen	eighteen	nineteen
five	eight	ten	fourteen	thirteen	three	twenty
						Arrivée

4. **Trouve les nombres demandés.**

a) Encercle le nombre qui est supérieur à 10.

one   eight   five   nine   eleven   seven

b) Encercle le nombre qui est inférieur à 10.

three   twenty   fourteen   nineteen   fifteen   twelve

c) Encercle le nombre qui est entre 10 et 15.

eight   fourteen   twenty   sixteen   eighteen   two

5. **Peux-tu écrire en anglais sous chaque carte les nombres en lettres ?**

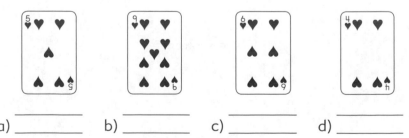

328   a) _____   b) _____   c) _____   d) _____

Les mois

1. **Écris durant quel mois surviennent les événements suivants. Sers-toi des mots de la colonne de droite.**

   Quel est le mois de…

   a) ta fête ? _____ November

   b) Noël ? _____ March

   c) Pâques ? _____ June

   d) l'Halloween ? _____ January

   e) la Saint-Valentin ? _____ October

   f) la Saint-Jean-Baptise ? _____ December

   g) la fête de ton meilleur ami ou de ta meilleure amie ? _____ February

   h) la fête de ton frère ou de ta sœur ? _____ September

   i) la fête de ton père ? _____ May

   j) la fête de ta mère ? _____ July

2. **Écris en anglais à quels mois tu peux pratiquer les activités suivantes. Attention ! Pour chaque activité, il y a plusieurs mois possibles ! Essaie de les trouver tous.**

   a) du ski : _____

   b) de la marche en forêt : _____

   c) manger de la tire à la cabane à sucre : _____

329

Les mois

3. Écris le ou les mois de l'année où...

a) on peut se baigner : _____

b) on peut se déguiser à l'Halloween : _____

c) c'est l'hiver : _____

d) c'est le printemps : _____

January	February	March	April	May	June
July	August	September	October	November	December

330

Les membres de la famille

1. Peux-tu compléter les mots suivants ? Pour t'aider, sers-toi des lettres dans l'encadré.

mère = ___ other   père = ___ ather

frère = ___ rother   sœur = ___ ister

b f m s

2. Écris le mot anglais correspondant :

a) Justin est le _____ de Hugo et de Julie.

b) Julie est la _____ de Hugo.

c) Annie est la _____ de Hugo et de Julie.

d) Hugo est le _____ de Annie.

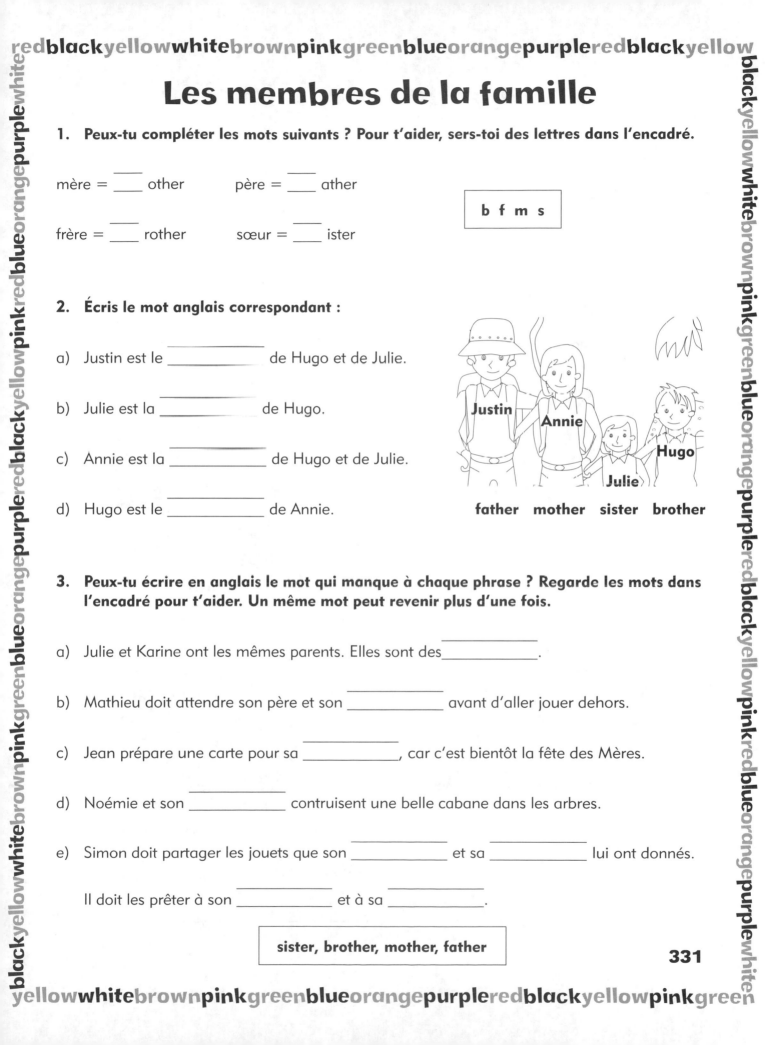

Justin   **Annie**   **Julie**   **Hugo**

father   mother   sister   brother

3. Peux-tu écrire en anglais le mot qui manque à chaque phrase ? Regarde les mots dans l'encadré pour t'aider. Un même mot peut revenir plus d'une fois.

a) Julie et Karine ont les mêmes parents. Elles sont des _____.

b) Mathieu doit attendre son père et son _____ avant d'aller jouer dehors.

c) Jean prépare une carte pour sa _____, car c'est bientôt la fête des Mères.

d) Noémie et son _____ contruisent une belle cabane dans les arbres.

e) Simon doit partager les jouets que son _____ et sa _____ lui ont donnés.

Il doit les prêter à son _____ et à sa _____.

sister, brother, mother, father

Les membres de la famille

4. Peux-tu écrire le mot anglais qui correspond au mot en gras dans les phrases suivantes ?

a)

Mon **frère** ouvre la fenêtre : _____

b)

Ma **mère** lit une histoire à mon **frère** :

_____ _____

_____ , _____

c)

Ma **sœur** et moi avons ramassé des bonbons

d'Halloween : _____

d)

Mon **frère** salue ma **mère** :

_____ _____

_____ , _____

e)

Mon **frère** remet un cadeau à mon **père** :

_____ _____

_____ , _____

f)

Mon **père** regarde ma **sœur** et mon **frère**

s'amuser sur la plage : _____,

_____ _____

_____,_____

Les saisons

1. Relie chaque saison à son nom anglais.

été   spring

printemps   fall

automne   summer

hiver   winter

2. Relie les saisons aux activés suivantes :

a)

b)

c)

d)

spring

summer

winter

fall

333

Les saisons

3. Écris le nom de la saison pendant laquelle se déroule chaque illustration.
   Sers-toi des mots de l'encadré pour t'aider.

winter   summer   spring   fall

a) _____

b) _____

c) _____

d) _____

Les verbes

1. **Complète chacun des mots anglais suivants. Pour t'aider, utilise les lettres dans l'encadré. Attention ! Chaque lettre ne revient qu'une fois.**

a) manger = to ea___

b) jouer = to pla___

c) nager = to swi___

d) courir = to ru___

e) promener = to rid___

f) sourire = to smil___

g) laver = to was___

h) parler = to tal___

i) regarder = to watc___

j) lire = to rea___

k) écrire = to writ___

l) s'habiller = to dres___

m) marcher = to wal___

d e e e k h h m n s y t k

2. **Maintenant, peux-tu trouver le verbe qui va sous chaque illustration ? Aide-toi des mots que tu viens de découvrir.**

a) Marc et Sophie **parlent** pendant le dîner : _____

b) Steve **mange** une pomme : _____

c) La citrouille **sourit** de toutes ses dents : _____

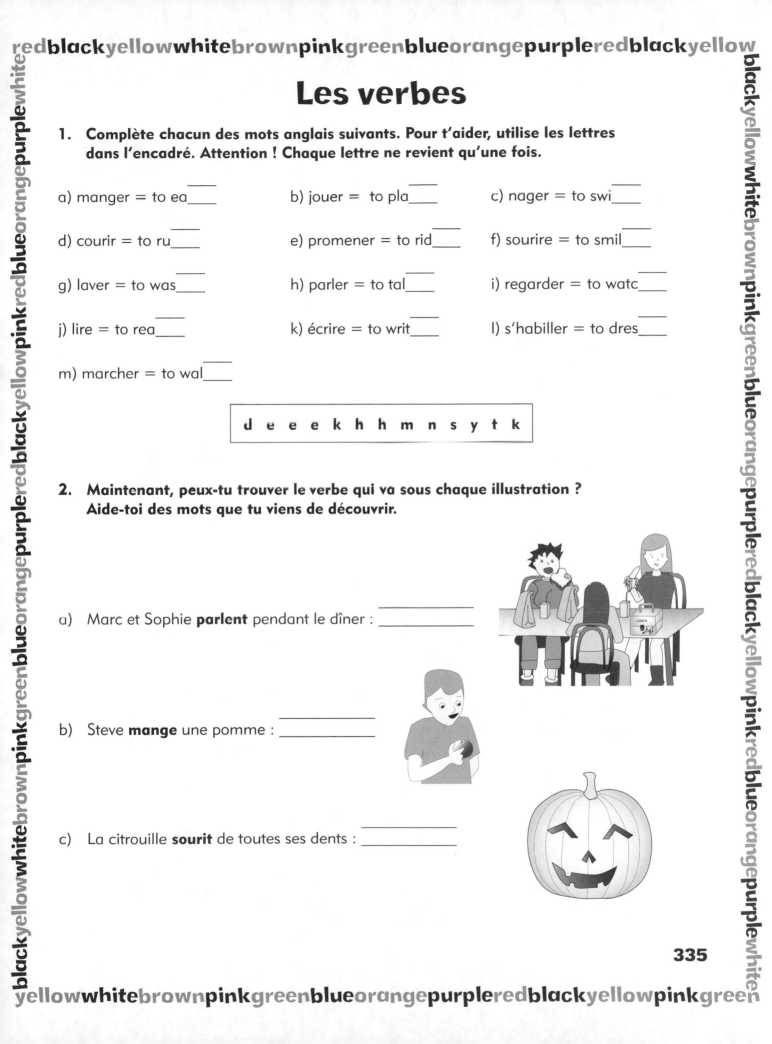

335

Les verbes

d) Jacob **regarde** la télévision : _____

e) Le papillon **vole** vers son nid : _____

f) Louis se **promène** à vélo : _____

g) Karine **lit** un livre : _____

h) François se **lave** les mains tous les jours : _____

i) Mon frère **mange** un hamburger : _____

Les verbes

j)   Annie **écrit** une lettre à son amie : _____

k)   Nous **jouons** tous à la plage : _____

l)   Le poisson **nage** dans son bocal : _____

m)   Mon frère s'**habille** avant de partir : _____

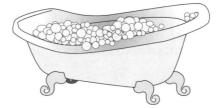

n)   Patrick se **lave** le soir avant de dormir : _____

Les verbes

o) La chauve-souris **vole** dans la grotte : _____

p) Le cerf **marche** dans la forêt : _____

q) Je **joue** au cow-boy : _____

r) Tous mes amis et moi **nageons** dans la piscine : _____

s) Ma mère **marche** en coupant le gazon : _____

338

Les comptines

Observe bien les images d'animaux dans cette comptine. Peux-tu entourer chaque mot qui correspond aux animaux que tu vois ? Regarde le premier exemple dans le texte pour t'aider.

This is the house 🏠 that Jack 🧍 built. 🖐

This is the malt
That lay in the house 🏠 that Jack 🧍 built. 🖐

This is the (rat) 🐀
That ate the malt,
That lay in the house 🏠 that Jack 🧍 built. 🖐

This is the cat,
That chased the rat 🐀, that ate the malt,
That lay in the house 🏠 that Jack 🧍 built. 🖐

This is the dog 🐕 that worried the cat,
That chased the rat 🐀, that ate the malt,
That lay in the house 🏠 that Jack 🧍 built. 🖐

This is the cow 🐄 with the crumpled horn,
That tossed the dog 🐕, that worried the cat,
That chased the rat 🐀, that ate the malt,
That lay in the house 🏠 that Jack 🧍 built. 🖐

This is the maiden 🧍 all forlorn, 👩
That milked 🥛 the cow 🐄 with the crumpled horn,
That tossed the dog 🐕, that worried the cat,
That chased the rat 🐀, that ate the malt,
That lay in the house 🏠 that Jack 🧍 built. 🖐

This is the man 🧍 all tattered and torn,
That kissed 👄 the maiden 🧍 all forlorn, 👩

339

Les comptines

That milked 🥛 the cow 🐄 with the crumpled horn,
That tossed the dog 🐕, that worried the cat, 🐈
That chased the rat 🐀, that ate the malt,
That lay in the house 🏠 that Jack 👤 built. 🙌

This is the priest 👤 all shaven and shorn,
That married the man 👤 all tattered and torn,
That kissed 👄 the maiden 👧 all forlorn, 👩
That milked 🥛 the cow 🐄 with the crumpled horn,
That tossed the dog 🐕, that worried the cat, 🐈
That chased the rat 🐀, that ate the malt,
That lay in the house 🏠 that Jack 👤 built. 🙌

This is the cock 🐓 that crowed 🎵 in the morn, 🌅
That waked the priest 👤 all shaven and shorn,
That married the man 👤 all tattered and torn,
That kissed 👄 the maiden 👧 all forlorn, 👩
That milked 🥛 the cow 🐄 with the crumpled horn,
That tossed the dog 🐕, that worried the cat, 🐈
That chased the rat 🐀, that ate the malt,
That lay in the house 🏠 that Jack 👤 built. 🙌

This is the farmer 👨‍🌾 sowing the corn, 🌽
That kept the cock 🐓 that crowed 🎵 in the morn, 🌅
That waked the priest 👤 all shaven and shorn,
That married the man 👤 all tattered and torn,
That kissed 👄 the maiden 👧 all forlorn, 👩
That milked 🥛 the cow 🐄 with the crumpled horn,
That tossed the dog 🐕, that worried the cat, 🐈
That chased the rat 🐀, that ate the malt,
That lay in the house 🏠 that Jack 👤 built. 🙌

340

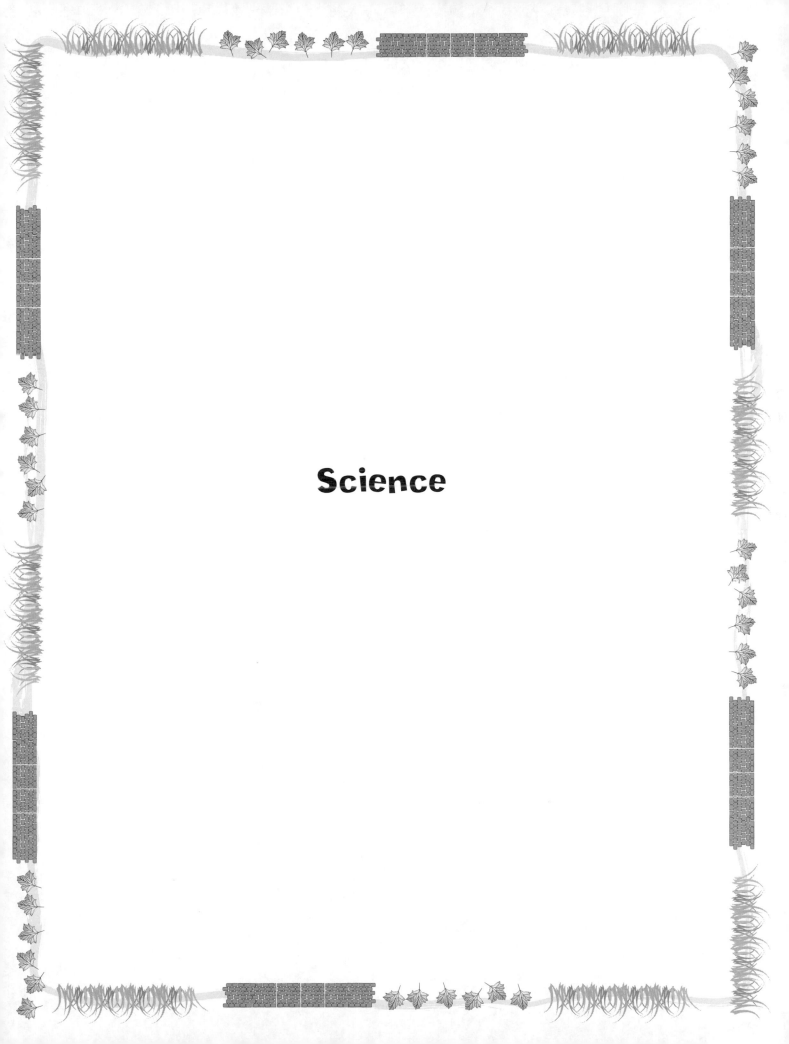

Science

Les saveurs

On ne goûte pas toutes les saveurs aux mêmes endroits sur la langue.

Fais l'expérience suivante pour le découvrir.

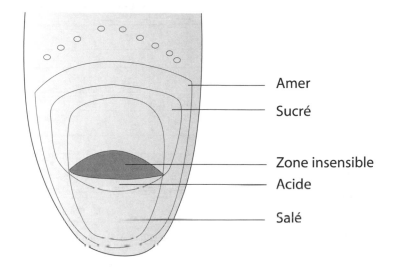

Amer

Sucré

Zone insensible

Acide

Salé

Pour l'expérience, tu auras besoin de sel et de sucre et de jus de citron.

Mets un peu de sucre dans une cuillère. Avec le bout de la langue seulement,
lèche un peu de sucre.

Est-ce que tu as goûté le sucre ? _____

Refais la même chose, mais avec du sel. _____

Est-ce que tu as goûté le sel ? _____

Refais la même chose, mais avec du jus de citron. _____

Est-ce que tu as goûté le jus de citron ? _____

Avale une toute petite quantité de sel, de sucre et de jus de citron à tour de rôle.

Est-ce que tu as goûté le sel ? _____

Le sucre ? _____

Le jus de citron ? _____

L'école de mes grands-parents

Demande à tes grands-parents de répondre aux questions suivantes. Réponds toi aussi aux questions et regarde ce qui est pareil et ce qui est différent.

Comment te rendais-tu à l'école ? _____

Moi : _____

Est-ce qu'il y avait un service de garde à l'école ? _____

Moi : _____

Est-ce que tu avais des cours d'anglais ? _____

Moi : _____

Comment était la cloche à ton école ? _____

Moi : _____

Combien d'élèves étiez-vous ? _____

Moi : _____

Est-ce que tu dînais à l'école ? _____

Moi : _____

Quel règlement détestais-tu le plus ? _____

Moi : _____

Décris-moi ton école (nombre de classes, nombre d'étages, est-ce qu'il y avait un gymnase ? etc.).
_____
_____

Moi : _____
_____
_____

L'environnement

1. Écris sous chaque objet ce que tu dois faire avec : le mettre dans le bac de récupération, le mettre au compostage, le donner ou le mettre à la poubelle.

journal

_____

_____

bouteille de jus

_____

_____

carton de lait

_____

_____

pot de yogourt

_____

_____

pelure de fruits

_____

_____

vieux vêtements

_____

_____

carton

_____

_____

sacs de plastique

_____

_____

les restants de ton assiette

_____

_____

2. Encercle les actions qui sont dommageables pour l'environnement.

a) Faire rouler la voiture au ralenti pendant 15 minutes pour la réchauffer.

b) Marcher ou prendre son vélo pour aller à l'école.

c) Jeter le papier dans la poubelle.

d) Laisser couler l'eau du robinet pour rien.

e) Écrire des deux côtés d'une feuille.

f) Récupérer le verre.

g) Retourner les contenants consignés au magasin.

h) Jeter des ordures dans la rue.

i) Laisser les lumières allumées dans une pièce vide.

j) Laisser la télé ouverte quand personne ne la regarde.

k) Utiliser des sacs réutilisables pour faire les courses.

l) Mettre au compostage les restants de fruits et de légumes.

Un pluviomètre

Matériel

Une bouteille de boisson gazeuse de 2 litres

Ciseaux

Tasse à mesurer

a) Découpe le tiers supérieur de la bouteille de plastique.

b) Insère la partie supérieure dans la partie inférieure, le goulot vers le bas. Ceci empêchera les feuilles et les saletés de pénétrer dans la bouteille.

c) Creuse un trou dans un endroit peu passant. Demande la permission à tes parents avant de creuser le trou.

d) Après chaque pluie, vide le contenu de la bouteille dans une tasse à mesurer. Mesure la hauteur de l'eau à l'aide d'une règle de plastique. Note la quantité dans le tableau ci-dessous. Écris la date dans le petit carré à gauche et numérote le calendrier selon le mois durant lequel tu prends tes mesures.

e) Après un mois, additionne toutes les quantités d'eau. Tu auras ainsi la quantité d'eau tombée durant un mois. Tu peux vérifier sur des sites Internet portant sur la météo si tes mesures sont similaires aux leurs.

lundi	mardi	mercredi	jeudi	vendredi	samedi	dimanche

La fabrication d'un herbier

Il est possible de faire sécher et de conserver des plantes et des feuilles que tu trouves près de chez toi.

D'abord, il faut demander la permission avant d'arracher une plante ou une fleur. Dans plusieurs parcs, il est interdit de récolter des végétaux. Renseigne-toi avant.

a) Cueille des fleurs, des feuilles ou des plantes entières (assure-toi d'enlever toute la terre). Si possible, essaie de savoir leur nom. Demande à tes parents, consulte un livre d'identification ou un site Internet.

b) Place tes spécimens entre deux feuilles de papier. Ensuite, mets quelques épaisseurs de papier journal. Place plusieurs livres ou un objet lourd par-dessus.

c) Laisse sécher environ deux semaines.

d) Enlève délicatement tes plantes des feuilles de papier. Tu peux alors les coller dans un cahier et écrire leur nom ou tu peux t'en servir pour fabriquer des signets, des cartes de souhait, etc.

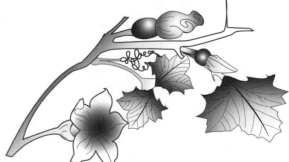

Les vertébrés

On classe les vertébrés (animaux ayant une colonne vertébrale) en cinq catégories : les reptiles, les mammifères, les poissons, les batraciens et les oiseaux.

Lis le nom des animaux et fais un x dans la colonne correspondant à sa classe.

	Mammifère	Oiseau	Poisson	Batracien	Reptile et crocodilien
aiglefin					
alligator					
anaconda					
baleine					
chat					
chien					
couleuvre					
crapaud					
crocodile					
éléphant					
espadon					
grenouille					
lézard					
merle					
moineau					
néon					
perroquet					
pigeon					
rainette					
salamandre					
thon					
tigre					
triton					
truite					
vautour					

Des fruits et des légumes de chez nous

Colorie les fruits et les légumes qui poussent au Québec.

a) b) c) d)

f)

e) g) h)

i)

j) l) m)

k) n)

349

Les animaux et leur habitat

Écris sous chaque animal s'il vit dans l'océan, la forêt, la jungle ou la ferme.

a) _____

b) _____

c) _____

d) _____

e) _____

f) _____

g) _____

h) _____

i) _____

j) _____

k) _____

l) _____

m) _____

n) _____

o) _____

p) _____

q) _____

r) _____

s) _____

Quelques expériences avec du bicarbonate de soude

Le vinaigre qui danse

30 ml de vinaigre

Quelques gouttes de colorant alimentaire

Petit récipient

30 ml de bicarbonate de soude

Un grand verre transparent

Huile végétale (quantité suffisante pour remplir le verre)

Mélange le vinaigre et quelques gouttes de colorant alimentaire dans un petit récipient.
Mets le bicarbonate de soude dans le verre. Ajoute doucement l'huile en la faisant glisser
le long des parois du verre. Il faut que le bicarbonate reste au fond du verre.
Verse le mélange de vinaigre et de colorant dans le verre rempli d'huile.

Décris ce qui s'est passé.

_____
_____
_____
_____

Des raisins qui flottent

100 ml de vinaigre

100 ml d'eau

15 ml de bicarbonate de soude

Un bocal de verre

Quelques raisins

Mélange l'eau et le vinaigre. Ajoute les raisins.

Note tes observations :

_____
_____

Ajoute le bicarbonate de soude.

Note tes observations :

_____
_____

351

Encore des expériences

Changer la couleur des fleurs et du céleri

Matériel

3 fleurs blanches

1 branche de céleri

Colorant alimentaire (rouge, bleu, jaune, vert)

5 verres assez longs

Coupe un petit bout de la tige d'une des trois fleurs.

Ajoute quelques gouttes de colorant alimentaire vert dans un verre.

Trempe la fleur dans l'eau colorée.

Refais la même chose avec la deuxième fleur, mais ajoute du colorant jaune.

Refais la même chose avec le céleri, mais ajoute du colorant bleu.

Note tes observations après quelques heures :

_____

_____

_____

_____

Fend la tige de la troisième fleur de bas en haut. Utilise une planche à découper pour te faciliter la tâche et demande à un adulte de t'aider.

Remplis un verre d'eau et ajoute quelques gouttes de colorant rouge. Remplis un autre verre et mets quelques gouttes de colorant bleu.

Trempe une partie de la tige dans l'eau colorée en bleu et l'autre tige dans le verre d'eau colorée en rouge.

Attends quelques heures et note tes observations :

_____

_____

_____

_____

Encore des expériences

À la pêche aux glaçons

Matériel

Un verre

De l'eau

Un glaçon

Du sel

Une ficelle

Remplis le verre d'eau et ajoute le glaçon. Mets le bout de la ficelle sur le glaçon.
Saupoudre le glaçon de sel. Attends de 15 à 30 secondes. Essaie de soulever le glaçon.

Note tes observations :

_____

_____

_____

Faire du plastique

Matériel

500 ml de lait

60 ml de vinaigre

Pièce de coton assez grande pour couvrir l'ouverture d'un bocal de verre

Bocal de verre

Verse le lait dans une casserole et fais le chauffer jusqu'à ce qu'il soit chaud. Ajoute le vinaigre.
Demande l'aide d'un adulte. Une matière blanche apparaîtra. Laisse refroidir.
Place la pièce de coton au-dessus du bocal. Verse lentement le liquide. Récupère la matière
blanche, rince-la et essore-la à plusieurs reprises en la tordant dans du papier essuie-tout.
Tu peux ajouter du colorant alimentaire et lui donner la forme que tu désires. Laisse sécher.

Encore des expériences

Gonfler des ballons sans se fatiguer

Matériel

Un ballon

Un entonnoir

Une cuillère

30 ml de bicarbonate de soude

Vinaigre

Une bouteille de boisson gazeuse vide

Étire le ballon à quelques reprises. Verse le bicarbonate de soude dans le ballon à l'aide de l'entonnoir. Remplis la moitié de la bouteille avec du vinaigre. Introduis le bout du ballon sur le goulot de la bouteille. Fais attention de ne pas faire tomber le bicarbonate dans la bouteille. Tu peux demander à quelqu'un de tenir le haut du ballon fermé pendant que tu introduis le col du ballon dans la bouteille. Mets le ballon bien droit au-dessus de la bouteille pour que le bicarbonate tombe dans la bouteille.

Que s'est-il passé ? Note tes observations :

_____

_____

Le poivre qui s'enfuit

Matériel

Un petit bol

Du sel

Du poivre

De l'eau

Quelques gouttes de liquide à vaisselle

Remplis le bol d'eau. Saupoudre le sel et le poivre sur l'eau. Ajoute deux gouttes de liquide à vaisselle.

Que s'est-il passé? Note tes observations :

_____

Éthique et culture religieuse

Tes ami(e)s et leur religion

Demande à tes ami(e)s à quelle religion ils ou elles appartiennent et quelle est la fête religieuse la plus importante à leurs yeux. Ensuite, colorie dans le diagramme une case par personne par religion.

Catholique : _____ personnes

Fête la plus importante : _____

Juive : _____ personnes

Fête la plus importante : _____

Protestante : _____ personnes

Fête la plus importante : _____

Islamique : _____ personnes

Fête la plus importante : _____

Hindoue : _____ personnes

Fête la plus importante : _____

Bouddhiste : _____ personnes

Fête la plus importante : _____

Autre : _____ personnes

Fête la plus importante : _____

	1	2	3	4	5	6	7	8	9	10	11	12	13	14	15	16
Catholique																
Juive																
Protestante																
Islamique																
Hindoue																
Bouddhiste																
Autre																

La cérémonie du mariage chez les hindous

La cérémonie du mariage chez les hindous est très importante et dure plusieurs heures. La date du mariage est fixée en consultant l'horoscope des futurs mariés. Le mariage se déroule en plusieurs étapes dont, entre autres, l'échange de colliers de fleurs entre les futurs époux, le lavage des pieds des parents des mariés, tourner sept fois autour d'un feu sacré. Le marié porte un vetti blanc (une espèce de pantalon) avec un chandail blanc et un chapeau de mariage. Quant à la femme, elle porte un sari rouge et des bijoux traditionnels.

Dessine les habits de mariés tel que décrit dans le texte.

Noé et le déluge

Sers-toi de la banque de mots pour compléter le texte suivant.

s'assèche	arche	déluge	mâle	Noé
pluie	humains	quarante	Dieu	Terre

_____ était peiné de voir que la violence et la corruption régnaient sur Terre.

Il regrettait d'avoir créé l'homme alors il décida de les exterminer ainsi que tous les animaux.

Seul _____ trouva grâce aux yeux de Dieu parce qu'il était bon.

Dieu ordonna à Noé de construire une _____ dans laquelle lui et sa famille

ainsi qu'une femelle et un _____ de chacune des espèces vivantes pourraient

prendre place pour échapper au déluge que Dieu comptait envoyer sur Terre.

Une fois l'arche terminée, Noé y entra avec sa femme, ses fils Sem, Cham et Japhet

et les femmes de ses fils et tous les animaux pour échapper au _____.

La _____ tomba sur la Terre pendant quarante jours et _____ nuits.

Les eaux grossirent de plus en plus, et les hautes montagnes furent recouvertes.

Tout ce qui vivait sur la Terre mourut : les oiseaux, animaux et les _____.

Il ne resta que Noé, et les autres rescapés de l'arche.

Il fallut des mois et des mois avant que les eaux se retirent et que la terre _____.

Un jour, Dieu ordonna à Noé de sortir de l'arche.

Les enfants des enfants de Noé peuplèrent la _____.

Le développement de l'embryon et du fœtus

Indique le mois de la grossesse qui correspond à la description des étapes du développement de l'embryon et du fœtus.

a) Les cheveux apparaissent et le corps se couvre d'un fin duvet appelé le *lanugo*. Les reins fonctionnent et le bébé urine dans le liquide amniotique. La rétine est sensible à la lumière, mais le bébé ne voit pas. Il mesure 19 cm et pèse 200 g.

b) Durant ce mois, le développement des nerfs se complète. Le bébé ouvre les yeux. Son corps se couvre d'un enduit graisseux. Il mesure 37 cm et pèse 1500 g.

c) Les membres inférieurs se développent. Les principaux organes se mettent en place. On ne distingue pas vraiment les membres. L'utérus a la taille d'une orange. L'embryon mesure entre 5 et 7 mm.

d) Le bébé prend environ 100 g par semaine. Il se sent très à l'étroit dans l'utérus. Son développement est complété. Il mesure 50 cm et pèse 3300 g.

e) Le fœtus suce son pouce. Son visage est presque entièrement formé. Les ongles apparaissent. Il dort de 18 à 20 heures par jour. Il mesure 33 cm et pèse 900 g.

f) Les organes continuent à se développer. Les bras et les jambes s'allongent. Le squelette est en place. L'embryon ne voit pas et n'entend pas. Les premiers muscles se forment. L'embryon mesure 3 cm et pèse 2 à 3 g.

g) Le sexe est visible à l'échographie. Les cils apparaissent. Le fœtus dort encore beaucoup : de 16 à 20 heures par jour. Les empreintes digitales se creusent. Il mesure 16 cm et pèse 500 g.

h) Il passe du stade d'embryon à celui de fœtus. Durant ce mois, il va grossir et grandir beaucoup. Les cordes vocales se forment. Il commence à bouger, mais la mère ne perçoit pas encore ses mouvements. La bouche s'ouvre et se ferme. Le fœtus mesure 12 cm et pèse 65 g.

i) Ses ongles sont bien formés. Le cerveau continue à se développer. Le bébé est sensible à la douleur. Il bouge beaucoup. Il mesure 43 cm et pèse 2200 g.

Légende huronne-wendat sur la création du monde

Lis le texte suivant et réponds ensuite aux questions à la page suivante.

Au début des temps, il n'y avait de la vie que dans le ciel. En dessous, il n'y avait que de l'eau.

Un jour, une jeune femme qui ramassait des plantes pour soigner son mari malade essaya de déterrer un arbre dans le ciel. Malheureusement, elle tomba, entraînée par la chute de l'arbre dans le trou. Tout en tombant, la jeune femme, qui était enceinte, s'aperçut qu'il n'y avait que de l'eau sous elle. Deux oies décidèrent de la sauver parce qu'elle était trop belle. Ils l'attrapèrent et la couchèrent sur le dos d'une tortue. Tous les animaux accoururent pour la contempler. La Grande tortue ordonna aux animaux de retrouver l'arbre qui était tombé du ciel et de le ramener. Les oies conduisirent les animaux à l'endroit où la jeune femme était tombée. Les otaries, les rats musqués et les castors plongèrent à la recherche de l'arbre. Tous les animaux qui tentèrent leur chance remontèrent à la surface bredouille.

Un vieux crapaud se porta volontaire. Il plongea et resta si longtemps sous l'eau que tous crurent qu'il était mort. Il remonta finalement à la surface et cracha sur la tortue un morceau de la terre qui était restée sur l'arbre. Cette terre était magique car elle contenait une poudre de croissance. L'île grandit, grandit et grandit jusqu'à ce qu'il y ait suffisamment d'espace pour que la femme puisse y vivre et plus encore.

Malheureusement, il faisait noir. La Grande tortue appela tous les animaux. Ils décidèrent de mettre de la lumière dans le ciel. Une petite tortue se porta volontaire. Elle monta au ciel et attrapa des éclairs avec lesquels elle fit une grosse boule brillante et la jeta dans le ciel. Elle attrapa encore d'autres éclairs et elle fit encore une boule plus petite qu'elle jeta également dans ciel. La première boule devint le Soleil et la seconde la Lune. Ensuite, la Grande tortue demanda aux animaux de percer des trous dans les coins du ciel pour que le Soleil et la Lune puissent se lever et se coucher. Alors, il y eut le jour et la nuit.

La femme du ciel vécu sur l'île sur le dos de la Grande tortue. Elle donna naissance à sa fille. Et depuis ce temps, quand la Grande tortue bouge, la Terre tremble.

1. **De quoi parle cette légende?** _____

2. **Que faisait la femme lorsqu'elle tomba?** _____

3. **Quels animaux attrapèrent la femme qui tombait?** _____

4. **Comment le soleil fut-il créé?** _____

5. **Quel animal trouva l'arbre tombé du ciel?** _____

6. **Dessine les personnages de cette histoire.**

Les règles de vie en société

Il faut respecter certaines règles pour vivre harmonieusement en société. Dans chaque cas, encercle le bon comportement.

a) Jeter des papiers par terre.

   Mettre les papiers au recyclage.

b) Céder sa place à une personne âgée dans l'autobus.

   Rester bien assis lorsqu'une personne âgée monte dans l'autobus.

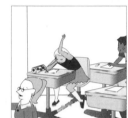

c) Respecter les consignes en classe.

   Ne pas respecter les consignes en classe.

d) Parler fort au cinéma pendant le film.

   Regarder le film en silence.

e) Laisser le caca du chien là où il l'a fait.

   Ramasser les cacas de son chien.

f) Payer ses achats.

   Voler des choses dans les magasins.

g) Laisser traîner ses jouets partout dans la maison.

   Ranger ses jouets.

h) Ne pas se laver, brosser ses dents, se peigner, etc.

   Se laver, se brosser les dents, se peigner, etc.

Les cinq piliers de l'Islam

La religion musulmane repose sur cinq piliers (règles fondamentales).
Associe chaque règle avec sa description.

a) Il faut réciter ses prières cinq fois par jour. _____

b) Au moins une fois dans sa vie, s'il en a les moyens, le musulman doit aller dans

cette ville d'Arabie saoudite. _____

c) Durant un mois dans l'année, les musulmans n'ont pas le droit de boire et manger
entre le lever et le coucher du soleil. Ce rite permet de se purifier et de comprendre
comment se sentent ceux qui ne peuvent pas toujours manger à leur faim.

_____
_____

d) Il faut donner un certain pourcentage de son salaire pour aider les plus démunis.

_____
_____

e) Il faut dire avec ferveur et conviction qu'il n'y a pas d'autre dieu qu'Allah et que

Mohammed est son message. _____

---

1 – La profession de foi

2 – La prière

3 – Donner aux pauvres (Zakat)

4 – Jeûner durant le mois du ramadan

5 – Faire un pèlerinage à La Mecque

Test final

Test de français

1. Complète les mots suivants avec *j* ou *g*.

a) ____eudi   b) froma____e   c) ____entil   d) bon____our

e) ____olie   f) ____enou   g) tou____ours   h) ____amais

2. Recopie les mots avec les accents manquants.

a) bebe : _____   b) fete : _____   c) elephant : _____

d) eleve : _____   f) ecole : _____   g) aout : _____

h) age : _____   i) ile : _____   j) voila : _____

3. Souligne les déterminants dans les phrases suivantes.

a) Johanne a mangé la tarte aux pommes.

b) La forêt derrière chez moi est sombre.

c) Le chien et le chat dorment sur le divan vert.

4. Encadre les groupes du nom dans les phrases suivantes.

a) Mes amis dorment dehors.

b) La maison de ma voisine est bleue.

c) Julie et Marc font leurs devoirs.

5. Encercle les verbes dans les phrases suivantes.

a) Le bonhomme de neige fond au soleil.

b) Le zébre a le pelage noir et blanc.

c) Les dinosaures n'existent plus.

6. Replace les mots pour former une phrase qui a du sens.

a) la pommes Marie de mange tarte aux.

_____

_____

b) d' a perdu école son Zacharie sac.

_____

_____

c) voiture parents neuve ont Mes acheté une.

_____

_____

7. Relie les synonymes entre eux.

a) joyeux   1) joli

b) beau   2) bateau

c) ami   3) content

d) navire   4) camarade

8. Trouve l'antonyme des mots suivants.

a) noir : _____ b) laid : _____ c) debout : _____

d) fin : _____   e) triste : _____ f) bruyant : _____

9. Écris les nombres suivants en toutes lettres.

a) 10 : _____   b) 20 : _____   c) 24 : _____

d) 50 : _____   e) 13 : _____   f) 15 : _____

10. Ajoute les signes de ponctuation dans les phrases suivantes.

a) La souris le chat et la jument courent dehors

b) Avez-vous mangé vos légumes

c) Quel beau spectacle

11. **Écris un ou une devant les mots suivants.**

a) _____ orange   b) _____ avion   c) _____ garçon

d) _____ auto   e) _____ araignée   f) _____ orage

g) _____ mois   h) _____ journée   i) _____ arbre

12. **Écris les mois de l'année dans l'ordre.**

_____

_____

13. **Trouve un mot de la même famille.**

a) fleur : _____   b) arbre : _____   c) travail : _____

d) nager : _____   e) chance : _____   f) olive : _____

14. **Encercle les voyelles.**

A B C D E F G H I J K L M N O P Q R S T U V W X Y Z

Comment s'appellent les lettres qui n'ont pas été encerclées ? _____

15. **Écris le petit mot que tu trouves dans le grand mot.**

a) inexact : _____   b) grisaille : _____   c) rebondir : _____

d) grossir : _____   e) impur : _____   f) livret : _____

16. **Ajoute _m_ ou _n_ pour compléter les mots suivants.**

a) co____pote   b) e____fant   c) élépha____t   d) o____bre

e) po____pier   f) e____semble   g) ora____ge   h) a____ge

i) va____pire   j) fa____tôme   k) te____te   l) pe____te

17. **Encercle les lettres muettes dans les mots suivants.**

a) renard   b) homard   c) souris   d) chat   e) truie   f) cerf

Test de mathématique

1. **Trouve le nombre qui a été décomposé.**

   a) 600 + 50 + 2 : _____

   b) 10 d + 12 c + 4 u : _____

   c) 6 d + 7 + 200 : _____

   d) 3 + 80 + 400 : _____

   e) 10 d + 6 u : _____

   f) 5 u + 5 d + 1 c : _____

2. **Représente chaque nombre sur l'abaque.**

   a) 724   b) 258   c) 840   d) 943

3. **Compte par bonds de 3.**

   5, _____, _____, _____, 17, _____, _____, _____, 29, _____, _____

4. **Représente l'addition sur la droite numérique pour trouver la réponse.**

   a) 15 + 6 + 7 = _____

   15 16 17 18 19 20 21 22 23 24 25 26 27 28 29 30 31 32 33 34 35

   b) 30 + 7 + 13 = _____

   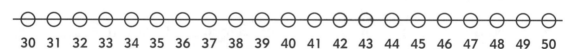

   30 31 32 33 34 35 36 37 38 39 40 41 42 43 44 45 46 47 48 49 50

5. **Représente la soustraction sur la droite numérique pour trouver la réponse.**

   a) 35 – 6 – 7 = _____

   15 16 17 18 19 20 21 22 23 24 25 26 27 28 29 30 31 32 33 34 35

   b) 44 – 12 – 4 = _____

   28 29 30 31 32 33 34 35 36 37 38 39 40 41 42 43 44 45 46

6. **Dans sa boîte à bijoux, Coralie a caché 51 bagues. Dans la sienne, Angéline en a caché 14 de moins. Combien y a-t-il de bijoux dans la boîte d'Angéline ?**

Trace ta démarche

7. **Les élèves de ma classe ont donné 198 boîtes de conserve à la guignolée. La classe de ma sœur en a donné 258. Combien les deux classes ont-elles donné de boîtes de conserve ?**

Trace ta démarche.

8. **Décompose les multiplications en additions répétées afin de trouver la réponse.**

a) $5 \times 5 = $ _____

b) $3 \times 4 = $ _____

9. **William a 24 cartes de hockey. Félix en a 4 fois moins. Combien de cartes de hockey Félix possède-t-il ?**

Trace ta démarche.

10. **Colorie la portion du dessin qui représente la fraction.**

a) $\dfrac{1}{3}$

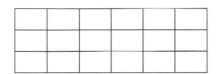

b) $\dfrac{1}{2}$

c) $\dfrac{1}{4}$

d) $\dfrac{1}{2}$

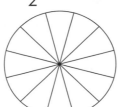

11. **Quelle heure est-il ?**

a) _____

b) _____

c) _____

12. Écris le nom des solides.

a) _____

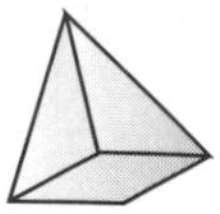

b) _____

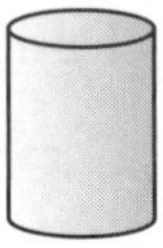

c) _____

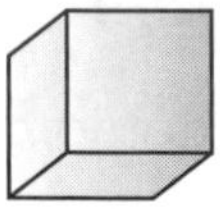

d) _____

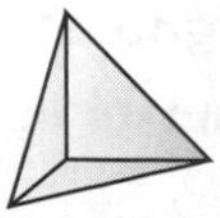

e) _____

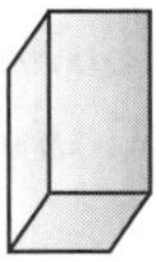

f) _____

13. Indique l'unité de mesure appropriée, cm, dm ou m pour mesurer les objets suivants.

a) autobus : _____

b) chat : _____

c) chaussette : _____

d) vélo : _____

e) maison : _____

d) balai : _____

14. Place les points cardinaux sur la rose des vents.

15. Trace un ou des axes de symétrie sur les objets ci-dessous.

a)

b)

c)

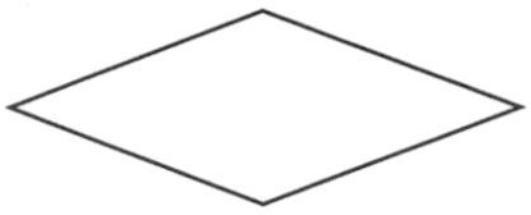

16. Dessine la figure qui est demandée.

a) Figure composée de lignes brisées seulement.

b) Figure composée de lignes courbes seulement.

c) Figure composée de lignes brisées et courbes.

Test d'anglais

1. Écris les jours de la semaine en anglais de lundi à dimanche.

_____

_____

2. Colorie les cercles de la couleur demandée.

a) pink ◯   b) yellow ◯   c) brown ◯   d) green ◯

3. Écris, en anglais, la partie du corps illustrée.

a) _____   b) _____   c) _____   d) _____

4. Écris, en anglais, le fruit ou le légume illustré.

u) _____   b) _____   c) _____   d) _____

5. Écris, en anglais, l'animal illustré.

a) _____   b) _____   c) _____   d) _____

6. Écris, en anglais, le vêtement illustré.

a) _____   b) _____   c) _____   d) _____

Test science et éthique et culture religieuse

1. **Nomme les quatre saveurs que goûte la langue.**

   _____

   _____

2. **Écris trois comportements qui sont bons pour l'environnement.**

   _____

   _____

   _____

   _____

3. **À quoi sert un pluviomètre ?** _____

4. **Écris si les animaux suivants vivent à la ferme, dans l'océan ou dans la forêt.**

   a) poule : _____   b) castor : _____   c) cerf : _____

   d) baleine : _____   e) requin : _____   f) cheval : _____

5. **Nomme deux des cinq piliers de l'Islam.**

   _____

   _____

6. **Comment s'appelait les trois fils de Noé ?** _____

7. **Combien de jours a duré le déluge ?** _____

8. **La légende racontée en page 361 vient de quel peuple amérindien ?**

   _____

   _____

9. **Nomme deux règles afin de bien vivre en société.**

   _____

   _____

10. **De quelle couleur est la robe de la mariée dans les mariages hindous ?**

    _____

    _____

11. **Combien de mois dure la gestation chez l'être humain ?**

    _____

    _____

Corrigé

Français

Page 43

1. Les voyelles sont a, e, i, o, u, y et elles doivent être coloriées en bleu.

2. a) lettre b) avril c) crocodile d) yack e) écureuil f) prune g) brocoli h) école i) chien j) pomme k) chiffre l) voyelle

Page 44

3.

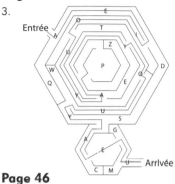

Entrée ... Arrivée

Page 46

2. a) a q x n b) o p m d c) m u q o d) f g q h e) y p f s f) l h n k

3. geai, moineau, pigeon, vautour

Page 47

5. autobus, calendrier, demain, écran, maman, ordinateur, peinture, stylo, téléphone, trottinette, visage, zèbre

6. a) vrai b) faux c) faux d) vrai

7. a) film b) fort c) cru d) fil

Page 48

8. a) ananas b) mandarine c) cerise d) framboise e) canneberge f) groseille g) goyave

Page 49

1. S : absent, castor, destin, sept, serpent, singe, souris, suis Ç : balançoire, façon, français, garçon, glaçon, leçon, maçon, suçon C : audace, balance, cerveau, ces, citrouille, décembre, glace, menace

Page 50

1. a) bonjour b) genou c) japonais d) cage e) étagère f) fromage g) gêne h) jupon i) aujourd'hui j) géant k) jaune l) jeudi m) jaseur des cèdres n) jupe o) jolie p) bijou q) gentil r) liège s) boulangère t) génie u) joujou

Page 51

1.

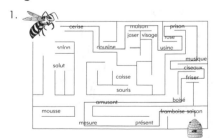

cerise, maison, jaser, visage, prison, rose, usine, salon, mousine, musique, salut, ciseaux, caisse, friser, souris, boisé, mousse, amusant, framboise, saison, mesure, présent

Page 52

1. Mot caché : boutiques

Page 53

1. a) impact b) implorer c) bain d) poulain e) ceinture f) imprimer g) demain h) bouquin i) festin j) frein k) gain l) geindre m) grain n) humain o) jardin p) linge q) peintre r) soudain s) pin t) peinture

Page 54

1. ill : b) bille c) caillou h) croustilles i) pastille j) papillon l) coquillage m) jonquille il : a) bétail d) éventail e) détail f) rail g) chandail k) épouvantail n) travail

Page 55

1. F : fenêtre, girafe, filet, fête (ou fete*) FF : bouffon, chiffon, coffret, chauffer PH : téléphone, nénuphar (ou nénufar*), phoque, photo

Page 56

1. En rouge : baladeur, douleur, chaleur, jongleur, ordinateur, intérieur, peur, vapeur, chaleur, meilleur, professeur En bleu : adieu, déjeuner, queue, joyeux, peu, silencieux, bleu, malheureux, jeudi, vieux

Page 57

1. K : kiwi, kimono, karaté, klaxon, kaki, koala, kilomètre, kangourou C : écurie, raconte, pélican, canard, licorne, écureuil, école, caramel Qu : pourquoi, bouquet, jonquille, bibliothèque, quai, équipe, quand, quatre

Page 58

1. O : olive, mot, solo, orage, robinet, bonne, téléphone Eau : taureau, chapeau, bureau, ruisseau, cadeau, cerveau, château Au : crapaud, dauphin, aube, aube, pauvre, chaussure, autruche, sauter, sauvage, aujourd'hui

Page 59

2. En jaune : bureau, tableau, peau En brun : idiot, chiot, lavabo En vert : maux, aube, métaux, taupe

Page 60

1. a) aimer b) baleine c) lait d) chèvre e) élève f) épais g) étagère h) fête i) forêt j) fraise k) laine l) neige m) tête n) reine o) mère

Page 61

2. arrêt, capitaine, maison, bouteille, librairie, comète, corneille, être, bête, frère, neige, pêche, raisin, règle, rivière, semaine

Page 62

1. a) bébé b) nez c) calendrier d) chez e) cinéma f) collier g) dernier h) éléphant i) escalier j) skier k) étoile l) février m) nager n) cahier o) rêver p) été q) manger r) écolier s) écurie t) danser u) ruer v) écrivez w) poupée x) taper

Page 63

2. a) zéro b) décembre c) déjeuner d) épicerie e) céleri f) océan g) écolier h) géant i) congélation j) hérisson k) délicieux l) éléphant m) étoile n) salé

Page 64

1. bison, fourmi, otarie, toupie, papillon, sirène, dinosaure, ballerine

2. analyse, bicyclette, curry, cycliste, cygne, lyre, motocyclette, lys, tricycle, paralysie, rallye, style, syllabe, synonyme, système

Page 66

2. a) orange b) plante c) champignon d) cantaloup e) plongeur f) table g) sorcière h) pompier i) fantôme j) funambule k) parfum l) ange m) moulin n) boule o) feu p) lampe q) vampire r) dentifrice s) balançoire t) cloche À colorier : orange, plante, champignon, cantaloup, fantôme, funambule, ange, lampe, vampire, dentifrice, balançoire

Page 67

1. Dans tous les cas il s'agit de la lettre m

2. mot mystère : champ

3. a) pompier b) trompette c) emmener d) ombre e) grimper f) commencer g) compote i) importance

Page 68

1. a) souris b) cerf c) chat d) escargot e) lézard f) homard g) hibou h) guépard i) canard j) rat k) porc l) renard m) loup

Page 69

1. ï : haïr, maïs ë : Joëlle, Noël é : légume, métal ô : bientôt, hôtel ù : où è : règle, très ê : guêpe, tête à : là, voilà î : connaît (ou connait*), île (ou ile*) û : flûte (ou flute*), goût (ou gout*) â : âge, château

Page 70

2. mère, Noël, fête (ou fete*), école, île (ou ile*), tôt (ou tot*), goût (ou gout*), âge (ou age*)

Page 71

1. a) framboise, musique, voisine, fruit b) museau, parapluie, sourire, éventail c) enfant, gentil, hiver, colorier d) mignon, logis, manchot, midi e) question, raconter, pleuvoir, princesse f) mare, jumeau, reine, boire g) sauterelle, garçon, couteau, rose h) lavabo, soleil, tableau, volume

Page 72

2. a) cloche; 2 b) robot; 2 c) policier; 4 d) cœur; 1 e) vampire; 3 f) coccinelle; 4 g) astronaute; 4 h) jambon; 2 i) cactus; 2 j) poulet; 2 k) œil; 1; l) oiseau ou aigle; 2 m) nuages; 3 n) tente; 2 o) koala; 3 p) banjo; 2

Page 73

3. a) am/bu/lan/ce b) au/to/bus c) a/vi/on
d) fu/sée e) ca/mi/on f) hé/li/cop/tè/re
g) train h) mo/to/cy/clet/te i) voi/tu/re
j) ca/not k) ba/teau l) tri/cy/cle m) bi/cy/clet/te
n) trot/ti/net/te o) mo/to/nei/ge p) scoo/ter

Page 74

1. Noms : ruban, fleur, roue, locomotive,
chambre, pompier, quille, bulle

Page 75

2. Noms propres : Émilie, Italie, René,
Pacifique, Suède, Zacharie, Princesse,
Afrique du Sud, Béatrice Noms communs :
fleur, chien, océan, maman

Page 76

1. a) le, un, ce, mon, ton, son, notre, votre
ou leur chaton b) la, une, cette, ma, ta, sa,
notre, votre ou leur poule c) la, une, cette,
ma, ta, sa, notre, votre ou leur mère d) l',
un ou cet automne e) le, un, ce, mon, ton,
son, notre, votre ou leur champ f) le, un, ce,
mon, ton, son, notre, votre ou leur journal
g) la, une, cette, ma, ta, sa, notre, votre ou
leur piscine h) le, un, ce, mon, ton, son,
notre, votre ou leur camion i) la, une, cette,
ma, ta, sa, notre, votre ou leur robe j) le, un,
ce, mon, ton, son, notre, votre ou leur
poisson k) la, une, cette, ma, ta, sa, notre,
votre ou leur sœur l) la, une, cette, ma, ta,
sa, notre, votre ou leur musique

2. a) la b) l' c) le d) e) le f) le g) le h) la i)
le j) l' k) la l) l' m) la n) la o) le p) l' q) l' r) la

Page 77

3. Perchée sur **les** branches d'**un** arbre,
une corneille mangeait **un** délicieux
fromage. Pendant ce temps, attiré par
l'odeur **du** fromage, **un** renard très
intelligent rôdait sous **l'**arbre. **Le** renard a
commencé à flatter **la** corneille pour obtenir
le fromage. « Bonjour, Mme **la** Corneille,
comme vous avez de belles plumes. Ce sont
les plus belles que j'ai jamais vues. Qui peut
résister à tant de beauté ? » **La** corneille,
incapable de résister à **la** flatterie, ne
pouvait pas rester silencieuse. Elle a
répondu, «Merci M. **le** Renard, bonne
journée ». Mais, en ouvrant **son** bec pour
remercier **le** Renard, elle a laissé tomber **le**
délicieux fromage et **le** renard l'a mangé.

Page 78

4. Le

Page 79

1. a) Lisa écoute la radio. b) Mon père
rénove son garage. c) Sophie promène son
chien. d) L'arbre du voisin donne de l'ombre.

2. a) Mes amis sont partis faire une
promenade. b) Mon professeur de danse
s'est cassé la jambe. c) Ma sœur et mon
frère regardent un match de hockey.
d) L'ordinateur est un outil très utile.
e) J'écris une lettre à ma tante.

Page 80

1. **M**on père et ma mère ont décidé de
s'acheter une nouvelle voiture. **I**ls vont chez
un concessionnaire de **Q**uébec. **L**e vendeur,
Carl, leur présente toutes sortes de modèles.
Mes parents ne sont pas certains. **I**ls
décident d'attendre encore un peu avant de
changer de voiture.

2. Majuscule : Espagne, Valérie, Europe,
Martin Minuscule : papa, cheval, crayon,
professeur

3. a) France b) farandole c) fermier
d) Frédéric e) fusil f) Francesca

Page 81

1. Arthur est mon meilleur ami.

2. Tristan a remporté la médaille d'or en
plongeon.

3. b

Page 82

1. a) point b) point d'exclamation
c) point d'interrogation

2. Zut ! Pourquoi n'ai-je pas réussi cette
dictée ? J'avais étudié très fort. Comment
ai-je fais pour oublier comment écrire
toujours ? Ensuite, tout a été de travers.
Quelle journée ! J'ai hâte à demain.
Peut-être que ça ira mieux ?

3. a) Quelle magnifique sculpture ! b) As-tu
vu mon crayon bleu ? c) J'ai lu le dernier
tome des aventures d'Amos Daragon. d) J'ai
gagné un prix à l'école. e) As-tu reçu ton
bulletin ? f) Quelle belle journée !

Page 83

1. a) dans b) pour c) sur d) toujours
e) quand f) souvent g) comme h) près

Page 84

2. a) Quand j'aurai 11 ans, je suivrai le
cours de gardien averti. b) Je voudrais bien
aller au cinéma, mais mes parents ne
veulent pas. c) J'ai mis les assiettes sur la
table. d) Je ne traverse jamais la rue sans
regarder à gauche et à droite avant.
e) Je voudrais un nouveau vélo pour mon
anniversaire. f) Il y a peu de fleurs dans la
cour d'école. g) Je vais souvent jouer chez
mon ami après l'école. h) J'ai mis dans mon
pupitre mes cahiers et mes livres.
i) Je voudrais une pomme et une banane
pour ma collation. j) J'ai très hâte à mon
anniversaire.

3. J'ai mis dans mon coffre tous mes petits
trésors. Quand il pleut, je joue avec. Je ne
m'ennuie jamais. C'est toujours très
amusant parce que mes trésors me font
rêver à des aventures extraordinaires.

Page 85

1. a) Elle prépare soigneusement son
voyage en Australie. b) Ils font partie de
l'équipe de soccer de l'école. c) Il s'est enfui
de la maison. d) Elle déménage à Québec le
mois prochain. e) Nous irons acheter des
homards pour souper. e) Ils suivent des
cours de karaté. e) Nous faisons une
promenade au bord de la mer. e) Ils
préparent le souper.

Page 86

2. a) Elles mangent une glace à la vanille.
b) Tu es le meilleur joueur de ton équipe.
c) Je suis la troisième enfant de ma famille.
d) Vous êtes une très bonne danseuse.
e) Nous marchons sous la pluie.

3. Il faut colorier : je, tu, il, nous, vous, ils

Page 87

1. a) la b) le c) le d) la e) la f) le g) la h) le

Page 88

2. a) cousine b) marchande c) danseuse
d) amie e) louve f) ambulancière
g) princesse h) gérante i) chirurgienne
j) écrivaine k) une l) mairesse m) la n) députée

3. Féminin : valise, quille, piscine, carie,
magie, eau, licorne, gomme, équipe,
orange, noix, règle, jumelle, chemise,
demoiselle, fille, classe, photo, momie
Masculin : carnet suçon, cahier, hiver,
voyage, océan, arbre, crayon, gazon,
faucon, gentil, patin, dauphin, vélo, camion,
cavalier, jardin, froid, livre, train, os, pays,
ordinateur, malin, bras, écran

Page 89

4. Il faut relier bon à bonne; doux à douce;
mignon à mignonne; blond à blonde; blanc
à blanche; chien à chienne; bleu à bleue;
homme à femme; heureux à heureuse;
comédien à comédienne; chat à chatte;
méchant à méchante.

5. Féminin : lune, plume, chandelle, porte,
lune, plume, voisine, elle, cuisine Masculin :
ami, mot, feu, Pierrot, briquet

Page 90

1. a) Le b) Les c) Les d) Le e) Le f) Les g) Le
h) Les

Page 91

2. Singulier : racine, citron, collier, nacelle,
framboise, tante, photo, miroir, sœur, raisin,
loup, sapin, scie Pluriel : otaries, arbres,
volcans, museaux, ciseaux, poils, talons,
poteaux, écoles, robes, dragons, des

3. a) genoux b) autos c) cerveaux
d) crapauds e) lutins f) mers g) yeux h) œufs
i) tables j) silos k) queues l) skis m) savons
n) roues o) rubans p) pommes

374

Page 92

4. Il faut relier vache à vaches; hibou à hiboux; cheval à chevaux; matou à matous; singe à singes; corde à cordes; épouvantail à épouvantails; corail à coraux; travail à travaux; gazon à gazons

5. Singulier : chaîne, bâton, bateau, serpent
Pluriel : jolies, caribous, travaux, châteaux

6. a) Les amis de ma classe n'ont pas peur des orages. b) Les fleurs qui poussent dans le jardin de ma mère sont belles. c) J'ai reçu de beaux cadeaux pour mon anniversaire. d) J'ai mis des chaussettes, des barrettes et des salopettes dans ma valise.

Page 93

7. b) masculin, singulier c) féminin, singulier d) masculin, pluriel e) féminin, singulier f) féminin, pluriel g) féminin, singulier h) masculin, pluriel i) féminin, singulier j) masculin, pluriel k) masculin, singulier l) masculin, pluriel m) féminin, pluriel n) masculin, pluriel o) féminin, pluriel p) masculin, singulier q) féminin, pluriel r) masculin, singulier

Page 94

2. a) + b) – c) – d) + e) – f) – g) + h) + i) – j) + k) + l) –

3. bleu, laid, mauvais, jolie, long, gros, grand, blanc, noir, bon

Page 95

4. Adjectifs : blonds, bleus, gentille, belle, rose, bleue Noms : amie, cheveux, yeux, robe, chapeau, imperméable

5. a) J'ai mangé une délicieuse glace à la vanille. b) J'ai mis mon manteau bleu. c) J'ai vu un bon documentaire sur les chimpanzés. d) J'ai vu une grande girafe au zoo. e) J'ai peur des grosses araignées. f) Mon ami est grand.

Page 96

1. a) Je **mange** une collation bonne pour la santé. b) Le singe **grimpe** aux arbres. c) Mon amie Martine **est allée** au Costa Rica. d) Pietro et Maria **viennent** d'Italie.

2. b

3. La fermière se lève très tôt. Elle ramasse les œufs que les poules ont pondus. Ensuite, elle trait les vaches. Elles donnent du bon lait. Quand la fermière a faim, elle mange un morceau et elle continue ses tâches.

Page 97

5. 1) présent 2) présent 3) futur 4) présent 5) futur 6) passé 7) futur 8) présent 9) présent 10) futur 11) présent 12) passé 13) présent 14) futur 15) passé 16) présent 17) passé 18) présent 19) futur 20) futur 21) passé 22) passé 23) futur 24) présent 25) passé 26) passé 27) passé 28) présent 29) présent 30) présent 31) présent 32) présent

Page 98

6. a) L'acrobate est très agile. b) Le clown fait rire la foule. c) Le dompteur de tigres est très courageux. d) Le fildefériste exécute un saut périlleux sur un fil de fer.

7. a) mange b) collectionne c) aime

Page 99

8.

dormir	livre	réponse
lire	délicat	cahier
respirer	étagère	février

élever	savon	sapin
aucun	descendre	cahier
mirage	régal	admirer

magie	manger	cerisier
sale	rêver	oncle
merise	monter	douzaine

quel	encore	quitter
zéro	faux	présenter
long	infinité	savoir

stylo	manger	crayon
assiette	agacer	dentiste
ballon	monter	soleil

lisent	enfant	vélo
respirent	chaise	tondeuse
dorment	brin	pot

filet	portons	chèque
toile	changeons	bourgeon
mirli	bougeons	fleur

avez	mur	bain
dalle	finissez	fontaine
fente	corde	poulette

Page 100

9. a) Victoria mange du gâteau. b) Nous mangeons du jello. c) Je mange des muffins. d) Tu manges de la confiture.

10. a) Victoria a mangé du gâteau. b) Nous avons mangé du jello. c) J'ai mangé des muffins. d) Tu as mangé de la confiture.

11. a) Victoria mangera du gâteau. b) Nous mangerons du jello. c) Je mangerai des muffins. d) Tu mangeras de la confiture.

Page 101

12. Il a ramassé : écrire, cuire, prêter, nager, skier, étudier, patiner, voler, donner, admirer, regarder, lutter, aider, dire, respirer

Page 102

13. a) Marika dessine un beau paysage d'été. b) Les bernaches sont arrivées aujourd'hui. c) Le concierge fait le ménage à l'école. d) Sébastien joue du saxophone. e) Jade ne veut pas aller visiter le musée. f) Yannick ira à La Ronde avec son ami. g) Eva fait ses devoirs avec son amie Tatiana. h) Émile et moi voulons aller voir un film.

Page 103

16. lire, regarder, pousser, filmer, photographier, conduire, donner, courir, mentir, manger, téléphoner, dormir

17. a) Je vais au zoo avec toute ma famille. b) Ma sœur lance une balle de neige. c) Elle sourit de toutes ses dents. d) Tu es en première position. e) Nous sommes partis en dernière position. f) Vous dansez la valse.

g) Elles décorent la maison pour l'Halloween. h) Je finis mes devoirs avant d'aller jouer dehors. i) Ils lisent des romans d'aventure.

Page 104

18.

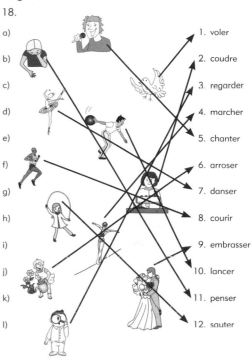

a)
b)
c)
d)
e)
f)
g)
h)
i)
j)
k)
l)

1. voler
2. coudre
3. regarder
4. marcher
5. chanter
6. arroser
7. danser
8. courir
9. embrasser
10. lancer
11. penser
12. sauter

Page 105

19. a) boire b) dormir c) peindre d) parler e) lire f) étudier g) manger h) laver i) pêcher j) glisser k) pédaler l) nager m) pleurer n) jouer o) patiner

Page 106

1. 1) lourd 2) propre 3) paresseux 4) agréable 5) premier 6) heureux 7) noir 8) femme 9) difficile 10) content 11) malheureux 12) petit 13) mauvais 14) triste 15) nuit 16) pareil 17) paix 18) garçon 19) fort 20) froid 21) ouvert 22) dedans 23) sans 24) laid 25) féminin 26) dur 27) monter 28) visible 29) vide 30) bonheur

Page 107

2. a) déteste b) petit c) dur d) monte e) vide f) triste g) noir h) inintéressant i) sale

Page 108

1. a) joyeux et content b) corvée et travail c) malade et souffrant d) gros et énorme e) ami et camarade f) pupitre et bureau g) bateau et navire h) gai et joyeux i) monter et grimper j) beau et joli

Page 109

1. a) chêne b) chaîne (ou chaine*) c) cou d) coup e) elle f) ailes g) eau h) haut i) scie j) si k) pain l) pin m) cent n) sang o) laid p) lait q) encre r) ancre s) vert t) ver u) point v) poing

2. a) nid b) sont c) seau d) dents e) camp f) An

Page 111

1. a) disgracieux b) sale c) roman d) raté

2. égaux, égalable, également, égaler, égalisateur, égalisatrice, égalisation, égaliser, égaliseur, égalitaire, égalitarisme, égalité

3. arbitrage-arbitre-arbitraire; front-effronté-effronterie; tempéré-temps-température; linge-lingette-lingerie; jambe-jambière-jambette; prison-prisonnier-emprisonner; hivernal-hiver-hiberner; chance-chanceux-malchance; équilibre-équilibré-équilibrage; nage-nageur-natation

Page 112

4. a) cornage b) divinité c) olifant d) roncier e) aviaire f) franche g) éclore

5. a) poissonnerie, poissonneux, poissonneuse, poissonnier, poissonnière b) arbrisseau, arbuste, arbustif c) sorcière, sorcellerie d) luné e) peureusement, peureuse, peureux

Page 113

1. 1) champ 2) bondir ou bond 3) ouvert 4) nouveau 5) pur 6) poudre 7) impression 8) jeune 9) riche 10) roman 11) rose 12) livre 13) plat ou plate 14) lion 15) tresse 16) louve 17) humain ou humaine 18) gris 19) forge 20) poumon 21) orange 22) pomme 23) exact 24) artisan ou art 25) diable 26) olive 27) tigre 28) tiède 29) gros 30) épais

Page 115

2. lundi, mardi, mercredi, jeudi, vendredi, samedi, dimanche

3. a) samedi b) mercredi c) lundi d) 2 e) mercredi et samedi f) jeudi g) grand-papa

Page 116

1. a) mars b) novembre c) avril d) juillet

2. janvier, février, mars, avril, mai, juin, juillet, août (ou aout*), septembre, octobre, novembre, décembre

3. 12

4. fin août à la fin juin

Page 118

1. a) mars b) juin c) septembre d) décembre

Page 119

3. a) automne b) hiver c) printemps d) printemps e) automne f) été g) été h) hiver i) été j) automne k) hiver l) printemps m) hiver n) hiver o) été p) printemps q) printemps r) automne s) printemps t) été u) hiver

Page 120

1. bambou rime avec loup; maison rime avec raison; marin rime ave masculin; skieur rime avec sœur; souris rime avec gâchis; fanfare rime avec retard; maternelle rime avec caramel; ménage rime avec visage

2. a) marché b) fouine c) taudis d) rougeur e) oreille f) matin g) avocat

Page 121

5. ballon rime avec menton; peur rime avec frayeur; cheval rime avec bal; place rime avec face; rugir rime avec réussir

Page 122

1. vingt-deux : 22; onze : 11; deux : 2; quinze : 15; trente-quatre : 34, cinquante-trois : 53; quatorze : 14, vingt et un (ou vingt-et-un*) : 21, quatre-vingt-dix : 90

2. a) trente-trois b) soixante-quatorze c) cinquante-sept d) dix-huit e) soixante-dix-huit f) quarante-six g) quatre-vingt-dix-neuf h) quatre-vingt-deux i) soixante-neuf j) vingt et un (ou vingt-et-un*)

3. a) 75 b) 30 c) 35 d) 52 e) 97 f) 88 g) 19 h) 27 i) 95 j) 90

Page 123

4. zéro, un, deux, trois, quatre, cinq, six, sept, huit, neuf, dix, onze, douze, treize, quatorze, quinze, seize, dix-sept, dix-huit, dix-neuf, vingt, trente, quarante, cinquante, soixante, soixante-dix

Page 124

1. a) lionne, lionceau b) chienne, chiot c) chatte, chaton d) vache, veau e) truie, porcelet f) poule, poussin g) éléphante, éléphanteau h) biche, daim i) lapine, lapereau j) brebis, agneau k) louve, louveteau l) ourse, ourson

Page 125

1. a) orange b) ananas c) kiwi d) champignon e) banane f) brocoli g) navet h) betterave i) melon j) citrouille k) tomate l) poivron m) avocat n) raisins o) aubergine p) courgette q) radis r) pomme de terre s) pomme t) céleri

Page 126

1. a) bongo b) trompette c) batterie d) saxophone e) banjo f) maracas g) guitare électrique h) piano i) violon j) sitar k) guitare acoustique l) xylophone

Page 127

1. L'araignée n'est pas un insecte.

Page 128

1. a) soccer b) football c) baseball d) hockey e) patinage ou hockey f) escrime g) quilles h) boxe i) équitation j) tennis k) ski l) haltérophilie

Page 129

1. a) médecin ou dentiste b) guitariste ou musicien c) policier d) danseur e) astronaute f) pompier g) ouvrier ou menuisier h) sauveteur i) cuisinier

Page 130

1. Produits laitiers : lait, yogourt, fromage; Viandes et substituts : beurre d'arachide, jambon, poisson, steak; Fruits et légumes : brocoli, orange, champignon, pomme; Produits céréaliers : bagel, pain, riz

Page 132

1. a) pyramide b) igloo (ou iglou*) c) ferme d) tour, édifice, immeuble e) moulin f) tipi

Page 133

1. a) balançoire b) bibliothèque c) taille-crayon d) ciseaux e) ballon f) boîte à lunch (ou boite à lunch*) g) pinceau h) chaise i) cloche j) ordinateur k) livre l) classe m) tableau n) crayon o) sac à dos p) gomme

Page 134

1. cousins et cousines b) tante c) grands-parents d) oncle e) père ou oncle f) frères et sœurs g) neveu ou nièce h) mère ou tante

Page 135

1. a) ambulance b) avion c) canot d) train e) hélicoptère f) fusée g) autobus h) scooter (ou scouteur*) i) motocyclette j) automobile k) motoneige

Page 136

1. a) Félix joue au hockey avec ses amis. b) Marthe mange une glace à la vanille. c) Sabrina clavarde avec ses amies. d) Pierre-Paul a acheté un scooter rouge. e) Aurélie fait du camping avec ses parents. f) Olivier a gagné la médaille de bronze. g) Georges a mangé des fruits et des légumes. h) J'ai aidé mes parents à faire la vaisselle. i) Victor regarde un match de soccer à la télé. j) Mathieu cherche un site internet sur les autos.

Page 137

2. 9

3. Fabien lit un livre. Hélène fabrique un bonhomme de neige. Simon regarde la télévision. Évelyne écoute la radio. Nadine cours tous les jours. Philippe mange un gâteau. Note : le prénom peut varier d'une réponse à l'autre.

Page 138

4. a) Marie-Chantal ne fabrique pas une marionnette. b) Les ours ne dorment pas l'hiver. c) Les feuillent ne poussent pas en été. d) Ma famille ne vit pas à Matane. e) Carla ne veut pas un chat. f) Isabelle n'achète pas un ordinateur. g) Audrey ne fait pas un exposé oral. h) Ma grand-mère ne cultive pas des tomates. i) Je ne veux pas

un vélo pour mon anniversaire. j) Je n'ai pas acheté un chapeau rose. k) Ce n'est pas une journée brumeuse. l) Le printemps n'est pas arrivé. m) L'automne n'est pas arrivé.

Page 139

5. a) Est-ce qu'Éric fait de la planche à roulettes ? b) Est-ce que Julien fait du plongeon ? c) Est-ce que Natacha fabrique un bonhomme de neige ? d) Est-ce que le chien surveille les moutons ? e) Est-ce qu'Annie vit en Angleterre ? f) Est-ce qu'un arc-en-ciel illumine le ciel gris ? g) Est-ce que Malika est vétérinaire ? h) Est-ce que le chien s'appelle Rex ? i) Est-ce qu'Antoine joue au parc après l'école ? j) Est-ce que la baleine vit dans la mer ? k) Est-ce que le singe mange une banane ? l) Est-ce que le pirate a caché le trésor ? m) Est-ce que la sorcière prépare une potion magique ?

Page 140

6. a) n' pas b) N' pas c) n' pas d) ne pas

7. a) Tu aimes te baigner. Tu n'aimes pas te baigner. b) Tu as déjà voyagé en avion. Tu n'as jamais voyagé en avion. c) Il pleut aujourd'hui. Il ne pleut pas aujourd'hui. d) Pablo a un cheval. Pablo n'a pas de cheval.

Page 141

8. a) interrogative b) positive c) négative d) interrogative e) négative f) positive g) négative h) négative i) interrogative j) interrogative k) négative l) positive m) négative n) positive

Page 143

1. a) Jack b) Une harpe. c) Contre des graines de haricot. d) Elle les a jetés. e) Avec sa femme. f) Les enfants. g) Il l'a coupé. h) Il s'endormit.

Page 144

2. Il faut colorier : jambon, fromage, pain, lait, guimauves, beurre d'arachide, poulet, papier hygiénique, poire, pomme de terre, poivron, kiwi, pastèque, cantaloup, carotte, céleri.

Page 145

3. a) Anaïs b) Il s'exerce à faire de la magie. c) Pour soigner les animaux. d) Pour trouver un remède contre le cancer. e) Elle lit plein de livres. f) Il veut être un scientifique.

Page 147

4. a) Un petit dragon. b) Il vivait dans une forêt. c) Son jet de feu n'était pas assez fort. d) Une fée. e) Ils passaient de maison de maison pour allumer les feux de cuisson. f) Pour un forgeron. g) Dans des forêts profondes.

Page 155

1. 1) animal 2) autobus 3) ballon 4) blanc 5) carotte 6) chambre 7) chanson 8) chaud 9) cheval 10) chien 11) citron 12) collier 13) couleur 14) devoir 15) dimanche 6) élève 17) femme 18) fenêtre 19) folle 20) fraise 21) froid 22) fromage 23) grand-mère 24) hiver 25) horloge 26) journal 27) lecture 28) légume 29) maison 30) nez

Page 156

1. 1) absent 2) balançoire 3) camarade 4) déjeuner 5) épaule 6) fausse 7) garçon 8) heureux 9) incendie 10) jumeau 11) klaxon 12) langue 13) manteau 14) nuage 15) ourson 16) piment 17) question 18) ruban 19) semaine 20) tableau 21) uniforme 22) visage 23) wagon 24) yeux 25) zéro 26) printemps 27) automne 28) janvier 29) décembre 30) août (ou aout*)

Page 157

1. La Cigale, ayant **chanté** / Tout l'été, / Se **trouva** fort dépourvue / **Quand** la bise fut venue : / Pas un seul petit **morceau** / De mouche ou de **vermisseau**. / Elle alla crier **famine** / Chez la Fourmi sa voisine, / La priant de lui **prêter** / Quelque **grain** pour subsister / Jusqu'à la **saison** nouvelle /.

«Je vous paierai, lui dit-elle, / Avant l'Oût, foi **d'animal**, / Intérêt et **principal**. » / La Fourmi n'est pas **prêteuse** : / C'est là son moindre **défaut**. / «Que faisiez-vous au temps **chaud** ? »/ Dit-elle à **cette** emprunteuse. / « **Nuit** et jour à tout venant / Je **chantais**, ne vous déplaise.» /« **Vous** chantiez ? j'en suis fort aise. / Eh bien! **dansez** maintenant.»

Page 158

1. Savez-vous planter les **choux**,/ À la mode, à la mode, / Savez-vous planter les **choux** / À la mode de chez nous ? / On les plante avec le **nez**, / À la mode, à la mode, / On les plante avec le **nez**, / À la mode de chez nous. / On les plante avec le **genou**, / À la mode, à la mode, / On les plante avec le **genou**, / À la mode de chez nous. / On les plante avec le **pied**, / À la mode, à la mode, / On les plante avec le **pied**, / À la mode de chez nous. / On les plante avec le **menton**, / À la mode, à la mode, / On les plante avec le **menton**, / À la mode de chez nous. / On les plante avec le **doigt**, / À la mode, à la mode, / On les plante avec le **doigt**, / À la mode de chez nous.

Mathématique

Page 161

1. a) 749 b) 346 c) 627 d) 944 e) 185 f) 736 g) 411 h) 524 i) 275, 763, 627, 411, 749, 185 j) 736, 944, 346, 690, 344, 524 k) 944, 763, 749, 736, 690, 627, 524, 411, 346, 344, 275, 185

Page 162

2. a) 700, 701, 703, 706, 707, 708 b) 429, 430, 432, 433, 435, 437 c) 299, 302, 303, 306, 307, 308 d) 273, 274, 275, 277, 278, 279, 280, 281 e) 555, 556, 557, 558, 559, 561, 562, 564

3. a) bleu – 136, rouge – 942 b) bleu – 229, rouge – 947 c) bleu – 241, rouge – 869 d) bleu – 359, rouge – 953 e) bleu – 109, rouge – 193 f) bleu – 907, rouge – 990

Page 163

4. 10, 20, 30, 40, 50, 60, 70, 80, 90, 100, 110, 120, 130, 140, 150, 160, 170, 180, 190, 200, 210, 220, 230, 240, 250, 260, 270, 280, 290, 300, 310, 320, 330, 340, 350, 360, 370, 380, 390, 400, 410, 420, 430, 440, 450, 460, 470, 480, 490, 500, 510, 520, 530, 540, 5550, 560, 570, 580, 590, 600, 610, 700, 710, 720, 730, 740, 750, 760, 770, 780, 790, 800, 810, 820, 830, 840, 850, 860, 870, 880, 890, 900, 910, 920, 930, 940, 950, 960, 970, 980, 990, 1000

5. 50, 140, 230, 320, 410, 500

6. 70, 160, 250, 340, 430, 520, 610, 700

Page 164

1. a) 68 b) 82 c) 19 d) 47 e) 71 f) 34 g) 53 h) 14

2. a) (5 + 10), (6 + 9), (7 + 8), (8 + 7), (9 + 6), (10 + 5) b) (6 + 12), (7 + 11), (8 + 10), (9 + 9), (10 + 8), (11 + 7), (12 + 6) c) (5 + 7), (6 + 6), (7 + 5) d) (5 + 8), (6 + 7), (7 + 6), (8 + 5)

3. a) (14 − 7), (13 − 6), (12 − 5), (11 − 4), (10 − 3) b) (14 − 9), (13 − 8), (12 − 7), (11 − 6), (10 − 5), (9 − 4), (8 − 3) c) (14 − 11), (13 − 10), (12 − 9), (11 − 8), (10 − 7), (9 − 6), (8 − 5), (7 − 4), (6 − 3) d) (14 − 10), (13 − 9), (12 − 8), (11 − 7), (10 − 6), (9 − 5), (8 − 4), (7 − 3)

Page 165

4. a) 11, 14, 15, 20, 31, 45, 21, 13 b) 12, 10, 11, 30, 43, 50, 22, 19 c) 13, 11, 16, 31, 41, 55, 29, 16 d) 11, 11, 13, 24, 30, 50, 27, 18 e) 13, 10, 12, 29, 43, 42, 23, 15

Page 166

5. a)

8	3	4
1	5	9
6	7	2

b)

10	2	9
6	7	8
5	12	4

c)

8	18	14
16	5	9
6	7	17

d)

22	2	9
6	19	8
5	12	16

6. a) 5 b) 6 c) 4 d) 5 e) 2 f) 4

Page 167

7. a) 22 b) 41 c) 82 d) 41 e) 31

Page 168

8. a) 30 b) 19 c) 21 d) 46 e) 60 f) 32

Page 169

9. a) 299 b) 979 c) 797 d) 689 e) 899 f) 677 g) 696

Page 170

10. a) 299 b) 799 c) 779 d) 789 e) 987 f) 998 g) 889

Page 171

1. a) 14 b) 37 c) 75 d) 31 e) 22

Page 172

2. a) 6, 9, 9, 7,12, 20, 29, 23 b) 1, 8, 8, 9, 18, 14, 35, 33 c) 3, 7, 4, 9, 23, 17, 28, 28 d) 3, 7, 8, 8, 19, 17, 35, 31 e) 5, 9, 8, 4, 17, 22, 27, 29

Page 173

3. a) 934 b) 755 c) 342 d) 123 e) 454 f) 211 g) 528

Page 174

4. a) 913 b) 742 c) 353 d) 123 e) 171 f) 457 g) 117

Page 175

1. a) 13 b) 23 c) 71 d) 23 e) 76 f) 25

Page 176

2. a) 71 b) 90 c) 95 d) 835 e) 601 f) 67 g) 35 h) 237 i) 624 j) 101 k) 115 l) 182 m) 775 n) 213 o) 980

3. a) 3**6** + 47 = 83 b) 78 + 1**8** = 96 c) 2**4**6 + 369 = 615 d) 707 + 2**3**5 = 942 e) 582 + 26**3** = 845 f) 85 – 3**6** = 49 g) **9**8 – 46 = 52 h) 428 – **2**85 = 143 i) 789 – 5**4**3 = 246 j) 865 – 3**2**7 = 538

Page 177

4. a) 90 + 10 b) 80 + 20 c) 70 + 30 d) 60 + 40 e) 50 + 50 f) 75 + 25

5. a) 42 – 17 b) 54 – 29 ou 79 – 54 c) 88 – 63 d) 67 – 42 e) 53 – 28 f) 61 – 36

Page 178

6. a) 39, 47, 28 b) 41, 44, 60 c) 78, 83, 31 d) 86, 72, 49 e) 76, 57, 32 f) 10, 32, 19

Page 179

7. 65 + 37 + 24 = 126

8. 402 + 128 + 393 = 923

9. 768 – 243 = 525
   525 – 355 = 170

Page 180

10. a) 8, 7, 5, 9 b) 3, 2, 4, 1, 5, 7 c) 11, 6, 6, 3 d) 22, 8, 10, 17, 20, 14 e) 15, 6, 8, 5, 10, 7 f) 21, 23, 3, 2, 16

Page 181

11. a) 111 b) 85 c) 72 d) 491 e) 891 f) 45 g) 35 h) 912 i) 378 j) 482 k) 100 l) 356 m) 533 n) 294 o) 634

12. a) 2**9** + 65 = 94 b) **3**9 + 36 = 75 c) 7**6**4 + 158 = 922 d) 20**8** + 524 = 732 e) **2**91 + 356 = 647 f) 79 – 6**7** = 12 g) 8**9** – 74 = 15 h) 649 – **4**36 = 213 i) 895 – 4**2**2 = 473 j) 786 – 5**7**4 = 212

Page 182

13. 52 – 19 = 33

14. 88 + 46 = 134

15. 37 + 12 = 49

16. 61 – 15 = 46

Page 183

17. 459 + 238 = 697

18. 772 – 425 = 347

19. 506 + 167 = 673

20. 690 – 84 = 606

Page 184

21. a) 19, 15, 22, 18 b) 12, 15, 11, 18, 25, 21 c) 8, 4, 0, 7, 14, 10, 17 d) 15, 18, 25, 21, 28, 35 e) 2, 9, 5, 12, 19, 15 f) 21, 28, 24, 31, 27, 23

Page 185

1. a) 500 + 70 + 2 ou 5c + 7d + 2u b) 300 + 90 + 0 ou 3c + 9d + 0u c) 700 + 40 + 6 ou 7c + 4d + 6u d) 100 + 80 + 2 ou 1c + 8d + 2u e) 900 + 30 + 5 ou 9c + 3d + 5u f) 200 + 0 + 7 ou 2c + 0d + 7u g) 400 + 50 + 1 ou 4c + 5d + 1u h) 800 + 10 + 3 ou 8c + 1d + 3u

2. a) 738 b) 505 c) 467 d) 789 e) 592 f) 130 g) 624 h) 957

Page 186

3. a) 671, 375, 270 b) 358, 389, 375, 347 c) 745, 735, 375, 835, 585 d) 269, 215, 671, 735, 821, 375, 103, 745, 639, 923, 267, 923, 449, 389, 347, 585, 807, 913, 537, 419, 767, 543, 111, 835 e) 375

4. a) 4c b) 2c c) 2u d) 19u e) 35d f) 9d g) 5u h) 93d i) 40u

Page 187

5. a) 20 b) 900 c) 9 d) 730 e) 75 f) 4 g) 80 h) 300 i) 63 j) 90

6. a) 3c + 6d + 4u = 364 b) 6c + 0d + 8u = 608 c) 2c + 4d + 6u = 246 d) 4c + 4d + 2u = 442

Page 188

7. a) 5 blocs, 0 barre et 6 cubes b) 2 blocs, 8 barres et 7 cubes c) 6 blocs, 5 barres et 4 cubes d) 4 blocs, 3 barres et 9 cubes e) 1 bloc, 9 barres et 2 cubes

Page 189

8. a) 462 b) 935 c) 652 d)181

9. a) 5c 4d 3u b) 6c 9d 0u c) 7c 2d 4u d) 2c 5d 1u

Page 190

10. a) 535 b) 597 c) 825 d) 876 e) 426 f) 913

11. a) 729 b) 805 c) 638 d)107

12. a) 6c 4d 7u b) 9c 5d 8u c) 4c 0d 3u d) 7c 8d 2u e) 5c 7d 6u

Page 191

1. 402, 364, 498, 844; 526, 964, 872, 158, 212, 534; 602, 110, 988, 940, 316, 724; 320, 264, 620, 798; 890, 434, 144, 590, 730; 824, 772, 486, 562; 926, 192, 342, 290, 288; 756, 634, 378, 676, 618, 578; 556, 838, 508, 800; 426, 992, 272, 444, 622

2. a) 175, 177, 179, 181, 183, 185, 187, 189, 191, 193 b) 733, 735, 737, 739, 741, 743, 745, 747 c) 97, 99, 101, 103, 105, 107, 109, 111, 113 d) 459, 461, 463, 465, 467, 469, 471 e) 331, 333, 335, 337, 339, 341, 343, 345, 347, 349

Page 192

1. a) 7(I) b)13(I) c) 6(P) d)13(I) e)15(I) f) 9(I) g) 41(I) h) 44(P) i) 50(P) j) 78(P) k) 67(I) l) 71(I) m) 42(P) n) 29(I) o) 34(P) p) 87(I)

2. a) 238, 240, 242, 244, 246, 248, 250, 252 b) 392, 394, 396, 398, 400, 402, 404, 406, 408, 410 c) 702, 704, 706, 708, 710, 712, 714, 716, 718, 720, 722, 724 d) 56, 58, 60, 62, 64, 66, 68, 70, 72 e) 982, 984, 986, 988, 990, 992, 994, 996, 998

Page 194

1. a) 20, 24, 28, 32 b) 7, 6, 8, 7 c) 60, 55, 50, 45 d) 554, 443, 332, 221 e) 70, 60, 80, 70 f) 555, 664, 773, 882

2. a) – 1 + 3 b) – 10 – 5 c) + 1 + 2 + 3 + 4 + 5 + 6 d) – 9 – 1 + 0

Page 195

3. a) 6, 7, 8, 7 b) 36, 34, 968, 66 c) 440, 450, 460, 470 d) 800, 75, 790, 785 e) 285, 284, 282, 283 f) 464, 364, 264, 164

4. a) + 6 b) – 11 c) + 2 d) + 6 – 4

Page 197

1. a) < b) < c) < d) > e) = f) < g) < h) = i) > j) >

2. 965, 956, 720, 702, 543, 354, 348, 217, 198, 89 Pairs : 956, 720, 702, 354, 348, 198 Impairs : 965, 543, 217, 89

3. 59, 97, 235, 325, 352, 428, 482, 607, 670, 760 Pairs : 352, 428, 482, 670, 760, Impairs : 59, 97, 235, 325, 607,

378

Page 198

1. a) 115, 157, 175, 177, 511, 517, 571, 715, 751 b) 114, 201, 209, 210, 310, 381, 409, 411, 831

2. a) 774, 747, 636, 525, 447, 366, 363, 255, 225 b) 927, 884, 729, 648, 602, 401, 399, 278, 104

Page 199

1. a) < b) > c) = d) > e) > f) = g) > h) = i) > j) >

2. a) 798-800-802 b) 565-567-569 c) 429-431-433 d) 672-674-676 e) 850-852-854 f) 199-201-203

Page 200

1. a) < b) > c) < d) = e) > f) = g) < h) < i) < j) > k) = l) < m) < n) > o) =

Page 201

1. a) 5 + 5 = 10 b) 7 + 7 + 7 + 7 = 28 c) 3 + 3 + 3 = 9 d) 2 + 2 + 2 + 2 + 2 + 2 = 12 e) 1 + 1 + 1 + 1 + 1 + 1 + 1 + 1 = 8

2. a) 20 b) 21 c) 18 d) 16

Page 202

3. a) 5 + 5 + 5 + 5 = 20; 5 x 4 = 20 b) 2 + 2 + 2 + 2 + 2 + 2 + 2 + 2 = 16; 2 x 8 = 16 c) 6 + 6 + 6 = 18; 6 x 3 = 18 d) 4 + 4 + 4 = 12; 4 x 3 = 12 e) 1 + 1 + 1 + 1 + 1 + 1 + 1 + 1 + 1 = 9; 1 x 9 = 9

Page 203

4. a) 4 x 8 = 32 b) 6 x 6 = 36 c) 8 x 5 = 40

Page 204

5. a) 3 x 5 = 15 b) 4 x 4 = 16 c) 9 x 2 = 18 d) 2 x 6 = 12 e) 7 x 3 = 21 f) 5 x 4 = 20

6. a) 15 b) 12 c) 8 d) 27

Page 205

7. 6 x 6 = 36

8. 9 x 5 = 45 ou 5 x 9 = 45

9. 8 x 4 = 32 ou 4 x 8 = 32

10. 7 x 5 = 35 ou 5 x 7 = 35

Page 206

11. a) 16 b) 15 c) 12 d) 16 e) 18

Page 207

1. a) 14 < 16 b) 15 > 12 c) 20 = 20 d) 28 < 30 e) 18 = 18

Page 208

1. a) 12 ÷ 3 = 4 b) 15 ÷ 5 = 3 c) 14 ÷ 2 = 7 d) 18 ÷ 3 = 6 e) 16 ÷ 4 = 4 f) 18 ÷ 9 = 2 g) 18 ÷ 6 = 3

Page 209

2. 84 ÷ 3 = 28 ou 84 ÷ 28 = 3

3. 76 ÷ 4 = 19 ou 76 ÷ 19 = 4

4. 75 ÷ 5 = 15 ou 75 ÷ 15 = 5

5. 72 ÷ 6 = 12 ou 72 ÷ 12 = 6

Page 210

6. a) 3 b) 5 c) 6 d) 6 e) 4 f) 7 g) 6

Page 211

7. a) 4, 3, 2 b) 8, 4, 2 c) 9, 6, 3 d) 8, 6, 3 e) 10, 6, 5 f) 9, 6, 4

Page 212

8. a) 6 b) 7 c) 2 d) 8 e) 5

Page 213

1. a) 4 > 3 b) 3 = 3 c) 4 = 4 d) 3 < 8

Page 214

1. 6 x 3 = 18

2. 8 x 2 = 16

3. 20 ÷ 4 = 5

4. 16 ÷ 4 = 4

Page 215

1. 9 ÷ 3 = 3

2. 6 x 2 = 12

3. 36 − 19 = 17

4. 39 + 27 = 66

Page 216

5. 8 x 3 = 24; 24 + 8 = 32

6. Ils ont vendu chacun 20 items

7. Celui de Belle-Montée avec 8 timbres

Page 217

1. a) 8, 7, 14 b) 10, 7, 4, 5, 2 c) 4, 8, 5, 2, 4, 1 d) 6, 12, 24, 21, 18, 15, 30, 27 e) 12, 9, 6, 12, 24, 48, 45

Page 218

1. 43 = 3, 1, 1, 1; 79 = 4, 1, 2, 2, 55 − 0, 1, 0, 2; 26 = 1, 0, 0, 1; 88 = 3, 0, 1, 3; 19 = 4, 1, 1, 0; 34 = 4, 1, 0, 1; 90 = 0, 1, 1, 3; 61 = 1, 0, 1, 2; 99 = 4, 0, 2, 3

2. a) 75 ¢ b) 53 ¢ c) 99 ¢

Page 219

3. a) 25 ¢ , 25 ¢, 25 ¢, 5 ¢, 1 ¢, 1 ¢, 1 ¢, 1 ¢ b) 10 ¢, 10 ¢, 10 ¢, 5 ¢, 1 ¢, 1 ¢, 1 ¢, 1¢ c) 25 ¢, 25 ¢, 10 ¢, 10 ¢, 5 ¢, 1 ¢, 1 ¢, 1 ¢ d) 10 ¢, 10 ¢, 10 ¢, 10 ¢, 10 ¢, 1 ¢, 1 ¢, 1 ¢ e) 25 ¢, 25 ¢, 5 ¢, 5 ¢, 5 ¢, 1 ¢, 1 ¢, 1 ¢ f) 10 ¢, 10 ¢, 10 ¢, 5 ¢, 5 ¢, 5 ¢, 1 ¢, 1 ¢ g) 5 ¢, 5 ¢, 5 ¢, 1 ¢, 1 ¢, 1 ¢, 1 ¢, 1 ¢

Page 220

4. a-4, b-3, c-1, d-2

Page 221

5. 65 = 0, 0, 1, 1, 0, 1; 39 = 0, 2, 1, 1, 1, 0; 18 = 1, 1, 1, 1, 0, 0; 57 = 0, 1, 1, 0, 0, 1; 44 = 0, 2, 0, 0, 2, 0; 120 = 0, 0, 0, 0, 1, 2; 235 = 0, 0, 1, 1, 1, 4; 348 = 1, 1, 1, 0, 2, 6; 451 = 1, 0, 0, 0, 0, 9; 500 = 0, 0, 0, 0, 0, 10

6. a) 94 $ b) 117 $ c) 52 $

Page 222

7. a) 1, 2, 5, 5, 5, 5 b) 1, 1, 5, 5, 10, 10 c) 2, 2, 10, 10, 10, 10 d) 1, 1, 5, 20, 20, 20 e) 1, 2, 10, 20, 50, 50 f) 1, 2, 5, 10, 20, 20 g) 1, 1, 5, 20, 20, 50

Page 223

8. a-2, b-3, c-4, d-1

Page 224

1. a, d, e, f, h, j, k, l

Page 225

3. a) 3 b) 9 c) 5 d) 8 e) 5

Page 226

4. a) 2 b) 3 c) 4 d) 2

Page 227

5. a) 4 b) 5 c) 4 d) 6 e) 5

Page 228

6. 9 ÷ 3 = 3

7. 16 ÷ 4 = 4

8. 12 ÷ 2 = 6

9. 20 ÷ 4 = 5; 20 − 5 = 15

Page 229

1. a) 4 b) 3 c) 2 d) 2 e) 2 f) 1

2. a) ligne courbe – ligne fermée b) ligne brisée – ligne ouverte c) ligne brisée – ligne fermée d) ligne courbe – ligne fermée e) ligne courbe – ligne ouverte

Page 230

3. Chiffre mystère : 2

4. a) 2 lignes b) 1 ligne c) 1 ou 2 lignes d) 4 lignes

Page 231

1. dé, cadre, boîtier

2. livre, porte-monnaie, wagon

3. pierre

4. pyramide, panneau, cerf-volant, tente, équerre

5. suçon, bagel, monnaie, pizza

Page 232

7. a) 6 b) 4 c) 5 d) 1 e) 3 f) 8 g) 4 h) 5

Page 233

8. a) 4 b) 7 c) 4 d) 3 e) 5 f) 0 g) 4 h) 8

9. 1 côté : E; 2 côtés : aucune; 3 côtés : G, I; 4 côtés : B, C, F; 5 côtés : D, H; 6 côtés : A, J

Page 234

10. Triangles : I, K, Q, T, V; Carrés : E, G, Y; Losanges : C, S; Cercles : A, N, W; Rectangles : P, Z; Autres : B, D, F, H, J, L, M, O, R, U, X

Page 236

12. a) 5 b) 3 c) 4 d) 3 e) 10

Page 237

1. Solides : a) d) f) i) l) o)
   Figures : b) c) e) g) h) j) k) m) n)

2. 10

Page 238

3. a – 6, b – 9, c – 4, d – 1, e – 7, f – 5,
g – 8, h – 3, i – 2

Page 239

4. a) 1 figure qui ressemble à un triangle
(base courbe) et 1 cercle b) 4 triangles et
1 carré c) 4 rectangles et 2 carrés d) 1 petit
triangle et 3 grands triangles e) 2 cercles et
1 rectangle f) 2 grands rectangles, 2 moyens
rectangles et 2 petits rectangles
g) 3 rectangles et 2 triangles

Page 240

5. Nombre de faces courbes : a) 1 b) 0 c) 0
d) 0 e) 1 f) 1 g) 0 Nombre de faces planes :
a) 2 b) 6 c) 5 d) 6 e) 1 f) 0 g) 4

6. en bleu : a) c) e) f) g) i) en rouge : b)
en mauve : d) h)

a) glisse b) roule c) glisse d) glisse et roule
e) glisse f) glisse g) glisse h) glisse et roule i)
glisse

7. a) vrai b) faux c) vrai d) faux e) vrai

Page 241

8. a) 2, pyramide à base triangulaire
b) 5, cube c) 3, prisme à base carrée
d) 6, prisme à base triangulaire e) 1, cylindre
f) 4, pyramide à base carrée

Page 242

9. a) 4 rectangles b) une figure triangulaire
à base courbe c) 1 triangle et 2 rectangles
d) 4 triangles e) 3 triangles f) 5 carrés
g) 1 cercle et 1 rectangle

Page 243

1. a) 11 h 50 b) 21 h 00 c) 6 h 45 d) 6 h 15
e) 15 h 20 f) 00 h 10

Page 244

2. a) 9 h 20 b) 5 h 55 c) 15 h 05 d) 17 h 40
e) 12 h 30 f) 10 h 45

3.

Page 245

4. a) 10 h 40 – être à l'école b) 20 h 00 –
se coucher c) 17 h 30 – souper d) 16 h 35
– jouer dehors e) 7 h 00 – déjeuner
f) 19 h 45 – se brosser les dents

5. 21 h 15

6. 6 h 30

Page 246

1. Mois manquants : février, avril, juin, août,
octobre, décembre a) réponses variées
b) 25 décembre c) réponses variées
d) 23 juin e) mars (vers le 20) avril, mai, juin
f) juin (vers le 22), juillet, août, septembre
(vers le 22), octobre, novembre, décembre
g) septembre h) décembre (vers le 20),
janvier, février, mars

Page 247

2. seconde, minute, heure, journée,
semaine, mois, saison, année

3. saison : 3 mois; minute : 60 secondes;
journée : 24 heures; année : 12 mois;
heure : 60 minutes; mois : 28, 30 ou
31 jours; semaine : 7 jours

Page 248

4. a) printemps, été, automne, hiver
b) janvier, février, mars, avril, mai, juin,
juillet, août, septembre, octobre, novembre,
décembre c) dimanche, lundi, mardi,
mercredi, jeudi, vendredi, samedi

5. a) faire un bonhomme de neige b) aller à
l'école c) aller à la cabane à sucre d) jouer
au baseball

Page 249

1. a) 3 b) 5 c) 5 d) 18 e) 26 f) guitare
g) 9

Page 250

2. a) 18 b) 9 c) 36 d) alligators e) 18 f) 12
g) ours polaires

Page 251

3. a) Caro b) Luc c) 350 d) 300 e) 400
f) 250 g) 150 h) Caro, Léa, Alec, Véro, Zoé,
Téo, Jordi, Luc

Page 252

4. a) éléphant b) souris c) 195 jours
d) 18 ans e) souris, lapin, chat, mouton,
cheval, éléphant f) éléphant, cheval,
mouton, chat, lapin, souris

Page 253

5. a) 11 b) 12 c) théâtres d) 4 e) 97

Page 254

6. a) semaine 1 b) 40 c) 20 d) semaine 2
e) Émilie f) Axel

Page 255

7. pommes: 10 pictogrammes pour
20 pommes; oranges : 6 pictogrammes
pour 12 oranges; ananas : 3 pictogrammes
pour 6 ananas; bananes : 1 pictogramme
pour 2 bananes; carottes : 4 pictogrammes
pour 8 bananes; champignons :
8 pictogrammes pour 16 champignons;
tomates : 6 pictogrammes pour 12 tomates;
aubergines : 5 pictogrammes pour
10 aubergines; brocolis : 5 pictogrammes
pour 10 brocolis

Page 256

8. téléromans : 15 personnes (5 cases);
nouvelles : 21 personnes (7 cases); variétés :
15 personnes (5 cases); films : 24 personnes
(8 cases); dessins animés : 30 personnes
(10 cases); comédies : 12 personnes
(4 cases); arts et spectacles : 3 personnes
(1 case); débats et discussions : 3 personnes
(1 case)

Page 257

9.

	français	math	science	anglais	musique
Diego	x	3	2	x	1
Maya	1	x	x	3	2
Lucas	x	2	1	3	x
Nadia	x	x	3	1	2
Bruno	2	1	x	3	x

Page 258

1. a) Vincent : bruns / Justine : blonds / Lélia :
châtains / Mathieu : noirs b) Antoine :
plombier / Sophie : vétérinaire / Benjamin :
secrétaire / Nadia : journaliste c) Kathia :
sport / Ophélie : lecture / Hugo : télévision /
Jonathan : dessin

Page 259

1. a) 3 trombones b) 4 trombones
   c) 2 trombones d) 1 trombone
   e) 2 trombones f) 4 trombones
   g) 5 trombones h) 2 trombones

2. les crayons c, e et h

Page 260

3. a) 5 cm b) 12 cm c) 9 cm d) 3 cm
e) 8 cm f) 10 cm g) 6 cm h) 15 cm

4. la corde h

5. la corde d

Page 261

6. a) m b) cm c) dm d) cm e) cm f) m g) cm
h) cm i) m j) dm k) dm l) cm

Page 262

7. a) 14 cm b) 8 cm c) 6 cm d) 10 cm
e) 9 cm f) 3 cm g) 11 cm

Page 263

8. a) 9 cm – rouge b) 5 cm – jaune
c) 11 cm – vert d) 4 cm – mauve
e) 8 cm – bleu

9. a) < b) < c) > d) = e) > f) = g) >
h) < i) = j) <

Page 264

10. a) 13 cases b) 10 cases c) 5 cases
d) 7 cases e) 9 cases f) 10 cases g) 8 cases
h) 1 case i) 2 cases

Page 265

11. a) 6 b) 10 c) 9 d) 7

12. a) 6 cm b) 8 cm c) 10 cm d) 12 cm

Page 266

13. a) 9 cm b) 11 cm c) 15 cm d) 13 cm

Page 267

15. a) 14 b) 6 c) 120 d) 1 e) 11 f) 20 g) 1
h) 7 i) 150

Page 268

16. a) 1 dm b) 1 cm c) 2 m d) 10 m e) 8 cm
f) 7 m g) 2 cm h) 1 dm i) 30 cm

Page 269

1. a) chemise b) quille c) foulard d) short
e) boucle f) chapeau g) jupe h) tuque
i) patin

Page 270

2. a) David b) (D, 4) c) Lola d) (B, 7)
e) Yanis f) (E, 3) g) Hugo h) (A, 3) i) Sabine
j) (E, 4)

3. a) Anna b) Louis c) Simon d) Sabine
e) Andréa

Page 271

4. a) au sud b) à l'ouest c) à l'ouest
d) au nord e) à l'est f) au sud
g) à l'ouest – au sud

Page 272

5. a) 33 b) 11 c) 9

Page 273

6. phoque koala serpent singe; zèbre-
girafe-perroquet-autruche; rhinocéros
éléphant-chameau-panda; flamant rose-
hippopotame-lion-tigre

Page 274

7. a) Lisa b) Chloé c) Jacob d) Tina
e) Étienne f) Paolo g) David h) Jonathan
i) Fanny j) Marina

8. Le 4ᵉ sac appartient à Chloé

Page 275

10. 17

11. 27

12. 30

Page 276

13. a) 4-haut b) 3-droite c) 2-haut
d) 2-droite e) 4-bas f) 3-gauche g) 2-bas
h) 7-droite i) 2-haut j) 2 gauche k) 4-haut

Page 277

1.

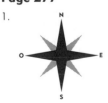

Page 278 (column 2 top)

2.

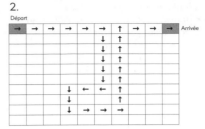

Page 278

3.

4. En jaune : tout ce qui est à gauche du
Manitoba. En vert : tout ce qui est à droite
du Manitoba.

Page 279

1. a) T b) X c) H

Page 280

2.

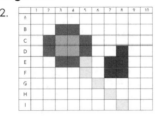

Page 281

3.

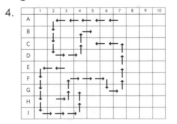

1. a) (A, 1) (A, 2) (A, 3) (B, 3) (B, 4) (C, 6)
(D, 4) (D, 6)

Page 282

4.

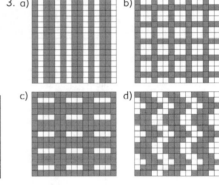

Page 283

1.

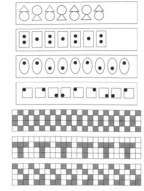

Page 284

2. a) le 9ᵉ item b) le 4ᵉ item c) le 8ᵉ item
d) le 5ᵉ item e) le 10ᵉ item f) le 8ᵉ item
g) le 16ᵉ item h) le 6ᵉ item) i) le 8ᵉ item
j) le 14ᵉ item

Page 285

1. La suite est rond, carré, rond, carré...

2. a) La suite est étoile, cœur, étoile,
bonhomme b) La suite est croix, losange,
cœur c) La suite est lune, étoile, lune

Page 286

3. a) 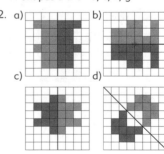 b)
c) d)

Page 287

1. Ont un axe : b, d, f, h.
N'ont pas d'axe : a, c, e, g

2. a) b)
c) d)

Page 288

3. c, f, h

4. a)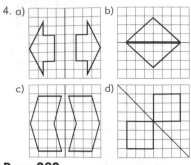

Page 289

1. roche-roche papier-papier ciseau-ciseau;
roche-papier papier-roche ciseau-roche;
roche-ciseau papier-ciseau ciseau-papier

Page 290

2. 1 ¢ + 5 ¢ = 6 ¢; 1 ¢ + 10 ¢ = 11 ¢;
1 ¢ + 25 ¢ = 26 ¢; 5 ¢ + 10 ¢ = 15 ¢;
5 ¢ + 25 ¢ = 30 ¢; 10 ¢ + 25 ¢ = 35 ¢

Page 291

3. a) impossible b) certain c) impossible
d) possible e) certain f) impossible
g) impossible h) certain

Page 292

4. RÉPONSES ACCEPTÉES : couteau-
assiette-fourchette-cuiller; couteau-assiette-
cuiller-fourchette; fourchette-assiette-cuiller-
couteau; fourchette-assiette-couteau-cuiller;
cuiller-assiette-couteau-fourchette; cuiller-
assiette-fourchette-couteau; couteau-
fourchette-assiette-cuiller; fourchette-
couteau-assiette-cuiller; cuiller-couteau-
assiette-fourchette; couteau-cuiller-assiette-
fourchette; fourchette-cuiller-assiette-
couteau; fourchette-cuiller-assiette-couteau

Page 293

5. a, c, f, g

6. possible; impossible; possible; certain;
impossible; certain; possible; impossible;
certain

Pages 294-295

7. 1-1 1-2 1-3 1-4 1-5 1-6; 2-1 2-2 2-3 2-4
2-5 2-6; 3-1 3-2 3-3 3-4 3-5 3-6; 4-1 4-2
4-3 4-4 4-5 4-6; 5-1 5-2 5-3 5-4 5-5 5-6; 6
chances sur 36 ou 1 chance sur 6

Page 296

8. b, c, d, f, g

9. impossible; possible; possible;
impossible; possible; possible; certain;
impossible; certain

Pages 297-308

1. a) 24 ÷ 2 = 12 cages ou 24 ÷ 3 = 8
cages ou 24 ÷ 4 = 6 cages ou 24 ÷ 6 = 4
cages b) cône et/ou cube et/ou prisme à
base triangulaire et/ou pyramide à base

triangulaire et/ou prisme à base
rectangulaire et/ou cylindre c) Additionner
les faces et les sommets des solides choisis.
Cône : 2 faces, 1 sommet; cube : 6 faces,
8 sommets; prisme à base triangulaire :
5 faces, 6 sommets; pyramide à base
triangulaire : 4 faces, 4 sommets; prisme
à base rectangulaire : 6 faces, 8 sommets;
cylindre : 3 faces, 0 sommet

2. Réponses variées

3. a) 4 cm – 9 cm – 4 cm – 6 cm
   b) 9 cm – 4 cm = 5 cm

4. a) Démarche : Le 1er nombre choisi
(prix à l'achat) est multiplié par 3; le second
nombre (prix à l'achat) est multiplié par 2;
les deux produits doivent être additionnés.
b) Démarche : Le 1er nombre choisi
(nourriture par mois) est multiplié par 3;
le second nombre (nourriture par mois) est
multiplié par 2; les deux produits doivent
être additionnés. c) chien, furet, lézard,
tortue, chat, lapin, tourterelle, cobaye
(lapin et tourterelle peuvent être inversés)

5. a) 3 parmi les suivantes : cercle, triangle,
carré, losange, triangle, rectangle b) cercle :
1 côté, 0 angle; triangle : 3 côtés, 3 angles;
carré : 4 côtés, 4 angles; losange : 4 côtés,
4 angles; triangle : 3 côtés, 3 angles,
rectangle : 4 côtés, 4 angles
c) Réponses variées
d) Réponses variées e) D-F-H-J f) A. ligne
fermée brisée B. ligne fermée courbe
C. ligne fermée brisée D. ligne ouverte
courbe E. ligne fermée courbe F. ligne
ouverte brisée G. ligne fermée brisée
H. ligne ouverte courbe I. ligne fermée
courbe J. ligne ouverte courbe g) Cage 1 : 6
souriceaux Cage 2 : 12 souriceaux Cage 3 :
6 souriceaux

6. a) Réponses variées b) Réponses variées
c) Réponses variées d) Réponses variées
e) Réponses variées f) Réponses variées
g) Selon les choix de l'enfant : pinsons 4 5
6 7 8; serins 9 10 11 12 13; colombes 6 7
8 9 10; mandarins 12 14 16 18 20;
amarantes 16 18 20 22 24; canaris 8 9 10
11 12; grenadins 5 9 7 8 9 h) Selon les
choix de l'enfant : 4 serins, grenadins; 5
colombes, canaris; 6 serins, grenadins; 7
colombes, canaris; 8 serins, grenadins

Anglais

Page 311

1. Dimanche est relié à Sunday; Lundi est
relié à Monday; Mardi est relié à Tuesday;

Mercredi est relié à Wednedsay; Jeudi est
relié à Thursday; Vendredi est relié à Friday;
Samedi est relié à Saturday;

2. Réponses au choix

Page 312

3. a) Tuesday b) Thursday et Sunday
c) Saturday d) Sunday e) Monday

4. Sunday, Monday, Tuesday, Wednesday,
Thursday, Friday, Saturday

Page 313

1. bleu, noir, vert, jaune, rouge, mauve,
rose, brun, gris, blanc

2. le soleil en jaune, la pomme en rouge, le
céleri en vert, la carotte en orangé, le
bonhomme de neige en blanc, l'ours en
brun, le flamant en rose.

Page 315

4. Madame Tremblay se promenait dans le
centre commercial. Elle s'est acheté un
chandail vert (green), des souliers bruns
(brown) et un ruban rose (pink). Elle se
préparait à retourner chez elle quand elle a
passé devant la vitrine d'une animalerie. Elle
y a vu d'adorables chatons. Elle voulait en
acheter un. Elle avait le choix entre un
chaton blanc (white), un gris (grey) ou un
noir (black). Elle les aimait tous les trois !
Elle a donc décidé de tous les prendre !
Pour le remercier, le vendeur lui a gentiment
offert des jouets pour chatons : une souris
mauve (purple), un fromage jaune (yellow)
et une balle rose (pink). Il a déposé le tout
dans une grosse boîte bleue (blue).
Madame Tremblay a donc pu facilement les
transporter jusque dans son auto noire
(black).

Page 316

1. Neck est relié à l'écharpe; feet est relié
au soulier; hand est relié au gant; head est
relié au chapeau.

Page 317

2. ciseaux et hand; citron et mouth, parfum
et nose, fleurs et nose, soleil et eye; lune et
eye, chat et hand, cloche et ear, téléphone
et ear, pomme et mouth.

Page 318

1. céleri = celery, radis = radish,
champignon = mushroom, carotte =
carrot, pomme = apple, concombre =
cucumber

Page 319

2. Catherine désire faire un pique-nique. Elle
met dans son panier plusieurs fruits. Une
apple pour son frère Justin; une banana
pour sa voisine Gabrielle; et une pear pour
elle. De plus, elle apportera un gâteau à la
strawberry et à la cherry. Elle espère que
tout le monde va se régaler.

Page 320

1. a) dog b) bird c) beaver d) bee e) hen f) fish

Page 321

2. horse = cheval, sheep = mouton, bird =
oiseau, cow = vache, dog = chien, hen =
poule, cat = chat.

3. Luc est allé à la ferme. Il a vu beaucoup d'animaux : un bird, une cow, un cat, un sheep, une hen et un horse.

Page 322

1. a) mitten b) pants c) coat d) scarf e) boot f) sock g) skirt h) hat i) dress

Page 324

1. Il y a dix pommes sous l'arbre: under; Il y a 8 pommes dans l'arbre: in

Page 325

1. in 2. next 3. on 4. left 5. right 6. left 7. middle

Page 326

1. one, two, three, four, five, six, seven, eight, nine, ten, eleven, twelve, thirteen, fourteen, fifteen, sixteen, seventeen, eighteen, nineteen, twenty

Page 328

3. Il faut passer par one, two, three, four, five, six, seven, eight, nine, ten, eleven, twelve, thirteen, fourteen, fifteen, sixteen, seventeen, eighteen, nineteen, twenty

4. a) eleven b) three c) fourteen

5. a) five b) nine g) six d) four

Page 329

1. a) réponses au choix b) December c) April d) October e) February f) June g) réponses aux choix h) réponses aux choix i) réponses aux choix j) réponses au choix

2. a) October, November, December, January, February, March, April b) March, April, May, June, July, August, September, October, November, December c) February, March, April

Page 330

3. a) May, June, July, August, September b) October c) December, January, Febuary, March d) March, April, May, June

Page 331

1. Mère = mother, père = father, frère = brother, sœur = sister

2. a) father b) sister c) mother d) brother

3. a) sisters b) brother c) mother d) father ou brother e) father, mother, brother, sister

Page 332

4. a) brother b) mother, brother c) sister d) brother, mother e) brother, father f) father, sister, brother

Page 333

1. été = summer, printemps = spring, automne = fall, hiver = winter

2. a) winter b) spring c) fall d) summer

Page 334

3. a) summer b) winter c) fall d) spring

Page 335

1. a) to eat b) to play c) to swim d) to run e) to ride f) to smile g) to wash h) to talk i) to watch j) to read k) to write l) to dress m) to walk

2. a) talk b) eats c) smiles Note: Donnez une bonne réponse si votre enfant trouve le bon verbe mais n'ajoute pas le s à la fin.

Page 336

d) watches e) flies f) rides g) reads h) washes i) eats

Page 337

j) writes k) play l) swims m) dresses n) washes

Page 338

o) flies p) walks q) play r) swim s) walk

Science

Page 343

Si votre enfant n'a mis le sucre ou le jus de citron que sur le bout de la langue, il n'aura rien goûté. Par contre, il goûtera le sel. En avalant une petite quantité de sel, de sucre et de jus de citron, il goûtera les saveurs.

Page 345

1. Bac de récupération : journal, bouteille de jus, carton de lait, pot de yogourt, carton, sacs de plastique Compostage : pelures de fruits Donner : vieux vêtements Poubelle : les restants dans l'assiette

2. a, c, d, h, i, j

Page 348

Mammifères : baleine, chat, chien, éléphant, tigre Oiseaux : merle, moineau, perroquet, pigeon, vautour Poissons :

aiglefin, espadon, néon, thon, truite Batraciens : crapaud, grenouille, rainette, salamandre, triton Reptiles et crocodiliens : alligator, anaconda, couleuvre, crocodile, lézard

Page 349

Il faut colorier c, d, e, g, h, j, l, m

Page 350

a) ferme b) jungle c) forêt ou ferme d) jungle e) océan f) forêt g) ferme h) forêt i) océan j) océan k) jungle l) ferme m) forêt n) jungle o) ferme p) océan q) ferme r) forêt s) jungle

Page 351

Première expérience : Le vinaigre coloré forme des gouttelettes qui se déposent au fond du verre. Puis, elles remontent jusqu'à la surface et redescendent et ce, durant quelques minutes.

Deuxième expérience : Au début il ne se passe rien de particulier, mais lorsqu'on ajoute le bicarbonate de soude des bulles se forment et font flotter les raisins à la surface.

Page 353

Le sel fait fondre la glace ce qui permet à la ficelle d'adhérer au glaçon.

Page 354

Première expérience : Lorsqu'on mélange le bicarbonate de soude et le vinaigre un gaz se forme : le gaz carbonique. Le gaz occupe plus d'espace qu'il n'y en a dans la bouteille, alors il remplit le ballon qui se gonfle.

Deuxième expérience : le poivre est déplacé vers les parois du bol.

Éthique et culture religieuse

Page 359

Dieu était peiné de voir que la violence et la corruption régnaient sur Terre. Il regrettait d'avoir créé l'homme alors il décida de les exterminer ainsi que tous les animaux. Seul **Noé** trouva grâce aux yeux de Dieu parce qu'il était bon.

Dieu ordonna à Noé de construire une **arche** dans laquelle lui et sa famille ainsi qu'une femelle et un **mâle** de chacune des espèces vivantes pourraient prendre place pour échapper au déluge que Dieu comptait envoyer sur Terre.

Une fois l'arche terminée, Noé y entra avec sa femme, ses fils Sem, Cham et Japhet et les femmes de ses fils et tous les animaux pour échapper au **déluge**.

La **pluie** tomba sur la Terre pendant quarante jours et **quarante** nuits. Les eaux grossirent de plus en plus, et les hautes montagnes furent recouvertes. Tout ce qui vivait sur la Terre mourut : les oiseaux, animaux et les **humains**. Il ne resta que Noé, et les autres rescapés de l'arche.

Il fallut des mois et des mois avant que les eaux se retirent et que la terre **s'assèche**. Un jour, Dieu ordonna à Noé de sortir de l'arche.

Les enfants des enfants de Noé peuplèrent la **Terre**.

Page 360

a) 4e mois b) 7e mois c) 1er mois d) 9e mois e) 6e mois f) 2e mois g) 5e mois h) 3e mois i) 8e mois

Page 362

1. De la création de la Terre

2. Elle ramassait des plantes pour soigner son mari malade.

3. Des oies.

4. Une petite tortue attrapa des éclairs avec lesquels elle fit une grosse boule.

5. Un vieux crapaud.

Page 363

a) Mettre les papiers au recyclage.
b) Céder sa place à une personne âgée dans l'autobus. c) Respecter les consignes en classe. d) Regarder le film en silence.
e) Ramasser les cacas de son chien.
f) Payer ses achats. g) Ranger ses jouets.
h) Se laver, se brosser les dents, se peigner, etc.

Page 364

a) 2- La prière
b) 5- Faire un pèlerinage à La Mecque
c) 4- Jeûner durant le mois du ramadan
d) 3- Donner aux pauvres (Zakat)
e) 1- La profession de foi

Test final

Test de français

Page 365

1. a) jeudi b) fromage c) gentil d) bonjour
e) jolie f) genou g) toujours h) jamais

2. a) bébé b) fête c) éléphant d) élève
f) école g) août (ou aout*) h) âge i) île
j) voilà

3. a) Johanne a mangé **la** tarte **aux** pommes. b) **La** forêt derrière chez moi est sombre. c) **Le** chien et **le** chat dorment sur **le** divan vert.
4. a) **Mes amis** dorment dehors.
b) **La maison de ma voisine** est bleue.
c) **Julie et Marc** font **leurs devoirs**.

5. a) Le bonhomme de neige **fond** au soleil.
b) Le zébre **a** le pelage noir et blanc.
c) Les dinosaures n'**existent** plus.

Page 366

6. a) Marie mange de la tarte aux pommes.
b) Zacharie a perdu son sac d'école.
c) Mes parents ont acheté une voiture neuve.

7. a) joyeux   3) content
   b) beau   1) joli
   c) ami   4) camarade
   d) navire   2) bateau

8. a) blanc b) beau c) couché d) début
e) joyeux f) silencieux

9. a) dix b) vingt c) vingt-quatre d) cinquante
e) treize f) quinze

10. a) La souris**,** le chat et la jument courent dehors**.** b) Avez-vous mangé vos légumes**?**
c) Quel beau spectacle**!**

Page 367

11. a) une orange b) un avion c) un garçon
d) une auto e) une araignée f) un orage
g) un mois h) une journée i) un arbre

12. Janvier, février, mars, avril, mai, juin, juillet, août (ou aout*), septembre, octobre, novembre, décembre.

13. a) fleurir, fleuriste, etc. b) arbuste, arborétum, etc. c) travailler, travaillant, etc. d) natation, nageur, etc. e) chanceux, malchance, etc. f) olivier, oliveraie, etc.

14. **A** B C D **E** F G H **I** J K L M
N **O** P Q R S T **U** V W X **Y** Z
Consonnes.

15. a) exact b) gris c) bond d) gros
e) pur f) livre

16. a) compote b) enfant c) éléphant
d) ombre e) pompier f) ensemble g) orange
h) ange i) vampire j) fantôme k) tente
l) pente

17. a) rena**rd** b) homa**rd** c) souri**s** d) cha**t**
e) trui**e** f) cer**f**

Test de mathématique

Page 368

1. a) 652 b) 1304 c) 267 d) 483
e) 106 f) 155

2. a) 724   b) 258   c) 840   d) 943

3. 5, 8, 11, 14, 17, 20, 23, 26, 29, 32, 35
4. a) 28

b) 50
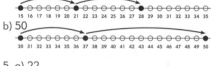

5. a) 22
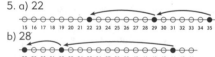
b) 28

Page 369

6. 37

7. 456

8. a) 5 + 5 + 5 + 5 + 5 = 25
b) 4 + 4 + 4 = 12

9. 24 ÷ 4 = 6

10. a) 6 parties b) 4 parties c) 2 parties
d) 6 parties

11. a) 7 h 30 ou 19 h 30
b) 13 h 45 ou 1 h 45
c) 13 h 30 ou 1 h 30

Page 370

12. a) pyramide à base carrée b) cylindre
c) cube d) pyramide à base triangulaire
e) prisme à base carrée f) sphère

13. a) m b) cm c) cm d) dm e) m d) dm

14.

15.

16. Réponses au choix.

Test d'anglais

Page 371

1. Monday, Tuesday, Wednesday, Thursday, Friday, Saturday, Sunday.

2. a) rose b) jaune c) brun d) vert

3. a) hand b) foot c) nose d) eye

4. a) apple b) celery c) cucumber
d) strawberry

5. a) dog b) cat c) horse d) cow

6. a) pants b) skirt c) dress d) shirt

Test science et éthique et culture religieuse

Page 372

1. Amer, sucré, salé, acide.

2. Réponses au choix.

3. À mesurer la quantité de pluie tombée.

4. a) ferme b) forêt c) forêt d) océan
e) océan f) ferme

5. La profession de foi, la prière, donner aux pauvres, jeûner durant le mois du ramadan, faire un pélerinage à La Mecque.

6. Sem, Cham et Japhet.

7. 40 jours.

8. Huron-Wendat.

9. Réponses au choix.

10. Rouge.

11. 9 mois.